Leonardo Gorosito

FUNDAMENTOS DA PERCUSSÃO

história, instrumentos e ritmos brasileiros

Rua Clara Vendramin, 58 . Mossunguê
CEP 81200-170 . Curitiba . PR . Brasil
Fone: (41) 2106-4170
www.intersaberes.com
editora@intersaberes.com

Conselho editorial
Dr. Alexandre Coutinho Pagliarini
Drª Elena Godoy
Dr. Neri dos Santos
Dr. Ulf Gregor Baranow

Editora-chefe
Lindsay Azambuja

Gerente editorial
Ariadne Nunes Wenger

Assistente editorial
Daniela Viroli Pereira Pinto

Preparação de originais
Tiago Krelling Marinaska

Edição de texto
Tiago Krelling Marinaska

Capa e projeto gráfico
Charles L. da Silva
Leonardo Gorosito (imagem de capa)

Diagramação
Fabio V. da Silva

Designer responsável
Charles L. da Silva

Iconografia
Sandra Lopis da Silveira
Regina Claudia Cruz Prestes

Dados Internacionais de Catalogação na Publicação (CIP)
(Câmara Brasileira do Livro, SP, Brasil)

Gorosito, Leonardo
　　Fundamentos da percussão: história, instrumentos e ritmos brasileiros/Leonardo Gorosito. Curitiba: InterSaberes, 2020.
(Série Mãos à Música)

　　Bibliografia.
　　ISBN 978-65-5517-667-4

　　1. Instrumentos de percussão – Estudo e ensino 2. Instrumentos de percussão – métodos 3. Músicos – Brasil 4. Percussão (música) 5. Ritmos – música I. Título II. Série.

20-37070　　　　　　　　　　　　　　　　　　　　　　CDD-786.4

Índices para catálogo sistemático:
1. Instrumentos de percussão: música　786.4

Maria Alice Ferreira – Bibliotecária – CRB-8/7964

1ª edição, 2020.

Foi feito o depósito legal.

Informamos que é de inteira responsabilidade do autor a emissão de conceitos.

Nenhuma parte desta publicação poderá ser reproduzida por qualquer meio ou forma sem a prévia autorização da Editora InterSaberes.

A violação dos direitos autorais é crime estabelecido na Lei n. 9.610/1998 e punido pelo art. 184 do Código Penal.

SUMÁRIO

6   O espetáculo vai começar

9   Como aproveitar ao máximo este livro

14   Primeiros acordes

Capítulo 1
17   A grande família da percussão: história e classificação dos instrumentos

18   1.1 Das cavernas às salas de concerto: parte I – Pré-História

32   1.2 Das cavernas às salas de concerto: parte II – Antiguidade

46   1.3 Das cavernas às salas de concerto: parte III – Idade Média ao século XX

58   1.4 Classificação dos instrumentos de percussão: parte I

72   1.5 Classificação dos instrumentos de percussão: parte II

Capítulo 2
83 Percussão de concerto I: tambores

- 84 2.1 Tambores: técnica básica
- 93 2.2 Tambores: rudimentos I
- 101 2.3 Tambores: rudimentos II
- 107 2.4 Tambores: rudimentos III
- 118 2.5 Tímpanos

Capítulo 3
135 Percussão de concerto II: teclados, acessórios e percussão múltipla

- 136 3.1 Xilofone e vibrafone
- 148 3.2 Marimba, *glockenspiel* e campana
- 166 3.3 Acessórios I: bumbo e pratos
- 181 3.4 Acessórios II: triângulo, pandeiro, caixa clara, castanhola e gongo
- 203 3.5 Percussão múltipla

Capítulo 4
222 Percussão brasileira I: instrumentos característicos de alguns ritmos brasileiros

- 224 4.1 Xote, baião, forró e arrasta-pé: zabumba, triângulo, agogô e chocalho
- 241 4.2 Maracatu nação: caixa, gonguê, ganzá, xequerê e alfaia
- 255 4.3 Ciranda e frevo
- 262 4.4 Caboclinho, cavalo-marinho e maracatu rural
- 276 4.5 Samba: chocalho, tamborim, agogô, caixa e surdo

Capítulo 5
291 Percussão brasileira II: pandeiro estilo brasileiro

293 5.1 Técnica básica: toques da mão direita e o samba
303 5.2 Técnica básica: mão esquerda e estilos de samba e capoeira
312 5.3 Choro e seus subgêneros
319 5.4 Outros ritmos
331 5.5 Ritmos adaptados ao pandeiro

Capítulo 6
346 Percussão corporal e objetos do cotidiano

348 6.1 Corpo e consciência musical
355 6.2 Consciência rítmica
365 6.3 Explorando os sons do próprio corpo
379 6.4 Objetos do cotidiano
391 6.5 Criação de uma peça para percussão

401 Fecham-se as cortinas
403 Repertório
406 Álbuns comentados
409 Respostas
411 Sobre o autor

O ESPETÁCULO VAI COMEÇAR

Existe uma particularidade na percussão que a distingue substancialmente de outros instrumentos: a **diversidade**. Ao contrário de outros instrumentos – como o violino, o piano, a flauta, o violão etc. –, a percussão engloba múltiplas sonoridades, porém com um princípio fundamental que os une: *percutir* refere-se à maneira como, na maioria das vezes, os sons são gerados, sendo naturalmente daí a origem de seu nome.

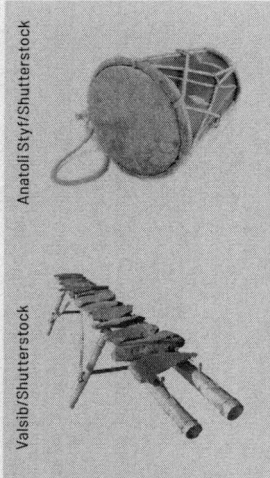

Anatoli Styf/Shutterstock
Valsib/Shutterstock

Mas, afinal, quais são os instrumentos que integram a família da percussão? Essa é uma pergunta difícil de se responder, até para um percussionista profissional, com anos de experiência, pois é impossível estabelecer uma lista completa desses objetos. Nesse caso, é importante destacarmos que a percussão tem origem pré-histórica: desde então, surgiram objetos que eram agitados, friccionados, assoprados e pinçados. Alguns desapareceram, ao passo que outros se desenvolveram, e todos

> compõem, atualmente, uma vastíssima coleção de instrumentos que, em cada região do planeta, ganham um nome e uma maneira de execução.

Sob essa ótica, nosso objetivo neste livro será trabalhar com a percussão dentro do contexto em que ela é mais utilizada em nosso país, tanto na área didática quanto em sua *performance*. Portanto, escolhemos para discussão aqueles instrumentos mais recorrentes no universo da música erudita e da música popular brasileira. No primeiro enfoque, o foco principal reside na percussão das orquestras e bandas sinfônicas, em que estão presentes os fundamentos técnicos para a execução da dita música clássica ocidental. Na segunda abordagem, o conteúdo refere-se aos ritmos e aos instrumentos de percussão presentes em algumas manifestações populares do Brasil.

Perante um universo tão vasto como o da percussão, é normal que você se sinta confuso, já que os instrumentos oferecem inúmeras opções de caminhos a seguir. Por isso, é comum que o percussionista, ao final do seu período de formação acadêmica, acabe por escolher uma área na qual atuará com mais propriedade, como o timpanista de uma orquestra ou o pandeirista no contexto da música popular brasileira. No entanto, durante os primeiros anos de estudo da percussão, é apropriado que você busque conhecer o maior número possível de instrumentos, procurando se desenvolver nas mais diversas técnicas de execução utilizadas nas músicas erudita e popular.

> Por muitos séculos, o ensino dos instrumentos musicais foi passado pelo mestre ao aprendiz por meio da tradição oral. Em algumas culturas, como na Índia, a relação professor-aluno se

estende também a outras áreas da vida cotidiana. No Brasil, se o aluno pretende se profissionalizar como instrumentista, principalmente como músico de orquestra, aulas práticas individuais são absolutamente necessárias. No entanto, a percussão vai muito além da *performance* da música de concerto, pois pode ser aplicada em diversas outras áreas, a exemplo da musicalização infantil, da educação musical e da consciência corporal, como ferramenta de aprimoramento rítmico e estudo da cultura brasileira.

Diante do exposto, após fazermos uma breve introdução a respeito da história da percussão e de suas possíveis classificações, discorreremos não só sobre a utilização rítmica da percussão, por meio de instrumentos como caixa clara, bumbo, prato e triângulo, como também acerca da capacidade melódica da percussão de altura definida, a exemplo de instrumentos como tímpano, xilofone e marimba. Em seguida, os ritmos brasileiros serão nosso foco principal. Assim, apresentaremos a técnica de execução de instrumentos como chocalho, zabumba, tamborim e, especialmente, o pandeiro brasileiro. Por fim, analisaremos diversos aspectos relacionados à utilização do corpo humano como forma de expressão musical, concluindo a obra com uma discussão a respeito da criação de uma obra musical coletiva, em que todos os elementos do livro serão colocados à prova.

Sendo assim, este material será valoroso para todos aqueles que pretendem fazer uso do ilimitado alcance da percussão. Nesse sentido, oferecemos, neste livro, um vasto leque de possibilidades de uso do instrumento, nas músicas erudita e popular, na *performance* e na educação ou, ainda, em outros âmbitos a serem explorados, a depender da sua criatividade.

COMO APROVEITAR AO MÁXIMO ESTE LIVRO

Empregamos nesta obra recursos que visam enriquecer seu aprendizado, facilitar a compreensão dos conteúdos e tornar a leitura mais dinâmica. Conheça a seguir cada uma dessas ferramentas e saiba como estão distribuídas no decorrer deste livro para bem aproveitá-las.

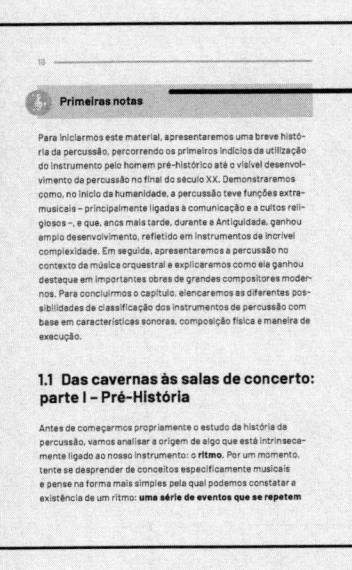

Primeiras notas

Logo na abertura do capítulo, informamos os temas de estudo e os objetivos de aprendizagem que serão nele abrangidos, fazendo considerações preliminares sobre as temáticas em foco.

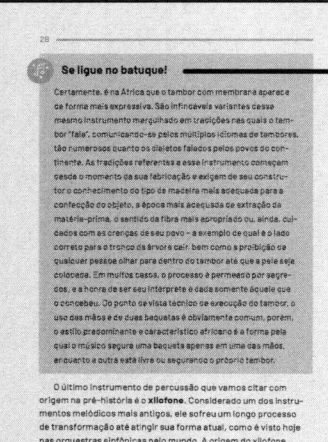

28

Se ligue no batuque!

Certamente, é na África que o tambor com membrana aparece de forma mais expressiva. São infindáveis variantes desse mesmo instrumento mergulhado em tradições nas quais o tambor "fala", comunicando-se pelos múltiplos idiomas de tambores, tão numerosos quanto os dialetos falados pelos povos do continente. As tradições referentes a esse instrumento começam desde o momento da sua fabricação e exigem de seu construtor o conhecimento do tipo de madeira mais adequada para a confecção do objeto, a época mais adequada de extração da matéria-prima, o sentido da fibra mais apropriado ou, ainda, cuidados com as crenças de seu povo – a exemplo de qual é o lado correto para o tronco da árvore cair, bem como a proibição de qualquer pessoa olhar para dentro do tambor até que a pele seja colocada. Em muitos casos, o processo é permeado por segredos, e a honra de ser seu intérprete é dada somente àquele que o concebeu. Do ponto de vista técnico de execução do tambor, o uso das mãos e de duas baquetas é obviamente comum, porém, o estilo predominante e característico africano é a forma pela qual o músico segura uma baqueta apenas em uma das mãos, enquanto a outra está livre ou segurando o próprio tambor.

O último instrumento de percussão que vamos citar com origem na pré-história é o **xilofone**. Considerado um dos instrumentos melódicos mais antigos, ele sofreu um longo processo de transformação até atingir sua forma atual, como é visto hoje nas orquestras sinfônicas pelo mundo. A origem do xilofone remonta a quando o homem primitivo percebeu que barras de madeira tinham maior reverberação quando eram isoladas e,

Se ligue no batuque!

Nestes boxes, você confere informações complementares a respeito do assunto que está sendo tratado.

Em alto e bom som

Algumas das informações mais importantes da obra aparecem nestes boxes. Aproveite para fazer sua própria reflexão sobre os conteúdos apresentados.

88

Em alto e bom som

Existem duas técnicas básicas de duas baquetas: a **tradicional** e a **moderna**. A tradicional utiliza formas diferentes de segurar a baqueta para cada mão. A palma da mão esquerda é virada para cima, e a da mão direita, para baixo. Trata-se da técnica mais antiga e que remonta aos tempos em que o tambor era tocado pendurado ao lado do corpo. No entanto, utilizaremos a técnica moderna, em que as duas mãos seguram a baqueta da mesma forma, com as palmas voltadas para baixo.

Ao segurar a baqueta, o primeiro aspecto em que o aluno deve pensar diz respeito ao **relaxamento**. Assim o movimento da baqueta deve acontecer do modo mais natural possível, sem grandes níveis de tensão muscular. A grande verdade é que o ideal seria que a baqueta pudesse "se movimentar sozinha", sem a interferência humana. Evidentemente, isso não é possível. No entanto, é importante levarmos em conta a ideia de como seria se a baqueta se movesse livremente, por conta própria.

A maneira correta de manuseio da baqueta consiste, principalmente, em segurar o objeto entre o dedão e o indicador, formando um ponto de tensão que chamamos de *pinça*. Ambos os dedos devem pressionar a baqueta somente o necessário para que ela não caia no chão. O local onde a pinça se posiciona deve estar em um ponto entre o meio e a parte traseira da baqueta. Se dividirmos o objeto em três, a pinça estaria sobre a primeira linha de divisão, mais próxima à parte traseira. No dedo indicador, a baqueta apoia-se em um ponto qualquer da segunda falange. Entre os percussionistas, há aqueles que apoiam a baqueta na articulação da primeira falange com a segunda, no meio da

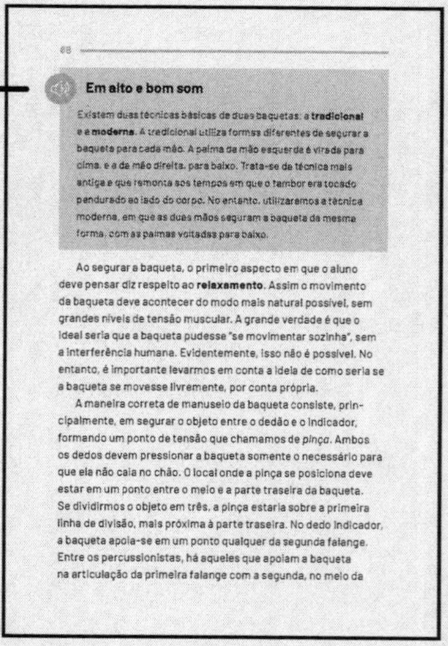

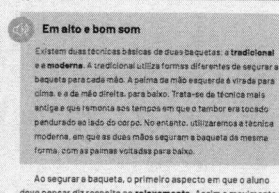

Hora do ensaio

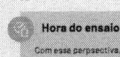

Nesta seção o autor convida você a exercitar os conteúdos tratados nos capítulos, incentivando você a colocar mãos à obra.

Resumo da ópera

Ao final de cada capítulo, relacionamos as principais informações nele abordadas a fim de que você avalie as conclusões a que chegou, confirmando-as ou redefinindo-as.

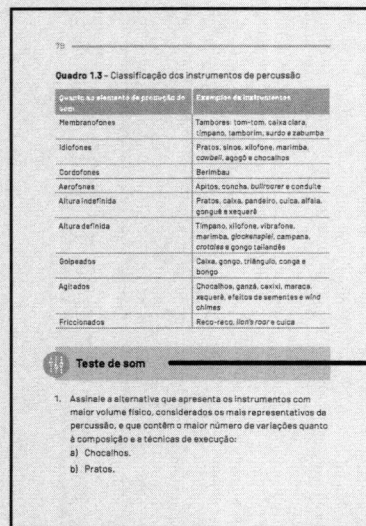

Teste de som

Apresentamos estas questões objetivas para que você verifique o grau de assimilação dos conceitos examinados, motivando-se a progredir em seus estudos.

Treinando o repertório

Aqui apresentamos questões que aproximam conhecimentos teóricos e práticos a fim de que você analise criticamente determinado assunto.

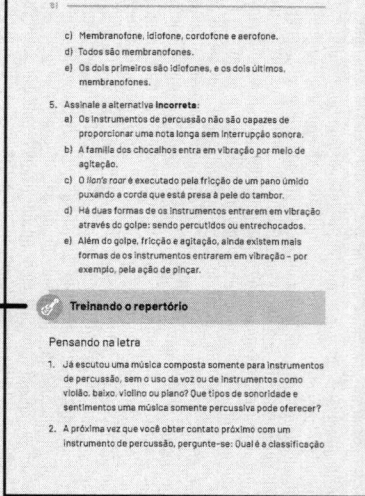

Álbuns comentados

Nesta seção, comentamos algumas obras de referência para o estudo dos temas examinados ao longo do livro.

ÁLBUNS COMENTADOS

CARTER, E. **Eight Pieces for Four Timpani (one player)**. New York: Associated Music Publishers, 1968.

Após uma intensa pesquisa dos sons do tímpano, o compositor americano Elliot Carter desenvolveu oito peças solo, em que cada uma homenageia um timpanista. Três sons básicos são explorados da pele do tímpano: região central, borda e extrema borda. Carter foi bastante específico quanto à notação das peças, inclusive sugerindo abafamentos. As peças levam o nome de: Saeta, Moto Perpetuo, Adagio, Recitative, Improvisation, Canto, Canaries e March.

FRIEDMAN, D. **Vibraphone Technique**: Dampening and Pedaling. Boston: Berklee Press Publications, 1973.

Nesse método de vibrafone, o exímio vibrafonista David Friedman elabora exercícios sobre abafamento e o uso do pedal do instrumento. São exercícios simples focados especificamente no desenvolvimento da difícil tarefa de abafar as teclas sem que a música seja prejudicada de alguma maneira, com ruídos ou dissonâncias indesejadas.

PRIMEIROS ACORDES

A percussão é um instrumento que gera muitas dúvidas para pessoas leigas, estudantes de música, compositores e, até mesmo, percussionistas iniciantes. Uma pergunta recorrente, e que devemos esclarecer já de início neste livro, é: bateria é percussão? Sim, pois se trata de uma montagem composta por tambores e pratos, instrumentos que fazem parte da família da percussão. No entanto, esse instrumento rapidamente atingiu tal nível de desenvolvimento técnico e de estilo que uma linguagem própria foi criada para ele, desmembrando-o praticamente por completo da área da percussão. Portanto, a bateria é formada por instrumentos de percussão, mas é interpretada, na maioria dos casos, por bateristas, e não por percussionistas. Nesse sentido, a maioria das escolas de ensino de música seccionam os instrumentos em cursos distintos de bateria e percussão. Há, porém, instituições em que as duas áreas fazem parte da mesma disciplina. Neste material, não abordaremos a bateria diretamente. No entanto, alguns dos elementos apresentados poderão ser utilizados por bateristas, como o estudo da técnica básica de baquetas.

O **ritmo** é a característica musical conectada diretamente com a percussão. Dentre as diversas

WinWin artlab/Shutterstock

funções desse instrumento na música, uma das principais é a responsabilidade pelo acompanhamento rítmico, fornecendo uma **base temporal** para o desenrolar da música.

Mas, afinal, por que a percussão é tão rítmica? Por que é o instrumento escolhido para compor a base rítmica das músicas? Em primeiro lugar, por emitir, em sua grande maioria, sons de altura indefinida, ou seja, em vez de frequências mensuráveis, produzem uma sonoridade mais próxima de um ruído. Dessa maneira, os sons são neutros, separados das texturas melódica e harmônica. No entanto, é possível que a resposta a tais questionamentos se encontre na análise de suas características sonoras com mais detalhamento. Em um estúdio de gravação, por exemplo, quando observamos a imagem proporcionada pelo som do violino em um programa específico de computador, sua onda sonora demonstra um fluxo sonoro constante, com poucas interrupções. De outro modo, o desenho da onda de um instrumento de percussão é composto por vários pontos sonoros, que se iniciam com um pico de volume e, imediatamente, diminuem de forma drástica, até o completo silêncio.

Sendo assim, a natureza sonora da percussão demarca com clareza os pontos em que as notas ocorrem dentro dos tempos e das subdivisões rítmicas. Essa capacidade, de demonstrar com precisão o exato local onde as notas são executadas, faz da percussão o instrumento ideal para compor a base estrutural rítmica da música.

Portanto, além de todo o material ligado ao fazer musical da percussão, acima de tudo, você encontrará neste livro inúmeras informações valiosas sobre a parte da teoria musical ligada diretamente ao ritmo, como pulsação, fórmulas de compasso, subdivisão rítmica, andamento, tempo, figuras e pausas, e muito mais. Portanto, bons estudos!

Capítulo 1

A GRANDE FAMÍLIA DA PERCUSSÃO: HISTÓRIA E CLASSIFICAÇÃO DOS INSTRUMENTOS

Primeiras notas

Para iniciarmos este material, apresentaremos uma breve história da percussão, percorrendo os primeiros indícios da utilização do instrumento pelo homem pré-histórico até o visível desenvolvimento da percussão no final do século XX. Demonstraremos como, no início da humanidade, a percussão teve funções extramusicais – principalmente ligadas à comunicação e a cultos religiosos –, e que, anos mais tarde, durante a Antiguidade, ganhou amplo desenvolvimento, refletido em instrumentos de incrível complexidade. Em seguida, apresentaremos a percussão no contexto da música orquestral e explicaremos como ela ganhou destaque em importantes obras de grandes compositores modernos. Para concluirmos o capítulo, elencaremos as diferentes possibilidades de classificação dos instrumentos de percussão com base em características sonoras, composição física e maneira de execução.

1.1 Das cavernas às salas de concerto: parte I – Pré-História

Antes de começarmos propriamente o estudo da história da percussão, vamos analisar a origem de algo que está intrinsecamente ligado ao nosso instrumento: o **ritmo**. Por um momento, tente se desprender de conceitos especificamente musicais e pense na forma mais simples pela qual podemos constatar a existência de um ritmo: **uma série de eventos que se repetem**

em intervalos regulares entre si. Por exemplo: o movimento da Terra ao redor do sol nos dá a ocorrência dos anos; o giro da Terra em torno de seu próprio eixo é o que assegura a cadência dos dias, assim como dentro de nós a pulsação do coração e a respiração nos oferecem o ritmo da vida. Nosso corpo opera ciclicamente, inclusive nos deslocamentos de um lugar a outro, por meio do compasso do nosso andar. A relação do ser humano com o ritmo é vital. A vontade do fazer rítmico-sonoro acontece nos primeiros anos da vida de um indivíduo, assim como nas primeiras fases da evolução do homem na Terra. Em essência, a história da percussão se funde à história da humanidade.

A percussão está entre os primeiros instrumentos musicais criados pelo homem. Mas antes mesmo de fabricar algo para emitir som, o ser humano usou seu próprio corpo como recurso de expressão. Não temos como saber precisamente de que forma isso aconteceu, mas podemos deduzir que os atos de bater os pés no chão, bem como de dar golpes nas mãos, nas pernas e no torso, eram usados para acompanhar o canto das melodias, assim como acontece até hoje em rituais de diversas tribos indígenas brasileiras e aborígines australianas (Blades, 2005). Nesse estágio, é muito provável que o homem não tinha consciência do som que acompanhava seus movimentos, sendo que a ação possivelmente era apenas em função do gesto, isto é, desprovida de uma intenção sonora.

Se ligue no batuque!

Um fator que deu origem ao desenvolvimento dos instrumentos musicais de percussão foi a criação dos utensílios utilizados para a alimentação e proteção do ser humano primitivo. No período pré-histórico, a sobrevivência do homem dependia largamente da sua habilidade de aplicar golpes com pedaços de madeira ou pedra. Há uma teoria de que, já em um processo muito mais recente, no Brasil, o bater de utensílios tenha originado uma das manifestações populares mais importantes do Nordeste, **o coco de roda**. Esse folguedo pode ter surgido a partir do ritmo da sequência de golpes usada para quebrar o coco na tentativa de extrair seu fruto.

1.1.1 Período Paleolítico

Escavações que remontam ao Período Paleolítico trouxeram à tona os primeiros instrumentos musicais de percussão. Esses instrumentos encontrados ainda não eram usados com objetivos estéticos musicais – sua função era de acompanhar cerimônias religiosas ou de celebração. Nesse sentido, o chocalho (grupo de pequenas peças que entram em choque através de agitação) é o mais recorrente artefato arqueológico musical encontrado em quase todas as regiões do planeta. Em uma das suas formas mais antigas, era composto por materiais como sementes, dentes ou cascos de animais, e era feito para ser amarrado em diferentes partes do corpo (Sachs, 1940). Tratava-se de um dispositivo com a função de destacar os movimentos físicos de sacerdotes e dançarinos, por meio de seu som agudo e penetrante.

Figura 1.1 – Chocalho

Outro tipo de chocalho utilizado nesse mesmo período era feito de cabaça, que, por meio de suas sementes naturais, já produz ruído ao ser agitado; esse instrumento também é comumente encontrado com um cabo acoplado à sua base, algo muito próximo das maracas dos dias atuais (Figura 1.2). Nos países em que a cabaça não era encontrada, materiais como argila, palha, marfim e madeira eram utilizados para compor os recipientes dos chocalhos.

Figura 1.2 – Chocalho com cabo

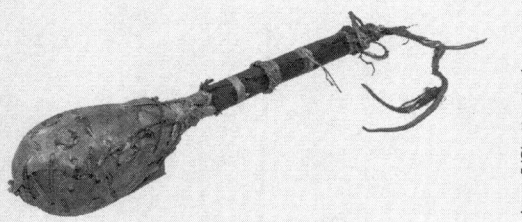

Janny2/Shutterstock

Na Europa Central, foram encontrados ossos esculpidos da cultura magdaleniana (15000 a 9000 anos a.C.) que arqueólogos acreditam terem sido instrumentos musicais. Um deles está na região da Morávia, na República Tcheca, ao norte da cidade de Brun, e consiste em um osso alongado com fissuras entalhadas formando uma série de dentes. Trata-se de um instrumento da família dos raspadores, da qual o conhecido reco-reco faz parte. Na França, em uma caverna em Lalinde, chamada La Roche, na região da Nova Aquitânia, foi encontrado um instrumento de percussão muito peculiar e que na música ocidental não é tão difundido: o *bullroarer* (Figura 1.3), também conhecido como zumbidor. É um objeto fino em formato de prancha que, em uma de suas extremidades, contém um furo no qual é amarrada uma corda. Para tocá-lo, basta girar a corda em volta da cabeça, e a pequena prancha também gira ao redor de seu próprio eixo, produzindo um assobio grave. Tanto os raspadores quanto o *bullroarer* são instrumentos amplamente encontrados em diversas culturas por todo o mundo, e, como podemos constatar, ambos possuem ao menos 17 mil anos de história (Blade, 2005).

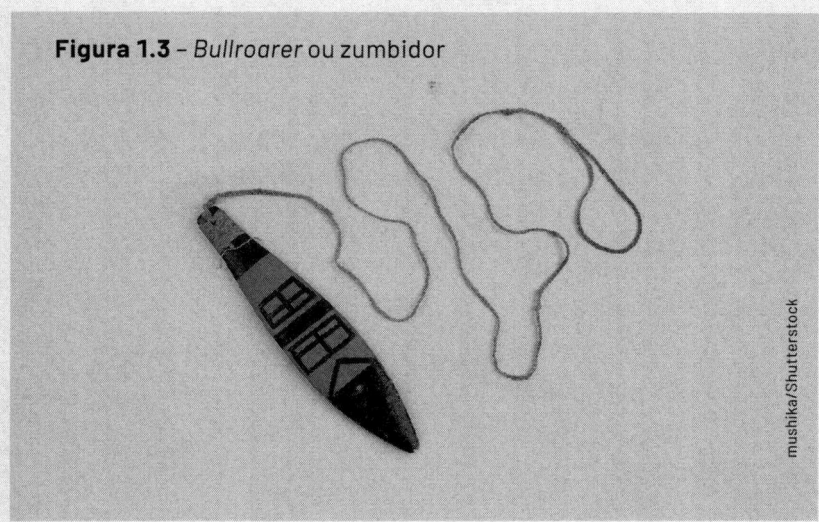

Figura 1.3 – *Bullroarer* ou zumbidor

Compondo ainda o grupo dos instrumentos mais antigos que surgiram no Período Paleolítico, estão os objetos percutidos, os quais apresentavam duas variações: instrumentos de choque e instrumentos golpeados. O primeiro era formado por pares de objetos, como pedaços de pau ou pedra, percutidos um contra o outro, ou por objetos únicos, como tubos de bambu ou madeira ocada, batidos contra o chão ou outra superfície. Já o instrumento mais significativo do segundo grupo seria o tambor de tábua, que era comumente tocado por mulheres em rituais de fertilidade. O *tambor de terra*, como também é conhecido, demonstra as primeiras experiências do homem com o conceito de ressonância, já que a tábua era colocada sobre um buraco no chão ou apresentava uma forma envergada, gerando uma cavidade de reverberação.

Todas as formas do fazer musical citadas até agora condizem com a realidade de um ser humano nômade, que nessa época não podia carregar peso extra em suas viagens realizadas, principalmente, em busca de comida. São instrumentos pequenos, como o chocalho, ou de curta duração, quase descartáveis, como pedaços de pau e pedra.

1.1.2 Período Neolítico

Vamos agora averiguar o Período Neolítico (10000 a.C. a 6000 anos a.C.), no qual o sedentarismo pôde proporcionar o surgimento de instrumentos de grandes proporções e mais elaborados.

Assim, em relação a essa época, o **tambor** é o instrumento mais representativo da família da percussão e o que contém o maior número de variações em seu modo de construção e em suas maneiras de tocar. Em quase todas as culturas de povos que habitaram a Terra nesse período, fazia-se presente um tipo de tambor usado para diferentes fins:

- conduzir cerimônias;
- acompanhar danças;
- viabilizar a comunicação.

Nesse momento, é importante nos atermos a uma característica que distingue dois grupos de tambores: **sem membrana** (o próprio corpo dá origem ao som) e **com membrana**.

É do Período Neolítico o maior instrumento musical do planeta que pode ser executado ao ar livre: o **tambor de fenda**, um tronco derrubado de uma árvore e cavado por dentro através de uma abertura que percorre quase toda sua extensão. Essa fenda proporciona dois lados possíveis para a execução do instrumentista e aumenta a capacidade de vibração da madeira. Em muitas culturas, sua função, além de musical, estava relacionada à comunicação entre as pessoas de uma comunidade, pois, por meio desse instrumento, era possível enviar sinais de diferentes tipos a longas distâncias, inclusive a vilarejos vizinhos. Em Papua-Nova Guiné, região em que ele existe até os dias de hoje, é chamado de *garamut* (Figura 1.4) – seus habitantes acreditam que o som do tambor tem a sua própria "voz". Seus habilidosos executantes são capazes de anunciar reuniões, chamar pessoas e sinalizar perigo por meio de uma linguagem construída por golpes em diferentes partes do instrumento e de variações rítmicas, por vezes, complexas. Em algumas localidades em que a geografia apresenta formação de arquipélago, esse instrumento é usado para enviar informações de uma ilha à outra.

Figura 1.4 – *Garamut*

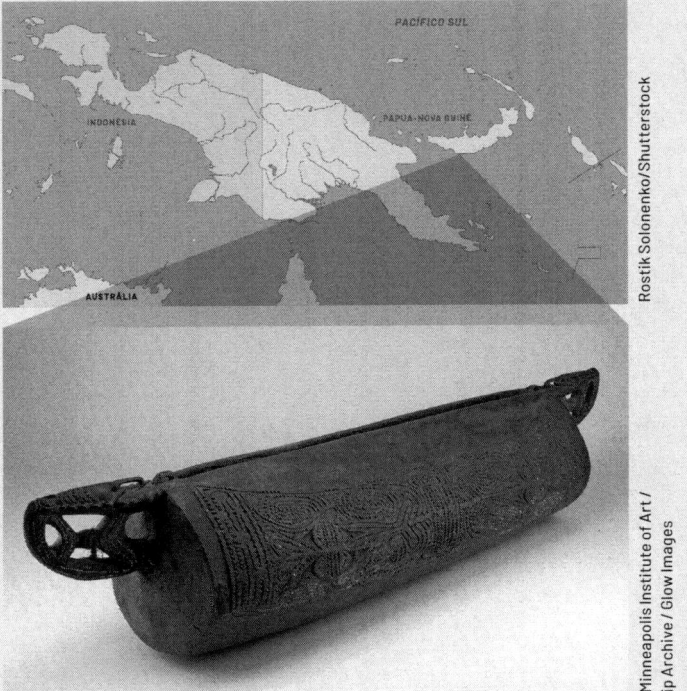

Em várias regiões do mundo, o tambor de fenda pode ser considerado uma verdadeira obra de arte, sendo esculpido em forma de vaca, búfalo ou antílope em partes da África, onde leva o nome de *ekwe* (Figura 1.5).

Figura 1.5 – *Ekwe*

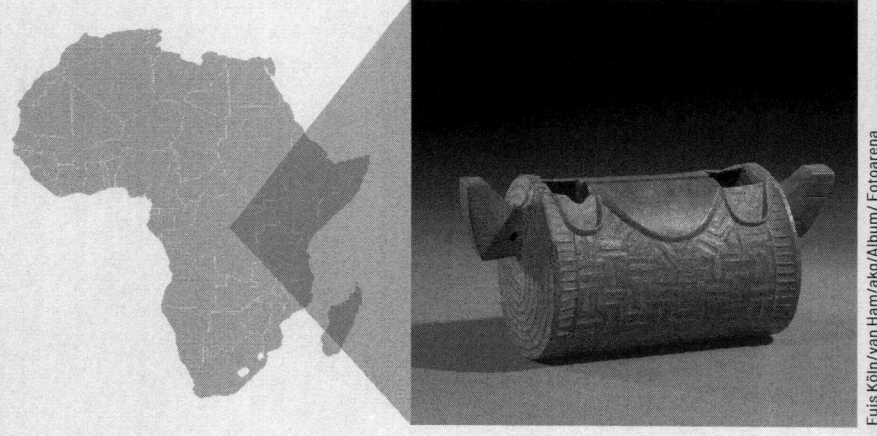

Sob o nome de *teponaztli* (Figura 1.6), a variação do tambor na América Central traz detalhadas imagens e ornamentos dos povos pré-colombianos, e sua fenda assume o aspecto de um "H", formando duas línguas com alturas de som bem distintas.

Figura 1.6 – *Teponaztli*

Os tambores de membrana apresentam certa dificuldade de reconhecimento nas escavações, uma vez que a pele, sua principal fonte sonora, é um material que se decompõe com certa rapidez.

Segundo a percussionista e pesquisadora Layne Redmond (1997a), um afresco localizado em um santuário de 5600 a.C. na cidade neolítica de **Çatalhüyük** (Turquia) nos oferece a representação mais antiga de um tambor de pele de que se tem notícia, indicado na Figura 1.7: aproximadamente 30 figuras dançam ao redor de um búfalo, e duas delas seguram um tipo de tambor atualmente conhecido como *frame drum*, uma membrana esticada sobre uma rasa armação de madeira. No Brasil, na festa do bumba meu boi, no Maranhão, toca-se uma variação desse instrumento, chamada de *pandeirão*. Esse folguedo é uma reminiscência desse ritual de celebração do boi descrito no afresco neolítico, culto que pode ser traçado desde 8.000 anos a.C. em diversas culturas do Mar Mediterrâneo (Redmond, 1997a).

Figura 1.7 – Afresco de Çatalhüyük (Turquia)

Se ligue no batuque!

Certamente, é na África que o tambor com membrana aparece de forma mais expressiva. São infindáveis variantes desse mesmo instrumento mergulhado em tradições nas quais o tambor "fala", comunicando-se pelos múltiplos idiomas de tambores, tão numerosos quanto os dialetos falados pelos povos do continente. As tradições referentes a esse instrumento começam desde o momento da sua fabricação e exigem de seu construtor o conhecimento do tipo de madeira mais adequada para a confecção do objeto, a época mais adequada de extração da matéria-prima, o sentido da fibra mais apropriado ou, ainda, cuidados com as crenças de seu povo – a exemplo de qual é o lado correto para o tronco da árvore cair, bem como a proibição de qualquer pessoa olhar para dentro do tambor até que a pele seja colocada. Em muitos casos, o processo é permeado por segredos, e a honra de ser seu intérprete é dada somente àquele que o concebeu. Do ponto de vista técnico de execução do tambor, o uso das mãos e de duas baquetas é obviamente comum, porém, o estilo predominante e característico africano é a forma pela qual o músico segura uma baqueta apenas em uma das mãos, enquanto a outra está livre ou segurando o próprio tambor.

O último instrumento de percussão que vamos citar com origem na Pré-História é o **xilofone**. Considerado um dos instrumentos melódicos mais antigos, ele sofreu um longo processo de transformação até atingir sua forma atual, como é visto hoje nas orquestras sinfônicas pelo mundo. A origem do xilofone remonta a quando o homem primitivo percebeu que barras de madeira tinham maior reverberação quando eram isoladas e, principalmente, podiam se diferenciar sonoramente quando elementos como comprimento, largura e profundidade eram alterados. No início, duas ou três barras eram apoiadas nas próprias pernas do executante. Conforme o número de notas foi aumentando, as barras passaram a ser dispostas em toras de madeira, até que passaram a ser presas em suportes mais desenvolvidos. Em estágios mais recentes, essas barras ganharam ressonadores feitos de cabaça, o que já é algo muito próximo ao balafom africano (Figura 1.8).

Figura 1.8 – Balafom

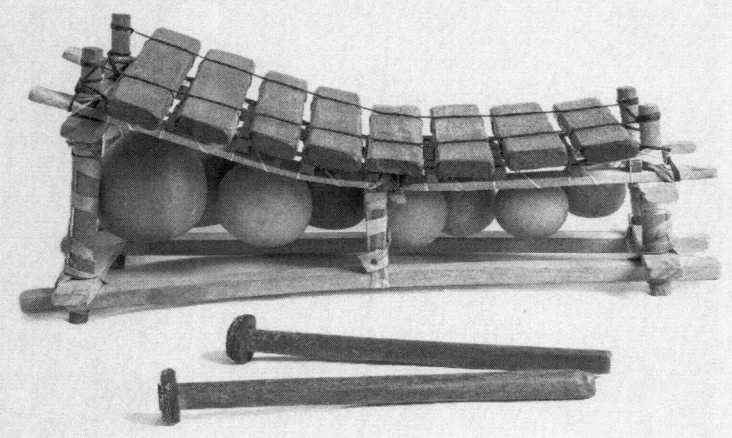

Quando as barras começaram a ser feitas de metal, o xilofone se fragmentou, e foi criado o grupo dos **metalofones**. Nas ilhas de Bali e Java, na Indonésia, formas muito antigas de metalofones são elementos essenciais no **gamelão**, conjunto de música tradicional composto por diversos instrumentos de percussão. A reunião de instrumentos feitos de placas de madeira e metal estabelece o que é conhecido atualmente como o grupo dos teclados da percussão, do qual fazem parte a marimba, o vibrafone e o *glockenspiel*. Também são conhecidos teclados feitos de placas de vidro ou cerâmica.

Figura 1.9 – *Performance* do gamelão

1.2 Das cavernas às salas de concerto: parte II – Antiguidade

Ao adentramos no estudo dos instrumentos de percussão das primeiras grandes civilizações do mundo, deparamo-nos com um aumento significativo do número de fontes de informação histórica, o que nos permite constatar com mais precisão o nível elevado de desenvolvimento musical alcançado por essas sociedades.

Iniciemos pela China. Documentos de aproximadamente 5 mil anos de idade descrevem complexos sistemas musicais criados e usados por imperadores no exercício de seus governos. Esses textos citam uma imensa variedade de tambores e sinos que exerciam um papel formal importante em cerimônias e rituais reais. É fascinante constatarmos que, desde o início de sua história, não apenas na China, mas também em outros países do Extremo Oriente, houve uma incrível exploração da capacidade melódica dos instrumentos de percussão, que não se ateve ao desenvolvimento de seu óbvio potencial rítmico. Nesse sentido, um dos mais antigos instrumentos percussivos melódicos é o **litofone** (Figura 1.10), que se trata de um conjunto de pedras afinadas. Vários exemplos de litofones foram encontrados em escavações no Vietnã; dentre eles, um jogo de 11 lâminas de pedra, tendo a maior delas um metro de comprimento, o qual data provavelmente de 3.000 anos a.C. e que se encontra hoje em Paris, no Museu do Homem.

Figura 1.10 – Litofone

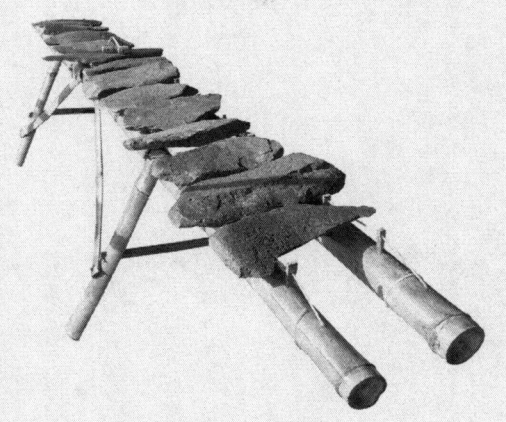

Outro exemplar similar foi descoberto em 1978 dentro da tumba do Marquês de Yi, construída na China em 433 a.C. Trata-se de um litofone de 32 pedras em forma de "L" e suspensas por um móvel elegantemente ornamentado. A tumba é hoje considerada uma das mais significativas descobertas arqueológicas do século XX, já que, além do litofone e dos restos mortais de Yi, nela foi encontrada uma orquestra real completa, com instrumentos de sopro, cordas e o extraordinário *bianzhong*, um conjunto de sinos sem badalo com 64 peças, sendo que o maior pesa 203 quilos. Sua grandiosidade faz com que ao menos cinco pessoas sejam necessárias para executá-lo. No entanto, o que mais impressionou os pesquisadores foi a sofisticação metalúrgica na manipulação do bronze, para garantir a cada sino a sua propriedade acústica exata, a fim de que se encaixasse na tradição musical do período. Ainda, o conhecimento técnico mostrou-se tão avançado a ponto de que a forma ovalada da boca permite que cada sino tenha a capacidade de emitir duas notas musicais claramente distintas, apenas mudando-se a região em que é percutido. Desde então, foram construídas réplicas do litofone e do *bianzhong*, e atualmente pode-se ter uma experiência auditiva muito fidedigna de como esses instrumentos soavam na época (Collins, 1994).

Figura 1.11 – Sinos sem badalo e litofone da tumba do Marquês de Yi

Provavelmente advindas das influências culturais chinesas e de outras regiões da Ásia Oriental, existem representações artísticas de um tambor de grandes proporções que teria tido origem em uma das primeiras civilizações do mundo: os **sumérios** (Sachs, 1940). Esse instrumento materializa-se em obras de arte de 3000 a.C., nas quais o músico e o instrumento, postados lado a lado, assemelham-se em altura, o que nos leva a concluir que o diâmetro da pele do tambor podia medir entre 1,60 m e 1,80 m. Muitas vezes, esse tambor é tocado por duas pessoas simultaneamente, aparentando ter duas peles presas por cavilhas nitidamente retratadas por pontos que circundam o couro do instrumento. Grandes tambores com características muito similares integram também a tradição milenar do *taiko*, conjuntos musicais do Japão formados principalmente por instrumentos de percussão.

Se ligue no batuque!

O clima seco do deserto, somado ao ambiente isolado e estéril das tumbas, contribuiu para preservar não apenas espécimes autênticos de instrumentos musicais, mas também inúmeras representações em pinturas e esculturas dos povos que habitaram as regiões da Mesopotâmia e do Egito Antigo. Inclusive, o que também contribuiu para facilitar a pesquisa dos instrumentos utilizados pelas culturas que elencamos até aqui foi a crença de que a representação pictórica de cenas da vida cotidiana (que incluíam dançar, cantar e tocar instrumentos musicais) tinha o poder mágico de assegurar uma vida próspera e agradável após a morte. As civilizações antigas do Mediterrâneo fizeram uso praticamente dos mesmos instrumentos de percussão, como o *frame drum* (tambor de armação rasa), o sistro e o *clapper* (termo em inglês para designar os instrumentos de choque).

O sistro (exemplo atual na Figura 1.13) era um instrumento sagrado de adoração à deusa Hathor e usado principalmente por mulheres em procissões, rituais e festivais no Egito Antigo. Sua forma básica lembra o hieróglifo do símbolo da vida, o *ankh*: ☥. Esse instrumento foi consistentemente retratado em pinturas e altorrelevos, sendo que alguns foram encontrados quase intactos, como o exemplar descoberto dentro da famosa tumba de Tutancâmon, datado do Século XIV a.C.

Figura 1.12 – Sistro antigo (à esquerda); deusa Hator (à direita, segunda figura, da esquerda para a direita)

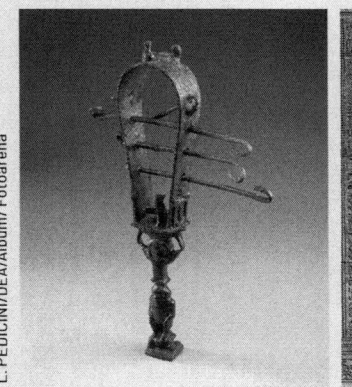

Figura 1.13 – Sistro moderno

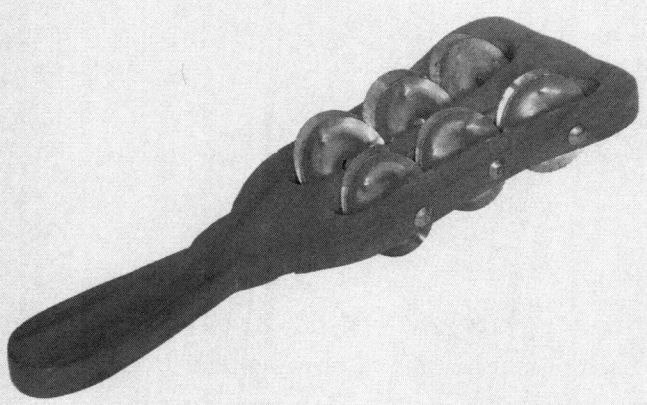

Na Grécia Antiga, a percussão tinha um papel rítmico fundamental, pois a música era inseparável da poesia, da dança e do rito. Nesse sentido, um tipo de *clapper* conhecido como *krótala* foi representado em pinturas de diversos vasos gregos antigos. Ele consiste em pequenos pedaços de madeira ou, por vezes, de bambu, que entram em choque quando são agitados pelas mãos. Uma versão de *clapper* que também surgiu na região do Mediterrâneo durante as Idades do Bronze e do Ferro era feito com dois discos pequenos de metal que se entrechocavam – instrumento originário do grande grupo da família dos pratos.

Figura 1.14 - *Krótala*

Morphart Creation/Shutterstock

Amplamente propagado na Antiguidade, em uma área bastante dispersa da Europa e da Ásia, o prato é um instrumento com muitas variações de tamanho e forma e que assumiu diferentes nomes ao longo do tempo. No entanto, foi na região da Ásia Menor que o prato traça uma história marcante desde, pelo menos, 1200 a.C. até os dias atuais. Mais especificamente na Turquia, a habilidade de exímios fabricantes foi sendo passada de pai para filho e fez com que atualmente os pratos turcos sejam considerados os melhores do mundo. Além disso, o grande e poderoso Império Romano também fez uso desse instrumento, pois nas ruínas da cidade de Pompeia foram encontradas diversas amostras, desde pequenos discos para serem tocados com os dedos até pratos medindo 40 cm.

Restringindo a enorme variedade desses instrumentos da família dos pratos, que tiveram origem na Antiguidade e que estão presentes no nosso universo musical atual, chegamos a quatro possibilidades: *finger cymbal* (pratos de dedo)(Figura 1.15), o *crotales* (também conhecido como *antique cymbal*)(Figura 1.16), o prato comum e o prato chinês. O *crotales* emite som de altura definida, razão pela qual seus discos são normalmente montados em uma estante e dispostos em uma configuração similar ao teclado do piano – uma linha com as notas naturais (brancas) e outra com as alteradas (pretas). Já os pratos chinês e comum (Figuras 1.17 e 1.18, respectivamente) emitem sons de altura indefinida, sendo que o último tem uma sonoridade mais complexa, pelo fato de sua borda ser curvada.

Figura 1.15 – *Finger cymbal*

Olaf Speier/Shutterstock

Figura 1.16 – *Crotales*

Baishev/Shutterstock

Figura 1.17 – Pratos chineses

quintlox/Album/Fotoarena

Figura 1.18 – Prato normal

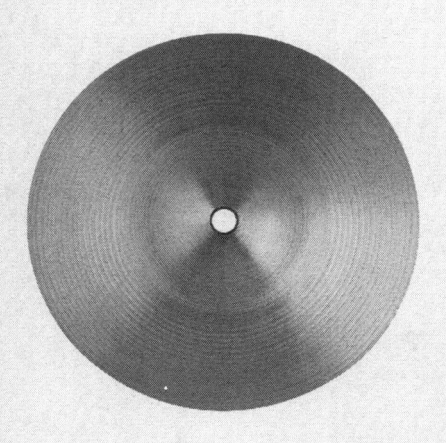

Pavel Savchuk/Shutterstock

O gongo também é um tipo de disco de metal, porém, com características diferentes em termos de formato e sonoridade, além de ser de origem mais recente – por volta do século VI d.C., na China. De modo geral, existem três tipos de gongo: o tailandês, o tam-tam e o de Pequim. A região de emissão sonora principal dos gongos é o seu centro, diferente dos pratos e sinos, cujo centro é um ponto nodal, ou seja, quase desprovido de som. Por vezes, o instrumento pode conter uma saliência no meio, na qual o instrumentista percute com uma baqueta, qualidade normalmente relacionada a gongos que emitem notas de altura definida. No Extremo Oriente, trata-se de um objeto de muito apreço e valor, principalmente pelo fato de seu procedimento de fabricação ser longo e complexo, mas também por muitos acreditarem em possíveis propriedades extramusicais do instrumento, como o poder da cura de doenças. Se, como apresentamos, a Turquia é o país em que os melhores pratos são fabricados, o gongo encontra na ilha de Java, na Indonésia, a herança dos fabricantes mais habilidosos, país em que o instrumento é componente obrigatório na música tradicional local, o chamado *gamelão*. As versões média e grande de gongos que não contêm a saliência em seu centro – ou seja, com superfície plana – são comumente chamadas *tam-tam* e têm uma qualidade sonora extremamente rica em harmônicos (Frungillo, 2002, p. 322). Por conta desse timbre encorpado e brilhante, o gongo é muito utilizado por compositores da música erudita em momentos orquestrais de grande impacto. Outro tipo de gongo pequeno, com a superfície um pouco abaulada, tem uma particularidade sonora curiosa: após ser percutido no centro, seu som emite um efeito de *glissando*, indo do registro grave para o agudo. Entretanto, é até mesmo possível encontrar exemplares em que o efeito é reverso, isto é, do agudo para o grave. Trata-se de um instrumento muito característico dos tradicionais teatros chineses da Ópera de Pequim. No Brasil, é conhecido como *gongo de Pequim*.

Figura 1.19 - Gongo de Pequim

Vladimir Kant/Shutterstock

Se ligue no batuque!

Vamos agora voltar nossa atenção à Índia, país que construiu uma história intensa e milenar com a percussão. Essa relação está no âmago do povo indiano e se iniciou por volta do segundo milênio antes de Cristo, pois, nos *Vedas*, textos sagrados da religião hindu, os instrumentos de percussão já são citados. Há também uma vasta coleção de obras de arte em templos antigos espalhados por toda a Índia que retratam dois instrumentos que alcançaram um nível de complexidade técnica e desenvolvimento rítmico jamais vistos em qualquer outro lugar do planeta: o **mrdanga** e a **tabla**.

O *mrdanga* (pronuncia-se *mirdanga*) está ligado à música tradicional do sul do país, conhecida como *carnática*, e é composto por um corpo de madeira e duas membranas, uma de cada lado do instrumento. A membrana grave é tocada com a mão esquerda e é constituída por duas camadas de pele: uma de búfalo e outra de carneiro, e a aguda, que é tocada com a mão direita, tem três níveis de peles sobrepostas.

Figura 1.20 - *Mrdanga*

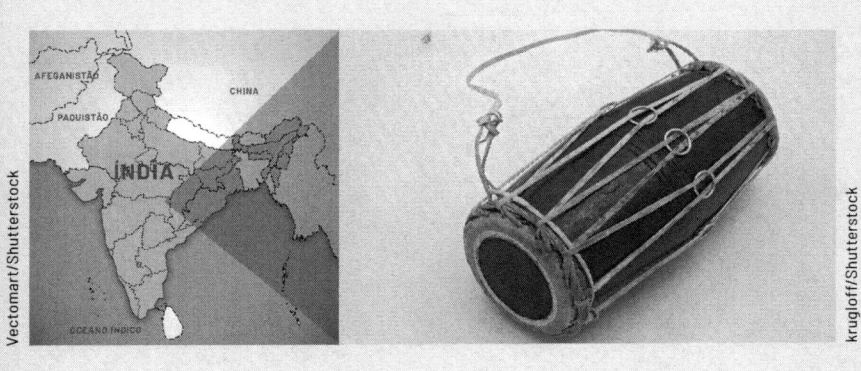

A tabla, por sua vez, está vinculada à música do norte da Índia, chamada *hindustani*. Segundo uma lenda, o instrumento descendeu diretamente do *mrdanga*, que, ao ser dividido ao meio, deu origem a dois tambores menores com a pele virada para cima. A tabla é composta por um tambor maior, feito de metal, e por um tambor menor, confeccionado em madeira e afinado normalmente na nota principal da raga, estrutura melódica executada pelo cantor ou instrumentista. Além de desempenhar a função de acompanhamento rítmico, tanto o *mrdanga* quanto a tabla podem ser instrumentos solistas, realizando grandes improvisos sobre as talas, estruturas rítmicas cíclicas da música clássica indiana.

Figura 1.21 - Tabla

James L. Davidson/Shutterstock

Outro tambor muito importante a ser citado e que chegou à Índia provavelmente com os persas e árabes é o *nagara* (Figura 1.22), um tipo de *kettledrum* – tambor cujo corpo apresenta a forma de uma panela. Ele é tocado com baquetas e pode aparecer na forma individual (ocasião na qual normalmente é usado um tambor de grandes proporções), em par (lembrando a tabla) ou em grupo de três ou mais instrumentos (por vezes, orquestras possuem dezenas de exemplares do tambor). Sob o nome de *naqqara*, fez-se presente por todo o Oriente Médio, até que, a partir do Século XI, com as Cruzadas, foi levado à Europa, onde ficou conhecido como *naker*. Esse instrumento é de suma importância, já que é o antepassado direto do tímpano, primeiro instrumento de percussão a ingressar na orquestra sinfônica. Apesar de ser muito utilizado em cerimônias religiosas, seu grande potencial sonoro fez com que esse tambor assumisse um papel fundamental nas manobras de exércitos e como recurso para aterrorizar o inimigo em situações de guerra.

Figura 1.22 – *Nagara*

Indian Creations/Shutterstock

Se ligue no batuque!

No período de transição entre a Antiguidade e a Idade Média, enquanto na Europa os instrumentos de percussão perdiam consideravelmente a expressividade, por não condizerem com os princípios musicais da Igreja Católica, no Oriente Médio eles faziam parte do cotidiano dos povos árabes, sendo utilizados na religião, nos exércitos e na dança. Nesse período, os árabes não só criaram instrumentos, como também mantiveram outros advindos dos antigos egípcios, romanos e gregos. Graças às

> Cruzadas e à invasão moura na Península Ibérica, a Europa teve acesso a instrumentos que formam hoje a base da percussão em orquestras sinfônicas pelo mundo. Os cavaleiros da Guerra Santa trouxeram com eles *kettledrums*, *framedrums*, bumbos, pandeiros, castanholas, triângulos e pratos, instrumentos que após um período de adaptação e assimilação em terras europeias começaram a ser usados por grandes compositores da música clássica, a partir do século XVII.

1.3 Das cavernas às salas de concerto: parte III – Idade Média ao século XX

Durante a Idade Média, a religião predominante na Europa era a católica romana, a qual tinha a voz humana como meio musical principal de adoração a Deus. No entanto, a instituição contava com um instrumento de percussão importante, com diferentes atribuições. Dispostos normalmente no alto de igrejas, o som imponente dos grandes **sinos** sinalizava para monges, fiéis e cidades inteiras os momentos de reuniões de oração, enterros, incêndios e ataques iminentes de inimigos. Sinos pequenos afinados, pendurados em uma armação, eram tocados com pequenos martelos em grupos de 2 a 20 exemplares e elevavam a alma dos devotos. Esse conjunto de sinos era conhecido como *chime bells*, e seu desenvolvimento originou posteriormente o que hoje conhecemos como *carrilhão*, *campana* ou *sinos tubulares*.

Figura 1.23 – Sino de igreja

Rakina Julia/Shutterstock

Na música profana (música sem finalidade religiosa), havia um tambor medieval que estava presente em todo o território europeu e que certamente deu origem ao processo de evolução que resultou na caixa clara, um dos instrumentos fundamentais da percussão ocidental. Esse tambor, em uma de suas versões mais populares, era executado junto com um flautim por um único músico. A combinação dos dois instrumentos era denominada *galoubet tambourin*, na França, e *pipe and tabor*, na Inglaterra. O flautim tinha apenas três furos e exigia habilidade do músico em explorar harmônicos e manusear o fechamento parcial das aberturas, para alcançar um maior número de notas. O *tabor* contava com uma esteira feita de tripa animal esticada sobre a pele de cima – a qual a baqueta percutia –, fazendo com que o som se ampliasse por meio do ruído provocado pela esteira em contato com a membrana. Na região da Provença, na França, esse conjunto *flute-tambour* perdura até hoje, e o tradicional *tambourin de Provence*, como é conhecido o tambor, é feito com amarração de corda e tem casco profundo, aproximadamente duas vezes maior que o diâmetro da pele. Na Inglaterra, existiram versões mais rasas, em formatos bem próximos à caixa clara moderna, sendo a esteira por vezes esticada sobre a pele inferior. Tanto a flauta quanto o tambor tinham um volume sonoro amplo e penetrante, consequentemente bastante apropriado para o uso ao ar livre. Por essa razão, eram utilizados em marchas militares e em danças medievais.

Figura 1.24 – *Pipe and tabour*

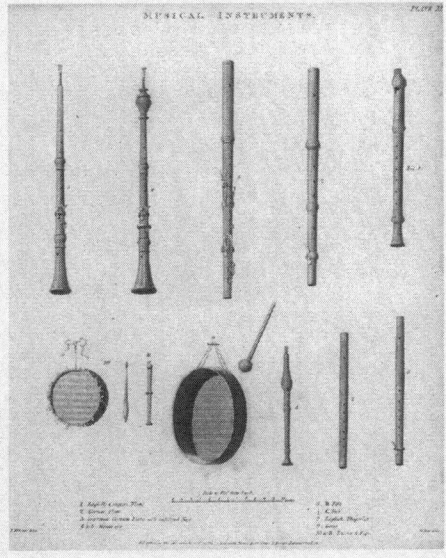

Sem a presença do flautim, o *tabor*, que era executado suspenso no ombro por uma cinta e percutido com duas baquetas, ficou conhecido mais tarde como *side drum*. Uma notável diferença entre os dois tambores é que a esteira desse último localizava-se, praticamente em todos os casos, na pele inferior. Foi a partir do desenvolvimento técnico do *side drum*, primeiramente na Suíça e depois se alastrando por toda a Europa, que herdamos o extenso repertório de rudimentos militares, parte essencial da formação de qualquer percussionista profissional.

Se ligue no batuque!

Alamy/ Alamy/Fotoarena

Muitos dos instrumentos de percussão utilizados atualmente nas orquestras sinfônicas têm sua origem ligada à música da banda dos **janízaros**. Unidade de força militar criada por volta do século XIV para atuar como escolta particular dos sultões do Império Otomano, os janízaros eram soldados muito bem treinados e se tornaram a elite do exército turco. Em campo de batalha, eram guiados e encorajados pela música forte, agressiva e marcante de sua tradicional banda, formada por instrumentos de sopro e percussão. A seção rítmica da banda turca era constituída pelos tambores *naqqāra* e *davul* e pelos instrumentos feitos de metal, o prato a dois e o crescente. Ancestral do tímpano, o *naqqāra* tratava-se de pequenos tambores tocados em pares e com casco em formato hemisférico. O **davul**, um antepassado do bumbo, era um largo tambor tocado com uma baqueta grande na pele de cima e com uma vareta fina na pele de baixo, exatamente como a zabumba no Brasil. Os pratos a dois eram menores que os utilizados atualmente, com cerca de 12 polegadas (30 cm). Por último, o crescente era um bastão com hastes na parte superior em que pequenos sinos eram suspensos. Ao longo da Idade Média, o conjunto desses quatro instrumentos ficou conhecido no imaginário do povo europeu como *banda turca*, e foi na tentativa de imitar essa sonoridade que os compositores iniciaram a introdução da percussão nas orquestras clássicas.

Nesse contexto, o tímpano foi o primeiro instrumento a ingressar na orquestra, no final do século XVII, durante o período barroco. Na mesma época, ele também era extensivamente utilizado junto aos trompetes pela nobreza europeia, sendo sua música a representação máxima da aristocracia. Na corte de Luís XIV, o tímpano teve grande desenvolvimento, culminando em duas obras emblemáticas para o instrumento. A primeira é a ópera *Teseu*, de **Jean-Baptiste Lully**, composta em 1675, uma das primeiras obras orquestrais em que o tímpano foi empregado. A segunda, *Marche à 4 timbales pour le carrousel de Monseigneur*, trata-se de uma das muitas marchas de autoria dos irmãos Philidor, sendo esta escrita exclusivamente para dois pares de tímpanos.

Figura 1.25 – Arte da ópera *Teseu*, de Jean-Baptiste Lully

Ludwig Van Beethoven

No século seguinte, além dos tímpanos, outros instrumentos de percussão começaram a ser incluídos em peças orquestrais de compositores do período clássico, como C. W. Gluck, Haydn e Mozart, sempre remetendo à sonoridade militar da banda turca. Foi em 1824, na monumental e já romântica "Nona sinfonia", que **Ludwig Van Beethoven** estabeleceu a percussão definitivamente como um naipe da orquestra sinfônica. No quarto e último movimento, após um dramático e longo acorde do coro e da orquestra, Beethoven introduziu o bumbo, o prato e o triângulo, em uma marcha característica da música dos janízaros. Após a entrada desses instrumentos, inicia-se um solo de tenor em que a alegria e a irmandade são exaltadas. Dessa maneira, o compositor alemão revelava que até aqueles considerados inimigos – à época, os turcos, com suas constantes ameaças ao território europeu – uniram-se a toda a humanidade para entoarem juntos o hino à alegria. O compositor, com sua genialidade, utilizou-se dos três novos instrumentos da orquestra para trazer ao público uma mensagem de amor e fraternidade.

A percussão teve uma importante participação no grande desenvolvimento que a música alcançou nos períodos romântico e pós-romântico. Por seu colorido e sua capacidade de pontuar momentos cruciais, ela acompanhou o processo de crescimento das orquestras, que teve seu apogeu com **Hector Berlioz** e **Gustav Mahler**. "A grande missa dos mortos", ou "Requiem", composta por Berlioz, em 1837, é orquestrada com um massivo uso da percussão: 16 tímpanos, 2 bumbos, 10 pares de pratos e 4 gongos. Por sua vez, Mahler, em razão de sua "Sexta sinfonia", pediu a construção de uma caixa de madeira de grandes proporções para ser percutida com

Hector Berlioz

Gustav Mahler

um grande martelo, um instrumento com capacidade sonora monumental e impactante.

No século XX, com a busca dos compositores pela quebra de práticas tradicionais da música, baseadas fundamentalmente no encadeamento harmônico, a percussão assumiu um papel protagonista em muitas ocasiões. Em 1930, surgiu na França o primeiro concerto para percussão e orquestra, que também é considerada uma das primeiras obras para percussão múltipla da história. O compositor **Darius Milhaud** explorou, em seu "Concerto para instrumentos de percussão e pequena orquestra", o virtuosismo do solista em sua habilidade de percorrer os diversos instrumentos, cada um com sua técnica e baqueta adequada, exigindo do percussionista uma intensa movimentação durante os oito minutos da peça.

No ano seguinte, em 1931, através da obra *"Ionisation"*, de **Edgar Varèse**, a percussão se desmembrou da orquestra, criando-se uma nova forma de conjunto musical. Escrita para 13 percussionistas, a composição inaugurou a formação de grupo de percussão, configuração camerística que trazia a novidade tímbrica de valorização do ruído, parâmetro que outros compositores importantes do século XX também buscavam, como John Cage e Iánnis Xenákis.

Só as melhores

Caso queira ver uma *performance* da obra de Varèse, acesse o seguinte vídeo:

VARÈSE: Ionisation – Boulez, Ensemble InterContemporain. Disponível em: <https://vimeo.com/76606293>. Acesso em: 25 ago. 2020.

Em sua primeira fase composicional, **John Cage** deixou um legado de peças para pequenas e grandes formações de grupo de percussão, as quais têm sido frequentemente executadas e gravadas por todo o mundo. A mais significativa delas é uma série de três obras sob o nome de "Construção", compostas entre 1939 e 1942: a primeira para seis percussionistas e um assistente, a segunda e a terceira para quarteto. Enquanto a maioria do repertório ocidental se baseia na altura das notas para delinear melodias e harmonias, Cage usava o parâmetro da duração como pilar básico estrutural, o que evidencia o ritmo como elemento principal em suas composições. Com base em uma série de números, o compositor organizou consistentemente cada uma das "Construções" nos âmbitos do micro e do macrocosmo – ou seja, as partes refletindo o todo da obra, e vice-versa.

Já **Iánnis Xenákis**, engenheiro de formação, usou o cálculo matemático de probabilidades para criar peças como "*Persephassa*" (1969) e "*Psappha*" (1975), dois verdadeiros pilares da música do século XX. "*Persephassa*" reúne seis grandes *sets* de percussão, posicionados ao redor do público, concedendo ao espectador uma experiência sonora multidimensional. "*Psappha*" é uma das principais e mais desafiadoras peças para percussão solo já escritas. Para criá-la, Xenákis deixou de lado a pauta musical e utilizou o papel milimetrado, no qual as notas são graficamente notadas, tornando-se eventos dentro de um espaço-tempo. Quanto à instrumentação, o compositor deixou o percussionista livre para escolher os instrumentos, divididos em três grupos: peles, madeira e metal.

> ## Se ligue no batuque!
>
> É interessante observar o caráter frequentemente inovador que apresentam as obras escritas para percussão nesse período, onde se observa um alto nível de criatividade por parte dos compositores. *"Zyklus"*, de **Karlheinz Stockhausen**, também uma das primeiras peças escritas para percussão solo, certamente é um desses casos. Envolto por diversos instrumentos, entre eles a marimba e o vibrafone, o percussionista pode interpretar a partitura das mais diversas maneiras, podendo iniciá-la em qualquer ponto, segui-la tanto para esquerda quanto para a direita e visualizá-la de forma normal ou de cabeça para baixo.

Também extremamente inovador e criativo, o compositor minimalista norte-americano **Steve Reich** foi muito influenciado pela música africana e contribuiu fundamentalmente para o desenvolvimento da percussão. Ao contrário de *"Psappha"* e *"Zyklus"*, dotadas de complexas estruturas de forte apelo intelectual, peças como *"Clapping Music"* e *"Music for Pieces of Wood"* impressionam pela simplicidade, pois por meio da intensa repetição de pequenos padrões permitem ao ouvinte fruir os meandros de cada permutação rítmica. Em algumas obras, como *"Piano Phase"* e *"Drumming"*, Reich explora a técnica composicional do *phasing*, processo em que dois padrões rítmicos iguais são repetidos ciclicamente, porém um deles é executado sutilmente mais rápido, ocasionando, assim, um efeito de caos temporário no momento em que se descolam e uma sensação de relaxamento quando voltam ao alinhamento.

> ### Só as melhores
>
> Ouça uma bela *performance* da composição *"Piano Phase"* no seguinte *link*:
>
> PIANO Phase. 2018. Disponível em: <https://vimeo.com/253047966>. Acesso em: 25 ago. 2020.

No Brasil, apesar de a percussão estar arraigada à história do país no âmbito popular desde os seus primórdios, no meio erudito ela apenas ganhou verdadeira representatividade em 1953, com o advento da primeira peça brasileira escrita para grupo de percussão. O "Estudo para instrumentos de percussão", de **Mozart Camargo Guarnieri**, foi composto para instrumentos que já estavam consolidados no naipe orquestral: tímpano, bumbo, prato a dois, triângulo, caixa clara, pandeiro sinfônico e reco-reco. A percussão popular foi empregada no início do século XX em obras orquestrais de **Heitor Villa-Lobos**, compositor nacionalista brasileiro de maior projeção internacional. Em sua série de composições intitulada "Choros", Villa-Lobos utilizou diversos outros instrumentos genuinamente brasileiros, como cuíca, surdo, coco e tamborim.

> ### Só as melhores
>
> Ouça uma *performance* do "Estudo para instrumentos de percussão" no seguinte *link*:
>
> ACADEMIA BRASILEIRA DE MÚSICA ABM. **Camargo Guarnieri**: Estudo para instrumentos de percussão – PROMUS – Grupo de

> percussão da UFRJ. Disponível em: <https://www.youtube.com/watch?v=aliUEXp48no>. Acesso em: 25 ago. 2020.

Para finalizarmos esta seção, podemos constatar que a percussão é um instrumento muito antigo, de origem pré-histórica. Entretanto, apesar da ancestralidade que lhe é característica, a importância desse instrumento é recente, ao menos no cenário musical ocidental, onde o conjunto de instrumentos dessa categoria assumiu protagonismo somente a partir de meados do século XX. No Brasil, de modo ainda mais acentuado, cabe a nós, envolvidos em sua arte, trabalhar arduamente para que as pessoas tenham cada vez mais acesso e conheçam todo o potencial musical da percussão.

1.4 Classificação dos instrumentos de percussão: parte I

Classificar os instrumentos de percussão não é uma tarefa fácil, em razão da imensa diversidade de possibilidades sonoras e de composição material. Por isso, há inúmeras maneiras de classificá-los com base em diferentes aspectos que envolvem o fazer percussivo do som. Algumas categorizações são bem genéricas, ao passo que outras são um pouco mais específicas; no entanto, nenhuma engloba todos os instrumentos por completo. Além disso, alguns instrumentos ocupam as fronteiras dos padrões estabelecidos, enquadrando-se em mais de uma categoria.

A seguir, portanto, apresentaremos algumas dessas possibilidades para auxiliar na compreensão do complexo funcionamento da percussão.

1.4.1 Quanto ao elemento de produção do som

Essa classificação é fundamentada na análise do elemento que compõe a principal fonte sonora dos instrumentos, dado que muitos deles são constituídos por partes responsáveis somente pela ressonância do som. Estão divididos em: membranofones, idiofones, cordofones e aerofones.

Membranofones

Membranofones são todos aqueles instrumentos que apresentam uma ou duas membranas esticadas sobre um casco ou uma armação. Referem-se a todos os tambores, em que a membrana – feita de pele animal ou sintética – é responsável pela produção sonora primária, e cujo corpo funciona como caixa acústica de ressonância. Os infindáveis timbres dos membranofones ocorrem pelas diferenças de formatos, tamanhos e materiais da pele e do corpo do instrumento, bem como de acordo com o sistema de acoplamento da membrana, que pode ser pregada ou tensionada por meio de amarração de corda ou pelos modernos sistemas de parafusos.

Figura 1.26 – Conjunto do membranofones

Bongo	Conga	Caixa clara	Djembê
Taiko Japones	Frame Drum	Tabla	Mrdanga
Tambor Falante	Derbak	Timbales	Canjira

Tom-tom

SAMMYONE, Panjarong Urawan, smolny1, Ann Lapukhina, Digital Storm, Sadik Gulec, James L. Davidson, krugloff, Bobbi Joy, Sylvia sooyoN, mkm3, anastasiya adamovic e focal point/Shutterstock

Se ligue no batuque!

Apesar de a maioria das membranas ser caracterizada por um formato circular, alguns tambores têm a pele quadrada, como é o caso do **adufe**. De origem árabe, esse tipo de *frame drum* é muito comum em Portugal e na manifestação popular do fandango, no litoral sul do Brasil.

Edson Grandisoli / Pulsar Imagens.

Quando o membranofone é feito com amarração de corda, requer familiaridade do percussionista com a forma de traçar os nós, para que o aperto da afinação da pele seja realizado. A afinação de um tambor não está relacionada necessariamente ao fato de a membrana emitir determinada nota musical. Significa que o nível de tensão sobre a pele faz com que ela vibre da melhor maneira possível, de acordo com o que o percussionista busca em termos de sonoridade.

Idiofones

Os idiofones são instrumentos em que o som é produzido pela vibração de seu próprio corpo. Do grego *idio-* (próprio) e *-fone* (som), são aqueles em que a fonte sonora principal é constituída pela sua estrutura física em si, e não por membrana ou corda tensionada. Assim, eles englobam os mais antigos instrumentos de percussão e as grandes famílias, como a dos chocalhos, dos sinos e dos teclados.

Figura 1.27 – Conjunto dos idiofones

Sino com badalo	Chocalho de sementes	Maracas	*Wind Chimes* de Bambu
Sino de templo (*Temple Bell*)	Sino de vaca (*Cowbell*)	*Almglocken* (tipo de sino de vaca)	Xequerê
Prato	Blocos de templo (*Temple Blocks*)	Bloco de madeira (*Woodblock*)	Xilofone
Gongo Tailandês	Tam-tam ou gongo	Caxixi	Guiro

Weingart, woff, Splingis, pryzmat, mama_mia, Pedjalaya, Zdravko T, Eric Krouse, Uladzimir Dabryian, Crispus International, Tommy Kay, Prathan Nakdontree, CJansuebsri, Ivan Smuk, turtix e Baishev/Shutterstock

> **Se ligue no batuque!**
>
> Por que os chocalhos estão no grupo dos idiofones? Como podem tanto apresentar ou não recipiente, o som dos chocalhos advém do entrechoque das pequenas peças que o compõem ou do choque das peças contra o recipiente em que estão confinadas. No primeiro caso, a fonte sonora principal são as próprias peças (chocalho externo), e, no segundo caso, o corpo do recipiente (chocalho interno).

Na família dos teclados, alguns instrumentos, como o xilofone, a marimba e o vibrafone, contam com tubos de ressonância. Esses ressonadores, dispostos sob cada placa dos teclados, não são responsáveis pela geração do som; pelo contrário, eles trabalham pela sua ampliação. Se os tubos forem retirados desses instrumentos, as placas continuarão a soar, porém com um volume muito menor. Se analisarmos mais detalhadamente, a marimba, por exemplo, na realidade é composta por várias pequenas peças idiofônicas, já que o corpo de cada tecla é sua fonte sonora principal.

Cordofones

Trata-se de uma pequena categoria da percussão que inclui todos os instrumentos em que o principal som emitido é derivado de corda tensionada. Apesar de ser uma pequena categoria, não é menos importante, já que o berimbau, um dos instrumentos brasileiros mais representativos da nossa cultura, é classificado nesse grupo. O berimbau foi um instrumento muito utilizado pelo percussionista brasileiro Naná Vasconcelos, que o levou ao conhecimento de pessoas em diversos lugares do mundo.

Figura 1.28 – Conjunto dos cordofones

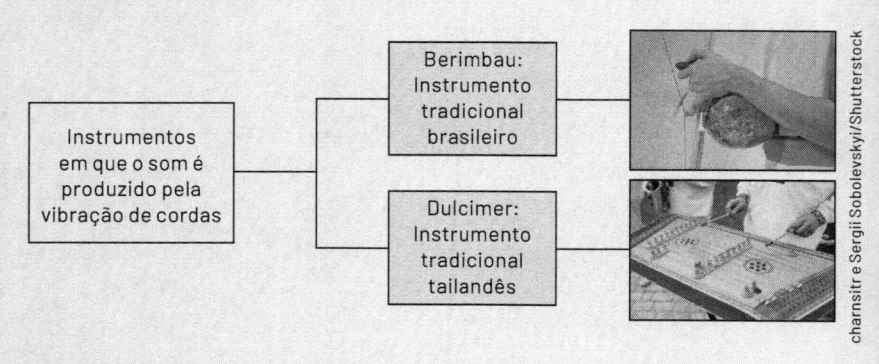

```
Instrumentos           ┌── Berimbau: Instrumento tradicional brasileiro
em que o som é ────────┤
produzido pela         │
vibração de cordas     └── Dulcimer: Instrumento tradicional tailandês
```

charnsitr e Sergii Sobolevskyi/Shutterstock

Uma questão que frequentemente gera muitas dúvidas é o fato de o piano ser classificado ou não como um instrumento de percussão. Sem dúvida, é um cordofone, instrumento de corda percutido por martelos acionados por meio de um teclado. Entretanto, o piano é executado por pianistas, sendo, assim, excluído do universo de estudo dos percussionistas. Sua ligação com a percussão é dada pelo fato de os martelos percutirem as cordas. Contudo, todo o resto que envolve o instrumento está guardado aos pianistas. Existem, no entanto, algumas peças específicas do repertório para percussão em que o piano é comumente interpretado por percussionistas. É o caso da obra intitulada "Segunda construção" (1940), de John Cage, na qual o piano contém um material musical bastante rítmico e de exploração de timbres, elementos constantemente presentes no universo da percussão.

Aerofones

Os aerofones são instrumentos que utilizam a vibração do ar como fonte sonora principal. Apesar de se referirem a um grupo que inclui uma grande parte dos instrumentos de sopro, como trompete, flauta, saxofone, entre outros, alguns de seus representantes são executados por percussionistas. É o caso do **apito de samba**, que, além de ser usado pelo mestre de bateria para apontar coordenadas, contém um timbre que é bastante característico da música das escolas de samba.

Figura 1.29 - Conjunto dos aerofanes

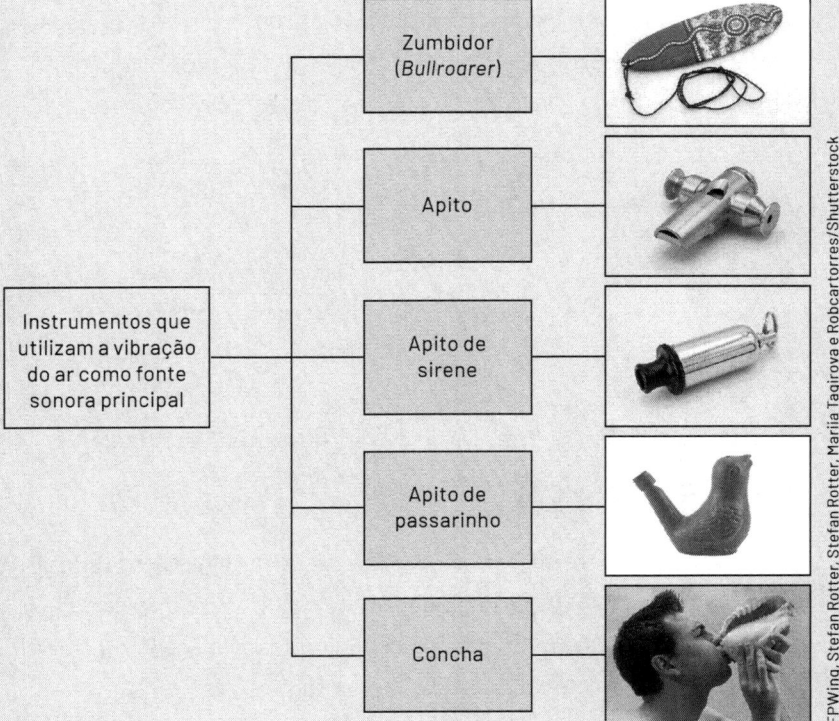

Instrumentos que utilizam a vibração do ar como fonte sonora principal:
- Zumbidor (*Bullroarer*)
- Apito
- Apito de sirene
- Apito de passarinho
- Concha

FPWing, Stefan Rotter, Stefan Rotter, Mariia Tagirova e Robcartorres/Shutterstock

O **zumbidor**, instrumento pré-histórico já citado anteriormente, produz seu som a partir da vibração do ar, sendo, por isso, considerado um instrumento aerofone. Um objeto do cotidiano com o mesmo princípio do zumbidor e que vem sido utilizado atualmente por percussionistas e compositores é o **conduíte** (eletroduto para abrigar fios elétricos), que, quando é rodopiado no ar, emite diversas notas da série harmônica, as quais mudam de acordo com a velocidade empregada.

1.4.2 Quanto à natureza do som

Essa classificação avalia se os instrumentos de percussão emitem **notas de altura indefinida ou definida**. Ela nos ajuda a entender, dentro dos variados contextos em que estão inseridos, se os instrumentos têm função rítmica, melódica ou harmônica.

> **Se ligue no batuque!**
>
> Muitas vezes, trata-se de um desafio discernir se o som emitido pode ser considerado de altura definida ou não. Isso acontece porque os timbres da percussão são ocasionalmente exóticos, com harmônicos irregulares. Além disso, há casos em que se percebe a altura da nota com certa clareza, porém, por tradição, considera-se que o instrumento é de altura indefinida.

Como saber diferenciar se um instrumento tem altura indefinida ou definida? O mundo da percussão exige que o músico esteja sempre experimentando e explorando diferentes timbres e formas de tocar. Nessa busca, é dever do percussionista se perguntar se o som é apropriado/inapropriado, encorpado/magro, brilhante/abafado etc. Entre as perguntas que o músico deve se fazer, consta a que verifica se o som contém uma altura definida ou indefinida, como no caso do uso do triângulo na orquestra. Dependendo do ângulo da baqueta e do lugar de toque, o triângulo pode soar mais próximo de uma altura definida, quase como um sino, ou mais ruidoso, quando seu som é mais rico em harmônicos. A segunda opção normalmente é mais apropriada para execuções em contexto orquestral. Além disso, uma maneira de discernir se um instrumento está soando com altura indefinida ou definida é tentar imitá-lo com a própria voz. Nesse sentido, se você for capaz de cantar a nota, significa que ele tem altura definida; entretanto, se uma onomatopeia parece reproduzir melhor a sonoridade do instrumento, então provavelmente ele é de altura indefinida.

Instrumentos de altura indefinida

Os instrumentos de altura indefinida formam o grupo da maioria dos instrumentos de percussão. Eles emitem sons considerados ruídos, e não frequências passíveis de medição. Normalmente, exercem função de acompanhamento rítmico ou colorido tímbrico em conjuntos musicais.

Os membranofones, com excessão do tímpano, estão sob essa classificação, apesar de muitos também ocuparem a fronteira entre o ruído e a frequência. São membros desse grupo os indicados na figura a seguir:

Figura 1.30 – Instrumentos de altura indefinida

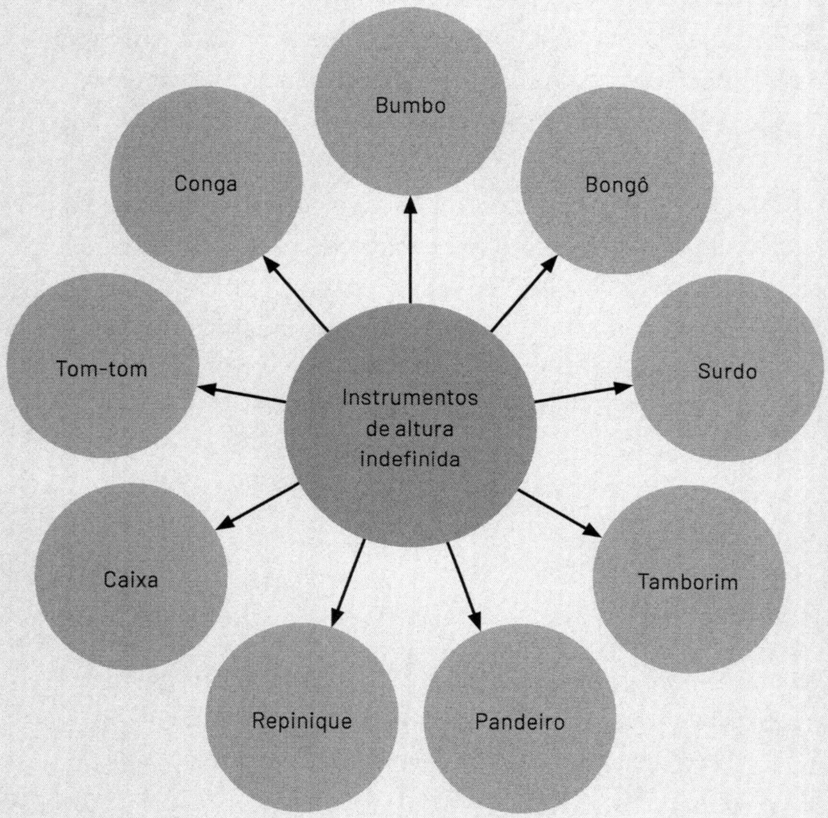

```
           Bumbo
   Conga          Bongô
Tom-tom   Instrumentos   Surdo
          de altura
          indefinida
   Caixa           Tamborim
       Repinique  Pandeiro
```

Ainda que sejam de altura indefinida, esses instrumentos precisam de regulagem para melhor compor a região da tessitura a que estão destinados (por exemplo, o bumbo se destina a uma região bastante grave, e o repinique, a uma região aguda).

As congas habitam a região de fronteira, pois a vibração de sua pele emite um som que podemos repetir cantando com certa facilidade. Entretanto, trata-se de um instrumento de altura indefinida por tradição, já que nos conjuntos musicais em que estão inseridas exercem função unicamente rítmica. É possível que tal classificação se dê pelo fato de ser um instrumento que exige a aplicação de diferentes tipos de golpes (tapa, toque abafado, toque grave), sendo que somente um deles (no caso, o toque aberto) emite um som com frequência mensurável. No entanto, nada impede que ela seja utilizada com sua nota fundamental conscientemente afinada em determinada frequência. As classificações devem servir para nos ajudar a entender melhor os instrumentos de percussão, e não para cristalizá-los dentro de padrões inalteráveis.

Instrumentos de altura definida

Os instrumentos de altura definida são aqueles que produzem som com frequência mensurável. Os principais representantes dessa categoria são os apresentados a seguir:

Figura 1.31 – Instrumentos de altura definida

```
         Marimba
            ↑
Glockenspiel ← Instrumentos de → Vibrafone
             altura definida
             (de teclado)
            ↙         ↘
       Campana        Xilofone
```

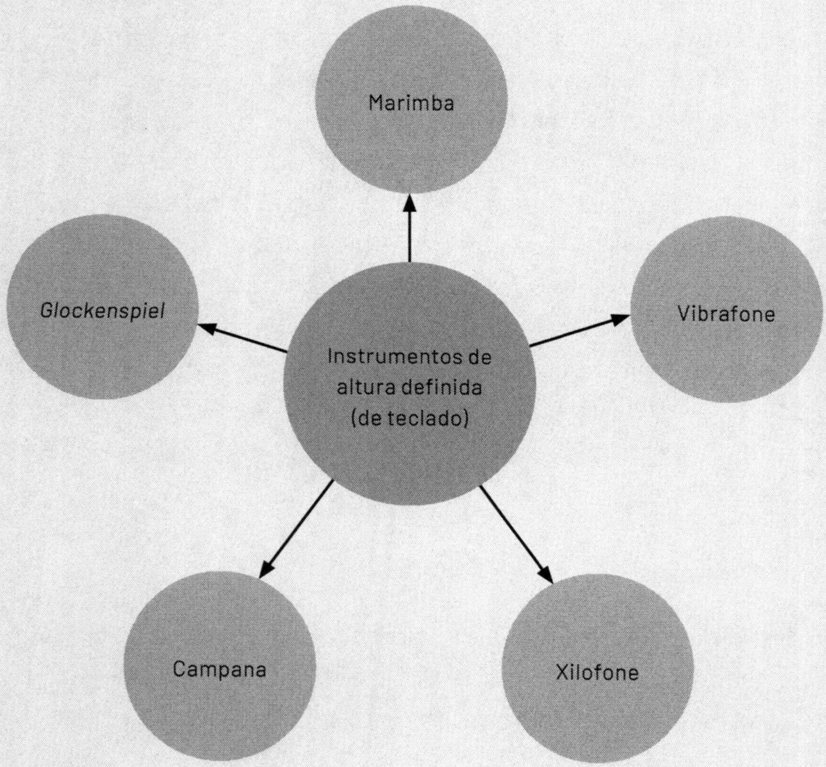

Entre os membranofones, o **tímpano** é uma das exceções pertencentes ao grupo dos instrumentos de altura definida. Seu casco hemisférico e o lugar correto de toque (entre a borda e o centro) fazem com que a pele emita sons de frequências definidas, que são normalmente afinadas na nota fundamental dos principais acordes da obra em execução – normalmente, tônica e dominante.

Existem famílias de instrumentos que contêm integrantes de ambas as classificações, como sinos, pratos e gongos. O sino chinês *bianzhong*, já citado previamente, tem altura definida, enquanto o *temple bell*, sino em formato de tigela, é considerado de altura indefinida. Assim como na família dos pratos e gongos, o *crotales* e o gongo tailandês são classificados como de altura definida, e o prato comum e o tam-tam, de altura indefinida.

Figura 1.32 - *Temple bell*

Figura 1.33 - Gongo tailandês

1.5 Classificação dos instrumentos de percussão: parte II

Nesta seção, vamos examinar uma classificação baseada na forma pela qual o instrumento de percussão é executado pelo músico: **golpeado**, **agitado** ou **friccionado**.

1.5.1 Golpe

A maioria dos instrumentos de percussão entram em vibração a partir de golpes, podendo ser **percutidos** ou **entrechocados**. São percutidos quando o objeto usado para golpear não emite som ou não é caracterizado como principal fonte sonora. Quando são entrechocados, significa que o objeto de golpe também tem função sonora – normalmente, um par de dois instrumentos golpeados um contra o outro.

1.5.2 Agitação

Entram nessa categoria todos aqueles instrumentos que precisam ser sacudidos para emitir som. Portanto, fazem parte dessa categoria os instrumentos da família dos chocalhos, como ganzá, caxixi, maraca, xequerê e efeitos de sementes. É interessante constatar como o *wind chimes* (sinos de vento) pode entrar em vibração sem a intervenção do homem, sendo executado pela ação da natureza, através do soprar do vento.

Figura 1.34 - Ganzá

NBaturo/Shutterstock

Figura 1.35 - Xequerê

MIGUEL G. SAAVEDRA/Shutterstock

1.5.3 Fricção

Esse grupo inclui os instrumentos que precisam da ação do atrito para proferir som, por meio de raspagem ou de fricção. Importantes instrumentos integram essa categoria, entre eles o **reco-reco**, utilizado amplamente em todo o mundo, desde o início das civilizações, e a cuíca, tão peculiar à cultura de nosso país. Outros instrumentos pertencentes a esse grupo são o *lion's roar* e o berra-boi. O *lion's roar* é uma espécie de cuíca grave, composta por um tambor grande e grave que contém uma corda presa a sua pele. Com um pano molhado, o percussionista puxa a corda friccionando o pano contra o fio, ocasionando um longo vibrar da membrana. O berra-boi também contém uma pele com um fio preso, porém, apresenta dimensões bem menores, e a corda é presa a um pequeno cabo de madeira.

Figura 1.36 - Berra-boi

Leonardo Gorosito

Normalmente, o som curto e penetrante é atribuído aos instrumentos de percussão. No entanto, a fricção proporciona ao *temple bell* ou a outros sinos em forma de tigela a execução de uma nota sem ataque e de longa duração. Girando-se a baqueta ao redor da boca circular desse sino, é possível realizar um som sem interrupções, pelo tempo que o intérprete achar necessário. Essa é uma característica singular, já que uma nota longa nos sopros precisa ser cessada pela respiração do músico, e nos instrumentos de cordas o arco deve ser retomado para cima e para baixo, causando uma pequena falha na continuidade do som.

Concluindo, como a percussão diz respeito a um universo praticamente ilimitado de possibilidades, além das formas de execução por meio de golpes, agitação ou fricção, existem outras técnicas de manuseio dos instrumentos. A *kalimba*, por exemplo, instrumento que ganha diferentes nomes de acordo com a região à qual pertence, é constituída por lâminas de metal que são pinçadas por seu intérprete.

▷▷ Resumo da ópera

Neste capítulo, apresentamos uma introdução à história da percussão no mundo e no Brasil. Analisamos a classificação dos instrumentos segundo sua composição material, a maneira de tocar e suas características sonoras. Na Figura 1.36, a seguir, apresentamos um resumo do desenvolvimento da percussão durante a Pré-História e os Períodos Paleolítico e Neolítico. Os Quadros 1.1 e 1.2, por sua vez, trazem as principais informações ligadas à percussão desde a Antiguidade até o século XX. Para finalizar, no Quadro 1.3, você poderá visualizar de forma sucinta as diferentes maneiras de classificar os instrumentos de percussão.

Figura 1.37 – Síntese da história da percussão

- Pré-História
  - Bater do coração
  - Andar do homem
  - Bater dos pés e golpes das mãos no corpo
  - Utensílios
- Paleolítico
  - Chocalhos
  - Raspadores
  - *Bullroarer*
  - Instrumentos de choque e percutidos
- Neolítico
  - Tambor de fenda
  - Xilofone
  - Tambor com membrana

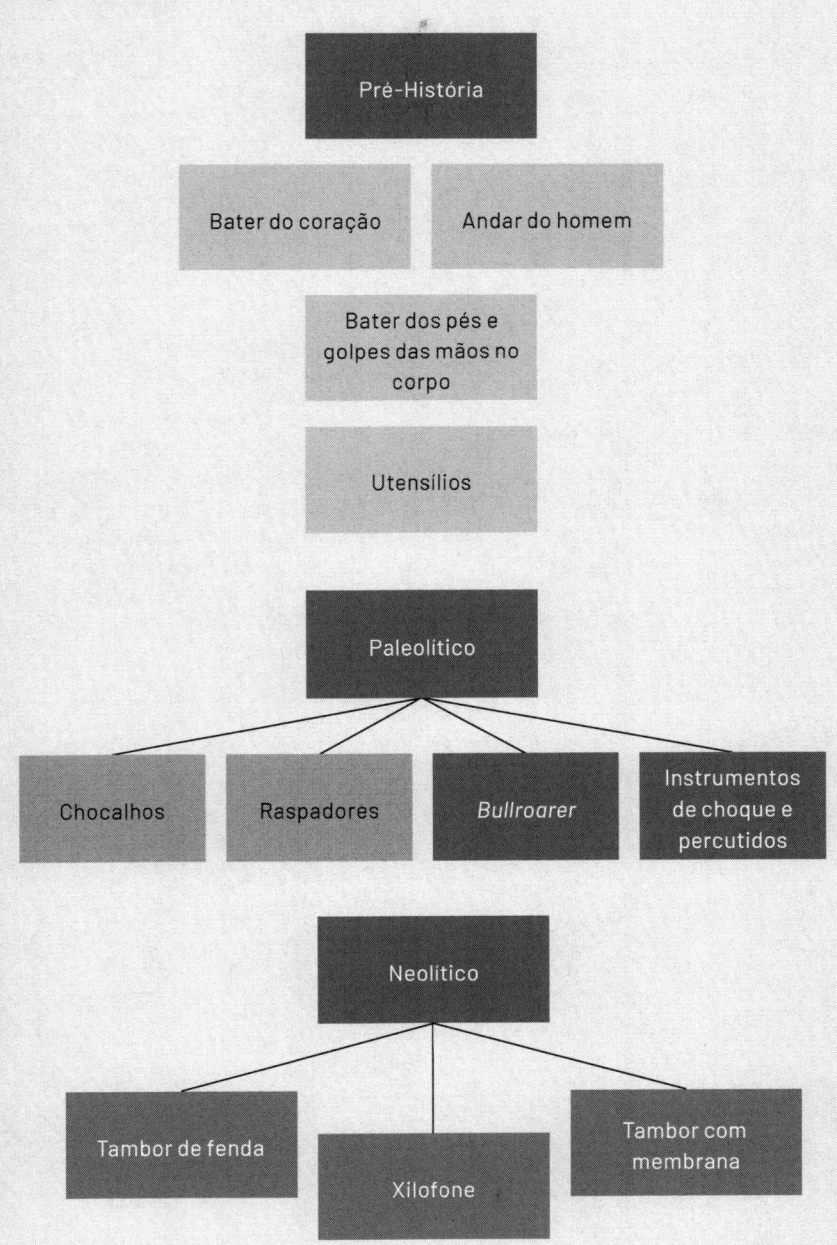

Quadro 1.1 – Antiguidade

Região/Civilização	Principais instrumentos
Oriente (China)	Litofone, sinos e gongos
Sumérios	Grande tambor
Egito Antigo	Sistro e *frame drum*
Grécia Antiga	*Krótala* e *frame drum*
Ásia Menor (Turquia)	Pratos
Índia	*Mrdanga* e tabla
Árabes	*Naqqara* (*kettledrum*)

Quadro 1.2 – Idade Média, romantismo e século XX

Região/Período	Principais instrumentos/Compositores[1]
Europa	Sinos, *pipe and tabor* e *side drum*
Império Otomano	Banda dos janízaros
Corte do Rei Luís XIV (França)	Tímpanos – irmãos Philidor
Período Clássico	Tímpanos e sonoridade da banda turca – C. W. Gluck, Haydn e Mozart
Período Romântico	Bumbo, prato e triângulo – L. V. Beethoven
Século XX – Europa e Estados Unidos	Darius Milhaud, Edgar Varèse, John Cage, Iánnis Xenákis, Karlheinz Stockhausen e Steve Reich
Século XX – Brasil	Mozart Camargo Guarnieri e Heitor Villa-Lobos

Nota: [1] Mais significativos para a percussão.

Quadro 1.3 – Classificação dos instrumentos de percussão

Quanto ao elemento de produção do som	Exemplos de instrumentos
Membranofones	Tambores: tom-tom, caixa clara, tímpano, tamborim, surdo e zabumba
Idiofones	Pratos, sinos, xilofone, marimba, *cowbell*, agogô e chocalhos
Cordofones	Berimbau
Aerofones	Apitos, concha, *bullroarer* e conduíte
Altura indefinida	Pratos, caixa, pandeiro, cuíca, alfaia, gonguê e xequerê
Altura definida	Tímpano, xilofone, vibrafone, marimba, *glockenspiel*, campana, *crotales* e gongo tailandês
Golpeados	Caixa, gongo, triângulo, conga e bongo
Agitados	Chocalhos, ganzá, caxixi, maraca, xequerê, efeitos de sementes e *wind chimes*
Friccionados	Reco-reco, *lion's roar* e cuíca

Teste de som

1. Assinale a alternativa que apresenta os instrumentos com maior volume físico, considerados os mais representativos da percussão, e que contêm o maior número de variações quanto à composição e a técnicas de execução:
   a) Chocalhos.
   b) Pratos.

c) Tambores.

d) Raspadores.

e) Teclados.

2. Os pratos e gongos têm uma história marcante em razão de exímios construtores que viveram em quais regiões do mundo, respectivamente?
   a) China e Região do Mediterrâneo.
   b) Egito Antigo e Grécia Antiga.
   c) África e Ásia Menor.
   d) Turquia e Indonésia.
   e) Sudeste Asiático e Europa.

3. Assinale a alternativa correta relacionada a uma característica comum dos compositores do século XX que utilizaram a percussão em peças solo e de música de câmara:
   a) Utilizavam pequenas células rítmicas em padrões repetitivos.
   b) Eram frequentemente inovadores e criativos.
   c) Utilizavam instrumentos de percussão para representar a temível banda da elite do exército Otomano.
   d) Introduziram a percussão no universo orquestral.
   e) Aplicavam em suas composições as formas musicais tradicionais da música barroca, clássica e romântica.

4. Como são, respectivamente, classificados os instrumentos tabla, *finger cymbal*, berimbau e apito de samba?
   a) Idiofone, membranofone, aerofone e cordofone.
   b) Todos são instrumentos de altura definida.

c) Membranofone, idiofone, cordofone e aerofone.
d) Todos são membranofones.
e) Os dois primeiros são idiofones, e os dois últimos, membranofones.

5. Assinale a alternativa **incorreta**:
   a) Os instrumentos de percussão não são capazes de proporcionar uma nota longa sem interrupção sonora.
   b) A família dos chocalhos entra em vibração por meio de agitação.
   c) O *lion's roar* é executado pela fricção de um pano úmido puxando a corda que está presa à pele do tambor.
   d) Há duas formas de os instrumentos entrarem em vibração através do golpe: sendo percutidos ou entrechocados.
   e) Além do golpe, fricção e agitação, ainda existem mais formas de os instrumentos entrarem em vibração – por exemplo, pela ação de pinçar.

Treinando o repertório

Pensando na letra

1. Você já escutou uma música composta somente para instrumentos de percussão, sem o uso da voz ou de instrumentos como violão, baixo, violino ou piano? Que tipos de sonoridade e sentimentos uma música somente percussiva pode oferecer?

2. A próxima vez que você tiver contato próximo com um instrumento de percussão, pergunte-se: qual é a classificação desse instrumento? Ele tem altura definida ou indefinida? Qual é a sua fonte sonora principal? Ele entra em vibração por meio de qual ação? Tais questionamentos certamente lhe permitirão se familiarizar cada vez mais com as categorias às quais os instrumentos de percussão se referem, apliando seu arcabouço teórico-musical.

Som na caixa

1. Em uma folha de papel, desenvolva uma lista de cinco instrumentos de percussão para cada categoria a seguir: membranofones, idiofones, aerofones e cordofones.
Se não conseguir preencher cada categoria somente com instrumentos de percussão, procure completá-las com instrumentos de outras famílias, como a de cordas e a de sopros.

Capítulo 2

PERCUSSÃO DE CON- CERTO I: TAMBORES

> **Primeiras notas**

Neste capítulo, daremos início à apresentação das técnicas de execução dos instrumentos de percussão, começando com a família dos **membranofones**. Trataremos do tema da **caixa clara** com maior ênfase, pois ela oferece a técnica de execução básica de duas baquetas, podendo ser utilizada por diversos outros instrumentos, tanto parcialmente como em sua integridade. Ao final, discorreremos sobre os principais aspectos do **tímpano**, um dos principais instrumentos das orquestras e bandas sinfônicas.

2.1 Tambores: técnica básica

No contexto erudito, grande parte do fazer percussivo é realizado por meio do uso de **baquetas**. Por isso, o estudo da técnica de uso desses objetos é um dos elementos centrais do processo de aprendizagem da percussão. Trata-se de um assunto de suma importância, já que, no contexto que estamos tratando, todos os sons produzidos têm origem no golpe da baqueta. Assim, nosso objetivo principal será o de demonstrar para você como se realiza da melhor maneira possível o movimento necessário para que os instrumentos entrem em vibração.

> **Se ligue no batuque!**
>
> **Todo som é precedido por um movimento**. Logo, não há som sem que antes haja um movimento, o que faz com que esses fenômenos estejam intrinsicamente conectados. Ao realizarmos

um toque com o movimento relaxado, redondo e fluído de nossas mãos, consequentemente produziremos um som com características iguais. Se a movimentação for tensa, angular e abrupta, o resultado sonoro será uma nota forte, perfurante e acentuada. Portanto, a movimentação de nossos braços e mãos criará a qualidade sonora que buscamos.

Figura 2.1 - A importância do movimento na percussão

Elena11/Shutterstock

A percussão é um instrumento em que o **aspecto visual** é fundamental. Toda a nossa movimentação corporal influencia significativamente na maneira como o espectador absorve as informações. Apesar de a música estar relacionada ao sentido da escuta, na prática, uma *performance* musical é assimilada em grande parte também pela visão. Assim, as articulações dos sons percussivos são percebidas tanto pelo ouvido quanto pelos olhos. Logo, um toque *legato* será assimilado pelo espectador se o percussionista executar golpes com movimentos fluídos e conectados. Sob essa ótica, o tom da qualidade sonora pretendida pelo percussionista ao executar um golpe é captado através dos ouvidos do espectador, mas também simultaneamente por meio da leitura visual de seu gestual.

Por essa razão, é fundamental que o percussionista esteja bastante atento ao seu corpo como um todo ao tocar o instrumento. Quando de pé, a posição dos pés do instrumentista deve estar em um meio-termo entre fechado e aberto. Os joelhos precisam ficar levemente flexionados dando apoio ao quadril, que deve estar em uma posição confortável, pois é o centro de equilíbrio do corpo. Todos os músculos das costas, dos braços e das mãos devem sempre estar no maior relaxamento possível. Qualquer tensão existente que não esteja relacionada com o golpe em si deve ser evitada. Por fim, pescoço e cabeça também devem estar alinhados com o resto do corpo.

Após o exposto, vamos partir para o estudo da caixa clara, um instrumento estrutural no ensino da percussão, pois sua execução demanda o aprendizado da técnica básica de duas baquetas, que, depois de assimilada, servirá de pilar para a *performance* de diversos outros instrumentos de percussão, como tímpano, tom-tom, xilofone e marimba, ou seja, todos aqueles percutidos com uma baqueta. Por tradição, a caixa é o primeiro instrumento da percussão a ser ensinado ao aluno, já que seu estudo é todo voltado à execução dos diversos tipos de golpes e suas permutações de dinâmicas e articulações.

2.1.1 Como segurar a baqueta

Para essa primeira parte do estudo da caixa clara, bastam um par de baquetas e uma superfície plana. Um par de baquetas de caixa é normalmente fácil de se adquirir em qualquer loja de instrumentos musicais. Aliás, esse objeto é mais conhecido no meio comercial por "baqueta de bateria". Quanto à superfície plana, o ideal é adquirir um praticável de estudo de baquetas, também conhecido como "*pad* de bateria" (*practice pad*). Se não for possível, qualquer superfície emborrachada poderá servir para o estudo. Obviamente, uma caixa clara também pode ser utilizada, talvez com uma toalha sobre a pele para abafar o som, já que o foco principal nesse primeiro momento está na movimentação.

Figura 2.2 - Caixa clara e baquetas

Mike Flippo/Shutterstock

Em alto e bom som

Existem duas técnicas básicas de duas baquetas: a **tradicional** e a **moderna**. A tradicional utiliza formas diferentes de segurar a baqueta para cada mão. A palma da mão esquerda é virada para cima, e a da mão direita, para baixo. Trata-se da técnica mais antiga e que remonta aos tempos em que o tambor era tocado pendurado ao lado do corpo. No entanto, utilizaremos a técnica moderna, em que as duas mãos seguram a baqueta da mesma forma, com as palmas voltadas para baixo.

Ao segurar a baqueta, o primeiro aspecto em que o aluno deve pensar diz respeito ao **relaxamento**. Assim, o movimento da baqueta deve acontecer do modo mais natural possível, sem grandes níveis de tensão muscular. A grande verdade é que o ideal seria que a baqueta pudesse "se movimentar sozinha", sem a interferência humana. Evidentemente, isso não é possível. No entanto, é importante levarmos em conta a ideia de como seria se a baqueta se movesse livremente, por conta própria.

A maneira correta de manuseio da baqueta consiste, principalmente, em segurar o objeto entre o dedão e o indicador, formando um ponto de tensão que chamamos de *pinça*. Ambos os dedos devem pressionar a baqueta somente o necessário para que ela não caia no chão. O local onde a pinça se posiciona deve estar em um ponto entre o meio e a parte traseira da baqueta. Se dividirmos o objeto em três, a pinça estaria sobre a primeira linha de divisão, mais próxima à parte traseira. No dedo indicador, a baqueta apoia-se em um ponto qualquer da segunda falange. Entre os percussionistas, há aqueles que apoiam a baqueta na articulação da primeira falange com a segunda, no meio da segunda falange ou na articulação da segunda falange com a terceira. No dedão, a baqueta deve encostar na parte que está abaixo da unha. Os outros dedos não formam pontos de tensão, mas simplesmente se apoiam encostando levemente na baqueta. Seguindo à risca essas especificações, é importante tentar segurar o objeto da modo que for mais confortável, adaptando a técnica de acordo com a estrutura óssea e muscular. As duas imagens a seguir (Figuras 2.3 e 2.4) mostram o posicionamento da mão segurando a baqueta:

Figura 2.3 – Baqueta vista de cima

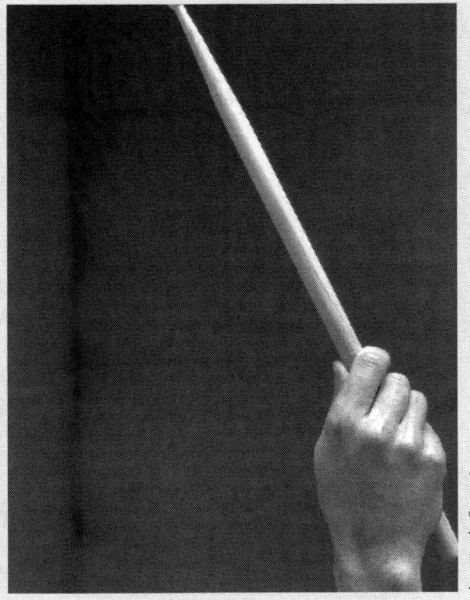

Figura 2.4 – Baqueta vista de baixo

Para a realização do golpe (*stroke*, em inglês), usa-se principalmente o movimento do pulso. Podemos dividir o movimento do golpe completo em três partes:

1. De forma relaxada, o pulso faz um movimento de preparação para cima (*up stroke*).

2. Em seguida, dá-se um outro movimento para baixo (*down stroke*).

3. Após a cabeça da baqueta encostar na superfície, tem-se outro movimento para cima do pulso, como finalização.
A cabeça da baqueta chega a uma altura aproximada de 40 cm, mas pode variar de distância conforme a dinâmica pretendida.

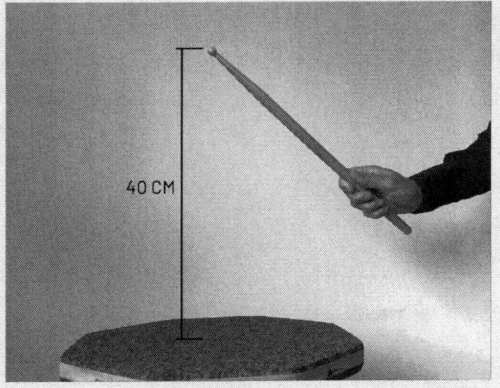

Hora do ensaio

Com essa perpsectiva, nosso primeiro exercício prático será a realização de forma espaçada de uma nota por vez com cada mão. Faça a atividade com calma, tentando observar com clareza as três partes do movimento do golpe completo. É importante salientar que o golpe se inicia com a cabeça da baqueta próxima à superfície e acaba acima do mesmo plano. Realize golpes sem um tempo rítmico estabelecido, e após cada nota, volte a reposicionar a baqueta junto à superfície.

Outro elemento que você deve observar com atenção nesse exercício é que a baqueta deve fazer um **movimento apenas vertical**, com a cabeça subindo e descendo em uma linha reta. Qualquer movimento horizontal é desnecessário e caracteriza energia dispensada inutilmente. Movimentos da baqueta para os lados podem afetar consideravelmente a precisão rítmica. Por isso, nesse início de aprendizado, evite-os ao máximo.

Todo ser humano tem um lado predominante – na maioria dos casos, o direito. Na caixa clara, deve-se tentar igualar o movimento e, consequentemente, o som, que serão executados por ambas as mãos. Essa tarefa muitas vezes será uma difícil, em razão do menor domínio do instrumentista sobre a mão menos desenvolvida. Então, uma atenção especial à mão menos proficiente é necessária para compensar sua fragilidade.

2.2 Tambores: rudimentos I

Rudimentos são elementos rítmicos utilizados na caixa clara que desenvolvem principalmente a técnica do percussionista. Vamos analisar a seguir alguns deles, pois nos auxiliarão a consolidar o domínio e o controle das baquetas.

2.2.1 Toque simples alternado

O primeiro toque se chama *toque simples alternado* (Partitura 2.1) – uma combinação de uma nota com a mão direita, seguida de uma nota com a mão esquerda, e assim por adiante. Em se tratando de instrumentos que utilizam baqueta, o toque alternado é um princípio sempre presente na vida do percussionista, seja um estudante iniciante, seja um profissional de renome internacional.

Partitura 2.1 – Exercício toque simples alternado em colcheias

```
R L R L R L R L
L R L R L R L R
```

Em alto e bom som

As letras "R" e "L" correspondem à mão que será usada para cada nota, sendo R para *right* (direita) e L para *left* (esquerda). Usamos a primeira letra das palavras em inglês, em vez de "D" (direita) e

"E" (esquerda), pois quase toda a literatura para percussão, entre partituras musicais e métodos de ensino, é escrita em inglês. Sendo assim, utilizaremos uma linguagem mais global.

A execução desse exercício consiste em repeti-lo por volta de 20 vezes, primeiramente começando com a mão direita e, em seguida, realizá-lo novamente começando com a mão esquerda.

Hora do ensaio

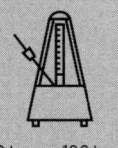

60 bpm – 180 bpm

Neste exercício, você deve prestar atenção em uma série de informações, a começar pelo **andamento** e pela **dinâmica**. Em que velocidade se deve executá-lo? De início, comece bem lentamente. O andamento em 60 batidas por minuto (bpm) no metrônomo é o ideal; na sequência, você pode acelerar, até chegar a aproximadamente 180 bpm. Nesses primeiros passos, é importante contar com o acompanhamento de um metrônomo, para que você se certifique de que não está "correndo" nem "atrasando". Quanto à dinâmica, opte por uma intensidade média para começar; entretanto, lembre-se de que o objetivo final é desenvolver a capacidade de realizar esse exercício em todas as dinâmicas possíveis.

Dinâmicas fracas

Um dos maiores desafios da caixa clara é **tocar nas dinâmicas fracas**. Por sua composição, com a pele principal bastante esticada e a esteira de metal na membrana de resposta, o instrumento tem um volume naturalmente forte. Aliás, por ser um instrumento que teve sua origem em ambientes a céu aberto, sua essência é propositalmente ruidosa, empregada para o comando de exércitos em campo de batalha. Nesse sentido, para a execução de ritmos em dinâmicas como piano ou pianíssimo, o percussionista precisa trabalhar com uma movimentação minúscula da cabeça da baqueta, trabalhando principalmente com os músculos menores da mão, os quais precisam estar bem adestrados, pois são difíceis de controlar, principalmente em situações de nervosismo. Logo, é importantíssimo que você comece a explorar desde já esse universo das sonoridades fracas da caixa, esforçando-se para praticar esse exercício em piano, pianíssimo e pianissíssimo.

Igualdade das notas

Outra informação em que você deve se concentrar durante o exercício de toque simples alternado é a **igualdade das notas**. Para alcançar uma uniformidade de som, dois fatores são fundamentais: **lugar de toque** e **igualdade de movimento**. Seja na caixa, seja em qualquer outra superfície, dependendo da área atingida pela cabeça da baqueta, timbres variados são emitidos. Se o aluno estiver usando um praticável de estudo, ele deve buscar dois pontos bem próximos e na mesma linha horizontal, como lugar de toque. Já na caixa clara, o percussionista deve escolher o centro da pele.

É muito comum que o estudante posicione uma mão mais avançada do que a outra em um momento de desatenção, o que acarreta sons desiguais. Por isso, é preciso foco para que ambas as mãos tenham o lugar de toque correspondente.

Quanto à movimentação idêntica das mãos, é necessário se ater à altura que as baquetas atingirão. A distância em que a cabeça da baqueta se encontra em relação à superfície, antes do toque para baixo, está diretamente relacionada à intensidade da nota – se a distância for pequena, tem-se uma nota fraca; se for grande, uma nota forte. O objetivo nesse exercício é que a elevação das baquetas esquerda e direita seja exatamente a mesma.

Hora do ensaio

1. Neste exercício, em vez de duas, realize três notas por tempo (Partitura 2.2). Pela alternância das mãos sobre um número ímpar, o tempo forte se deslocará a cada tempo do compasso. Se no primeiro tempo a primeira nota for tocada pela mão direita, no segundo tempo se deslocará para a mão esquerda.

Partitura 2.2 – Exercício toque simples alternado em tercinas

R L R L R L R L R L R L
L R L R L R L R L R L R

60 bpm – 160 bpm

Comece o toque alternado em tercinas, em andamento lento (60 bpm), acentuando a primeira nota de cada tempo. Dessa maneira, você sentirá com mais precisão a oscilação do tempo forte caminhando de uma mão à outra. Perceba que, para acentuar uma nota, é preciso aumentar o grau de elevação da baqueta. Em seguida, realize o exercício em andamentos mais rápidos, com todas as notas em dinâmicas equivalentes. Por volta de 160 bpm, dê à primeira nota do compasso uma leve ênfase; com isso, a tarefa de se manter em tempo se tornará mais fácil.

2. Este exercício consiste em executar variações de velocidade em um mesmo compasso (Partitura 2.3). Nesse caso, a partir do terceiro tempo, o ritmo ficará duas vezes mais rápido, sendo a primeira parte em colcheia, e a segunda, em semicolcheia.

Partitura 2.3 – Exercício de toque simples – duas velocidades

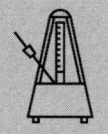

R L R L R L R L R L R L
L R L R L R L R L R L R

80 bpm – 60-70 bpm – 110-130 bpm

Inicie essa atividade realizando os padrões rítmicos em velocidade média (80 bpm no metrônomo). Esse andamento mediano lhe permitirá adequar o movimento do pulso para cada padrão de velocidade. Na sequência, com as mudanças rítmicas bem interiorizadas, pratique em andamentos lentos (60-70 bpm) e rápidos (110-130 bpm).

Uma boa maneira de estudar dinâmicas diferentes é executar dois compassos em piano, seguido de dois compassos fortes. Observe bem a passagem de uma dinâmica à outra, para que não haja um crescendo ou decrescendo. Tente executar dois patamares opostos de intensidade que se iniciam exatamente na primeira nota do compasso.

3. Neste exercício, além do desafio técnico, você irá se deparar principalmente com um desafio de precisão rítmica. Todo percussionista bem treinado deve dominar o elemento *ritmo* melhor do que qualquer outro instrumentista. Ao tocar a caixa clara, o percussionista não precisa se preocupar com a frequência da nota, como melodias e harmonias, mas sim com a precisão de elaboração dos ritmos e com a melhor qualidade tímbrica do instrumento. Uma boa maneira de desenvolver a precisão rítmica é por meio desta atividade, que preenche os tempos com

números de notas diferentes, alternadamente (Partitura 2.4).
Isso pode ajudá-lo a aperfeiçoar sua consciência das variações
de velocidades das notas, desenvolvendo sua capacidade de
controlá-las.

Partitura 2.4 – Exercício velocidades alternadas

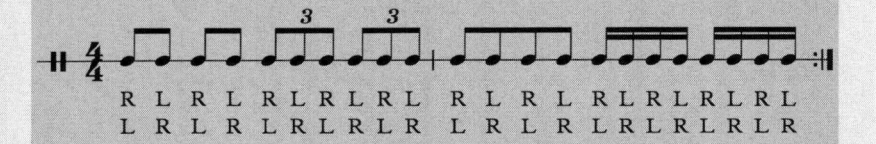

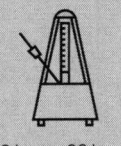

R L R L R L R L R L   R L R L R L R L R L R L
L R L R L R L R L R   L R L R L R L R L R L R

90 bpm – 60 bpm –
130 bpm

O andamento de 90 bpm é o ideal para começar essa prática. Uma boa maneira de você identificar se está sendo preciso quanto à realização rítmica consiste em prestar atenção se a primeira nota de cada tempo coincide exatamente com o metrônomo. Em seguida, expanda o andamento para um tempo mais lento (até 60 bpm) e mais rápido (até 130 bpm). Observe que, quanto mais lento, mais difícil será manter a precisão dos valores de colcheia, tercina de colcheia e semicolcheia.

Outra possibilidade de estudar o toque simples alternado não envolve o ritmo propriamente dito e não precisa do auxílio do metrônomo. O interessante, justamente, é **praticar a não existência de padrões rítmicos**. A percussão é um instrumento muito utilizado por compositores da música contemporânea, e com bastante frequência os percussionistas se deparam com elementos que visam desconstruir regras musicais. Notações gráficas trazem a ideia do efeito musical pretendido, e a função do percucionista é dar vida a essa ideia da melhor forma possível.

Por isso, o próximo exercício (Partitura 2.5) tem a função de abrir sua mente para e fazê-lo descobrir que interpretar musicalmente um efeito sonoro é tão difícil quanto realizar células rítmicas complexas.

Partitura 2.5 – Exercício toque alternado acelerando e ralentando

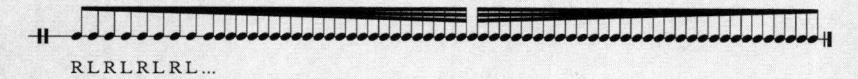

R L R L R L R L ...

Hora do ensaio

A partir de toques simples alternados, execute notas que, em um arco musical, partirão do mais lento ao mais rápido e, em seguida, novamente ao mais lento. As velocidades inicial e mais rápida, que marcarão a metade do efeito musical, ficam a seu critério. O sucesso deste exercício está na proporcionalidade dos movimentos de acelerar e desacelerar, exigindo paciência e controle do executante. O conceito de **rulo** (forma pela qual os instrumentos de percussão expressam uma nota contínua) também está presente nesse efeito sonoro, tema que será abordado em detalhes mais adiante.

2.3 Tambores: rudimentos II

Fundamentamos este capítulo, que trata da técnica de duas baquetas, em uma progressão de desenvolvimento dos conteúdos. Lembre-se de que, na primeira parte, tratamos do toque simples, que contempla apenas uma nota para cada mão. Neste ponto do texto, aumentaremos o grau de dificuldade por meio do estudo do **toque duplo**: quando duas notas seguidas são realizadas com a mesma mão.

2.3.1 Toque duplo

Seguindo com os rudimentos que alimentam a formação da técnica básica das baquetas, chegamos ao grupo de exercícios que utilizam o toque duplo. Diferentemente do toque simples, propomos nos próximos exercícios que cada mão realize duas notas, interpretadas por dois movimentos de pulso. Observe a seguir um exercício básico de toque duplo (Partitura 2.6).

Partitura 2.6 – Exercício de toque duplo

```
R R L L R R L L
L L R R L L R R
```

Também conhecido como *papa-mama*, esse rudimento desenvolve a repetição de notas com uma mesma mão. Em geral, o toque alternado gera fluidez nas frases, pois a energia se distribui de um lado para o outro do corpo do percussionista, gerando equilíbrio ao fraseado. Entretanto, a repetição de golpes com a mesma mão é amplamente empregada no universo percussivo, por isso precisamos dominá-la, começando agora com o estudo do toque duplo.

Há um fenômeno sonoro que frequentemente se manifesta ao se executar o papa-mama: **a segunda nota é executada mais fraca que a primeira**. Isso acontece porque, quando a segunda nota é tocada, muita energia já foi dispensada com o movimento do primeiro gesto. É importante, então, que o percussionista se concentre em valorizar o segundo golpe de cada mão.

Hora do ensaio

70 bpm

Como treinamento para enfatizar esse aspecto, pratique o exercício colocando um acento na segunda nota de cada mão (Partitura 2.7). Inicie no andamento de 70 bpm e, na sequência, aumente gradativamente a velocidade do metrônomo. Procure realizar a maior diferença possível entre a nota pianissimo e a nota forte com acento, sentindo como a musculatura trabalha de forma diferenciada para cada dinâmica.

Partitura 2.7 – Exercício de toque duplo com acento

R R L L R R L L
pp *f* *pp* *f* *pp* *f* *pp* *f*

Seguindo com o aprendizado, a ideia agora é diminuir gradativamente a presença do acento, ao mesmo tempo aumentando pouco a pouco o volume da primeira nota até chegar à igualdade total dos dois sons. Não se esqueça de praticar os exercícios começando o padrão rítmico tanto com a mão direita quanto com a esquerda.

2.3.2 Paradiddle

O objetivo da próxima célula rítmica que será estudada é unir o toque simples alternado com o toque duplo em um único exercício. Esse padrão leva o nome de **paradiddle** (Partitura 2.8):

Partitura 2.8 – Exercício de *paradiddle*

R L R R L R L L
L R L L R L R R

Esse exercício consiste na realização de duas notas, em que as mãos se alternam, seguidas de duas notas repetidas pela mesma mão. É interessante como, após quatro golpes, o padrão se inicia na mão contrária à que começou o exercício anteriormente. Por isso, nessa prática, é necessário fazer com que as notas sejam ritmicamente precisas e com igual dinâmica, tanto no toque simples quanto no toque duplo.

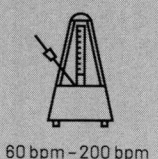

> **Hora do ensaio**
>
> 60 bpm – 200 bpm
>
> O *paradiddle* é um padrão rítmico importantíssimo que precisa ser perfeitamente dominado por qualquer percussionista. Por isso, pratique nos andamentos entre 60 bpm a 200 bpm e nas dinâmicas pianíssimo, piano, *mezzo* piano, *mezzo* forte, forte e fortíssimo.

Existem outras combinações de *paradiddle* possíveis:

- RRLR LLRL
- LLRL RRLR
- RLLR LRRL
- LRRL RLLR
- RLRL LRLR
- LRLR RLRL

Permutações mais complexas também colaboram no desenvolvimento da técnica de duas baquetas:

Quadro 2.1 – Permutações complexas

Paradiddle duplo	• R L R L R R L R L R L L • L R L R L L R L R L R R
Paradiddle triplo	• R L R L R L R R L R L R L R L L • L R L R L R L L R L R L R L R R
Paradiddle-diddle	• R L R R L L • L R L L R R

Um pequeno acento na nota que se encontra sublinhada é apropriado, ajudando a manter com mais clareza o início de cada padrão.

2.3.3 Toque triplo

Seguindo o conceito do toque duplo, que integra a repetição de golpes com a mesma mão, vamos nos concentrar agora no estudo do toque triplo (Partitura 2.9). Quanto mais repetições seguidas o pulso executar, maior será a probabilidade dos músculos se tencionarem, não só os das mãos e dos braços, mas de todo o corpo. Por isso, é sempre bom que o instrumentista lembre de relaxar ao máximo, para que a baqueta tenha liberdade de movimentação. Assim, antes de realizar cada exercício, o percussionista deve perguntar-se:

- Meu corpo está relaxado?
- Minha cabeça está alinhada com o resto do meu corpo?
- A posição dos meus pés é a mais adequada?
- Meu quadril está na posição mais confortável possível?

> ### Se ligue no batuque!
>
> O verbo *relaxar* precisa acompanhar o percussionista durante cada minuto de seu estudo diário. A tensão muscular leva à dor, sensação que se deve evitar. Se ela acontecer e persistir, significa que é o momento de parar, respirar e, talvez, retornar aos estudos no dia seguinte.

Partitura 2.9 – Exercício toque triplo

```
R R R  L L L  R R R  L L L
L L L  R R R  L L L  R R R
```

O toque triplo é um rudimento difícil de se realizar em andamentos muito rápidos. Se um aluno de percussão conseguir executar o exercício 20 vezes com o metrônomo a 140 bpm, a atividade já terá atendido minimamente ao seu objetivo.

> ### Se ligue no batuque!
>
> Assim como o toque duplo, existe uma tendência de ocorrer um diminuendo em cada grupo de três notas. O pulso perde energia após cada golpe dado com a mesma mão. Para sanar esse problema, adiciona-se um crescendo da primeira para a terceira nota de cada tercina. Assim, por meio do mesmo processo do exercício anterior de toque duplo, aos poucos se retira o crescendo, até que todas as notas soem exatamente iguais.

2.4 Tambores: rudimentos III

Aumentando ainda mais o grau de dificuldade, elencaremos a seguir determinados rudimentos que exigem do intérprete maior destreza técnica e retomaremos os toques simples e duplos, porém preenchidos com ornamentações.

2.4.1 *Flam*

Neste ponto do texto, daremos início ao estudo dos rudimentos mais complexos, isto é, que exigem mais esforço tanto físico como mental por parte do instrumentista. Vamos começar pelo *flam*, um rudimento de ornamentação (Partitura 2.10).

> **Em alto e bom som**
>
> O *flam* consiste em uma apogiatura muito utilizada principalmente na caixa clara, mas pode ser empregada em quase todos os instrumentos de percussão. Esse recurso de dois sons que acontecem quase simultaneamente faz com que uma nota simples se torne mais expressiva e dramática.

É sempre bom lembrar que, no universo musical, um ornamento serve para florear algo, transformar determinado elemento em algo mais interessante, mas que não deve se sobressair como item de maior importância. É necessário valorizar rigorosamente a nota real, deixando a dinâmica da apogiatura claramente menor que a nota real.

Partitura 2.10 – Exercício de *flam*

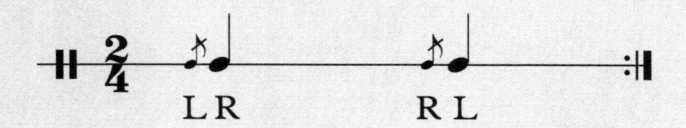

L R   R L

O *flam* é um rudimento que requer muita disciplina do percussionista em relação ao **posicionamento da baqueta**. Após explicarmos o exercício, você constatará facilmente o quão verdadeira é essa afirmação.

Hora do ensaio

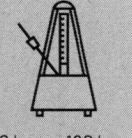

60 bpm – 180 bpm

A primeira nota desse padrão rítmico em compasso 2/4 será a apogiatura da mão esquerda. Portanto, posicione a baqueta esquerda bem próxima da pele. A direita realizará a nota principal, por isso, deve estar com a cabeça elevada, longe da pele. Para executar o primeiro tempo do compasso, efetue um golpe com as duas mãos simultaneamente. A baqueta esquerda atingirá primeiramente a pele, pelo fato de estar mais próxima dela, e consequentemente terá uma dinâmica menor. Desse modo, as baquetas não atingirão a pele ao mesmo tempo, e o efeito sonoro resultante será o de duas notas ligeiramente separadas.

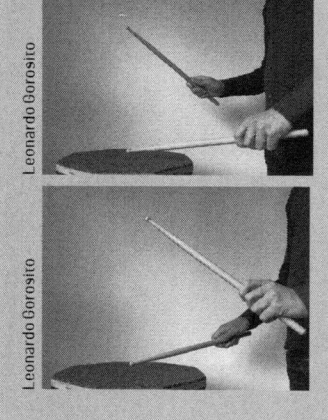

Leonardo Gorosito

Leonardo Gorosito

Logo após o primeiro golpe, as baquetas devem ficar na posição oposta da inicial, agora com a esquerda elevada, e a direita, para baixo. Como foi dito, essa prática exige muita aplicação do percussionista, para que a mão direita, em seguida do primeiro contato com a pele, permaneça na área baixa, permitindo que o próximo *flam* já seja preparado. É aconselhável trabalhar exageradamente com a movimentação dos pulsos, ou seja, a baqueta que toca a apogiatura deve estar posicionada em uma região bem baixa, o mais próximo possível da pele e, após o golpe, mover-se excessivamente para cima.

Pratique esse exercício em andamentos de 60 bpm a 180 bpm e perceba como nas velocidades lentas é mais fácil manter as diferenças da altura das baquetas.

Existem inúmeras variações de células rítmicas com o uso do *flam*. A seguir, analisaremos algumas delas. A primeira se refere ao *flam tap* (Partitura 2.11):

Em alto e bom som

O *flam tap* é o papa-mama com a adição de um ornamento na primeira nota. Executam-se as notas conseguintes do *flam* em uma altura baixa, para que a baqueta já esteja na posição correta para a próxima apogiatura.

Partitura 2.11 – Exercício *flam tap*

Para o próximo exercício, teremos uma série de manulações possíveis. A manulação se refere à escolha de qual baqueta aplicaremos para a execução das notas. Em outras palavras, trata-se da "forma de indicar a 'mão' a ser usada na execução" (Frungillo, 2002, p. 201). O termo *baqueteamento* também pode ser utilizado. Nessa perspectiva, ela tem o mesmo conceito da digitação do piano, que se refere à seleção do dedo que tocará a tecla.

Hora do ensaio

Neste exercício (Partitura 2.12), a manulação já está configurada, porém, em geral, as partituras para percussão não trazem essa informação. Por isso, é seu papel escolher o baqueteamento seguindo seus próprios critérios. Cada manulação do exercício a seguir representa um desafio de movimentação diferente para o intérprete.

Partitura 2.12 – Exercício *flam* variação

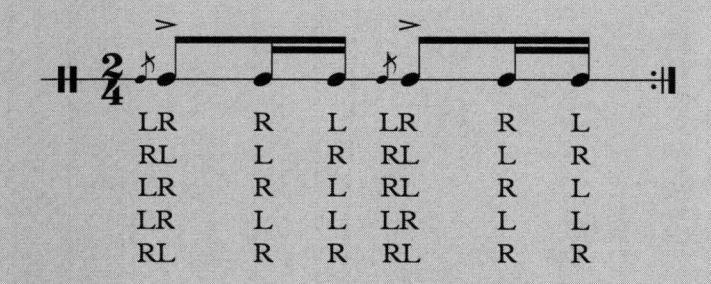

LR	R	L	LR	R	L
RL	L	R	RL	L	R
LR	R	L	RL	R	L
LR	L	L	LR	L	L
RL	R	R	RL	R	R

Execute cada variação de maneira bem lenta, observando exatamente qual nota precede o *flam*, para que ela esteja na área baixa antes da execução do ornamento.

Por que tantas variações de manulação em um único exercício? Essa é uma pergunta que sempre vem à mente quando estudamos rudimentos. A resposta é simples e objetiva: **precisamos aprender o maior repertório possível de manulações**. No dia a dia de um percussionista, questões que envolvem manulação são uma constante. Por isso, quanto maior for o vocabulário de baqueteamento, mais fácil será a solução desses problemas.

Nas partituras a seguir (2.13, 2.14 e 2.15), apresentaremos mais três rudimentos essenciais que envolvem o uso do *flam*:

Partitura 2.13 – Exercício de *flam* acento

LR L R RL R L

Partitura 2.14 – Exercício de *flamacue*

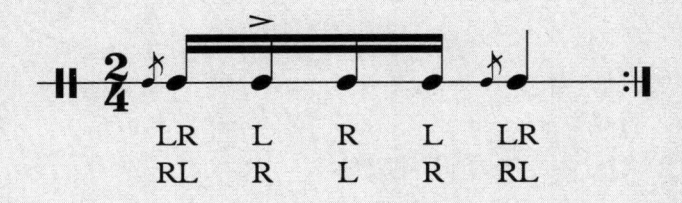

LR L R L LR
RL R L R RL

Partitura 2.15 – Exercício de *flam paradiddle*

LR L R R RL R L L

O rudimento *flam* acento (Partitura 2.13) consiste na realização de tercinas, com as mãos alternadas, em que cada primeira nota de tempo contém uma apogiatura simples. Os dois rudimentos seguintes (Partituras 2.14 e 2.15) são utilizados extensivamente no estilo militar de executar a caixa clara.

2.4.2 Rulo

> **Se ligue no batuque!**
>
> Na percussão, o conceito de rulo é importantíssimo, pois se refere à forma pela qual os instrumentos expressam uma nota contínua. Também conhecido como *rufo*, esse recurso é, na realidade, uma **simulação de um som longo**, já que é composto pela repetição de vários golpes em sequência. Existem três tipos básicos de rulo: simples, aberto e fechado.
>
> 1. **Rulo simples**: alcançado por meio de toques únicos de cada mão, rapidamente alternados. É o recurso utilizado no tímpano quando uma nota longa é requerida.
> 2. **Rulos aberto e fechado**: são estruturais na caixa clara e contêm o conceito de rebote, que diz respeito a quando mais notas são executadas através de um único golpe de pulso. A diferença entre os rulos aberto e fechado é que, no primeiro, o número de rebotes é controlado e contado, e, no segundo, o percussionista não visa definir a quantidade de notas por golpe.

Rulo aberto

Antes de darmos início aos exercícios de rulo aberto, procure realizar golpes que contenham duas notas por vez, por meio do uso de rebote. Note que, para o rebote se concretizar, é preciso promover maior pressão na pinça. Assim, tente realizar essa força exatamente no momento do contato da baqueta com a superfície, relaxando logo em seguida.

Hora do ensaio

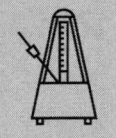

60 bpm – 70 bpm – 160 bpm

No padrão rítmico presente na Partitura 2.16, constam um grupo de notas simples e outro de notas duplas. O rebote é empregado a partir de um certo andamento, quando se torna muito rápido para articular duas vezes o grupo de músculos de toda a mão e do pulso. Esse recurso permite a realização de notas bem próximas uma das outras, pois a baqueta trabalha com a ação da gravidade, enquanto a pinça trabalha para que a ponta da baqueta volte a entrar em contato com a pele.

Partitura 2.16 – Exercício de rulo aberto

R L R L R L R L   R R L L R R L L R R L L R R L L

Com o metrônomo a 70 bpm, o segundo compasso deste exercício é executado com um movimento de pulso para cada semicolcheia, sem o uso de rebote, sendo, dessa maneira, idêntico ao papa-mama. Já a 160 bpm, o uso de rebote se torna necessário. Por isso, no segundo compasso, a cada golpe de pulso, duas semicolcheias são executadas.

Em determinado andamento, existe um momento de passagem entre o movimento do pulso e o rebote. Para treinar e perceber esse exato momento de transição, o mesmo exercício de aceleração e desaceleração em toque simples é recomendado, contudo, utilizando agora o toque duplo (Partitura 2.17).

Partitura 2.17 – Exercício rulo aberto acelerando

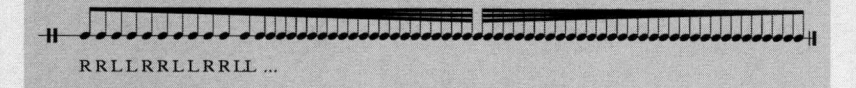

RRLLRRLLRRLL ...

Existem rudimentos que contemplam rulos abertos de cinco a 17 notas. Entretanto, vamos nos ater aos mais básicos: os chamados **rulo de cinco toques** (Partitura 2.18) e **rulo de nove toques** (Partitura 2.19). Perceba como na contagem que dá nome ao rudimento acrescenta-se a nota final da célula rítmica. Desse modo, no rulo de cinco toques, quatro notas são executadas por toque duplo e, em seguida, uma nota simples, contabilizando um total de cinco toques.

Partitura 2.18 – Exercício de rulo de cinco toques

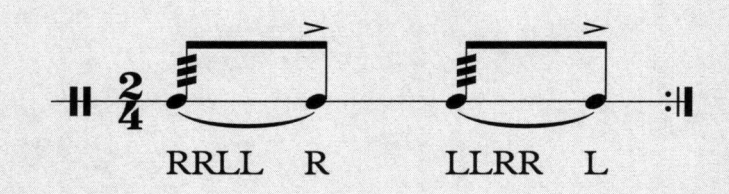

RRLL R   LLRR L

Partitura 2.19 – Exercício de rulo de nove toques

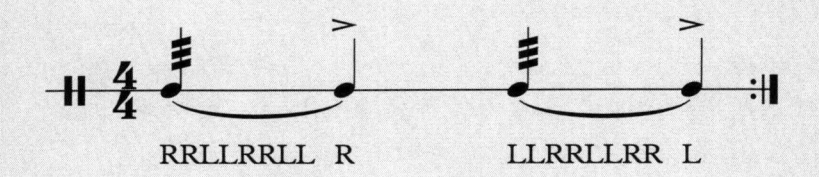

RRLLRRLL R   LLRRLLRR L

Drag

O toque duplo com rebote é empregado também em um ornamento rudimentar chamado *drag* (Partitura 2.20), que é similar ao *flam*, mas contendo duas notas. Verifique como a adição dessa única nota transforma completamente a forma de execução, requisitando muito mais energia muscular.

Partitura 2.20 – Exercício *drag*

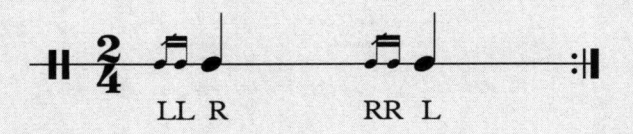

LL R   RR L

Se ligue no batuque!

Para uma boa execução do *drag*, é preciso ter em mente dois procedimentos já abordados anteriormente. O primeiro diz respeito a atribuir sonoramente mais importância à nota real, que, no caso do *drag*, é representada pelo terceiro golpe. O outro procedimento consiste fazer com que a segunda nota do toque duplo esteja tão presente quanto a primeira. Nesse sentido, podemos pensar em um crescendo, criando um direcionamento de frase.

Nas Partituras 2.21 e 2.22, a seguir, há mais duas aplicações do *drag* em dois rudimentos elementares, que levam o nome de *lesson 25* e *drag ratamacue*, respectivamente.

Partitura 2.21 – Exercício de *lesson* 25

LL R L R LL R L R
RR L R L RR L R L

Partitura 2.22 – Exercício de *drag ratamacue*

LL R L R L RR L R L R

> **Se ligue no batuque!**
>
> Tanto no rudimento *lesson* 25 quanto no *drag ratamacue* é preciso manter a musculatura inteira dos braços relaxada, pois são células rítmicas rápidas, em que várias notas são executadas em um curto período.

Rulo fechado

O último rudimento de nosso estudo talvez seja o mais desafiador de todos. Um percussionista pode passar sua vida inteira desenvolvendo um bom rulo fechado na caixa clara e, depois de alcançar um resultado satisfatório, ainda despenderá um tempo considerável para conseguir mantê-lo em forma.

> **Hora do ensaio**
>
> Uma maneira apropriada de trabalhar o rulo fechado é por meio do exercício de acelerar e desacelerar. Nesta atividade específica, aplique o maior número de rebotes possíveis a cada golpe de pulso (Partitura 2.23). Lembre-se de manter seus músculos relaxados.
>
> **Partitura 2.23** – Exercício rulo fechado acelerando
>
> R L R L R L R L ...

Concluindo esta seção sobre a técnica básica de duas baquetas, apresentamos os principais tipos de golpes e rudimentos, os quais, após dominados e maturados pelo aluno, formam uma base técnica fundamental para a execução da caixa clara e de diversos outros instrumentos de percussão.

2.5 Tímpanos

Parte da técnica básica de baquetas e dos rudimentos estudados neste capítulo podem ser aplicados diretamente ao tímpano. No entanto, o fato de a cabeça da baqueta normalmente ser envolvida por um feltro e sua pele não apresentar muita tensão faz com que a técnica de tímpano não utilize o rebote como recurso. Todas as notas com sustentação são interpretadas com o rulo simples, não utilizando os rulos aberto e fechado.

Figura 2.5 - Tímpano

Boris Medvedev/Shutterstock

Existem muitas escolas de tímpano, principalmente na Europa e nos Estados Unidos. Elas seguem fortes tradições e apresentam diferenças na maneira como se segura a baqueta e na fabricação tanto do instrumento quanto da baqueta. Dentro de cada escola, também existem subdivisões de acordo com linhagens de grandes timpanistas, cada uma com suas características técnicas e principalmente de concepção sonora. Por uma questão de foco, não vamos nos ater a discorrer sobre cada escola, apesar de o assunto ser de grande riqueza e interesse para a percussão.

Se ligue na batuque!

Para introduzirmos os aspectos do fazer musical do tímpano, concentraremos nosso estudo em uma técnica básica que está mais relacionada à escola norte-americana. Mais comum no Brasil, essa escola posiciona os tambores graves do lado esquerdo, sendo que a escola alemã os posiciona ao lado direito. A principal diferença da técnica de tímpano para a caixa clara é que os pulsos sofrem uma rotação de 45°, fazendo com que os dedões se encontrem voltados para cima. Quando estão posicionadas sobre a pele, em vez de as baquetas desenharem um "A", no tímpano desenharão um "V", com os pulsos levemente curvados para fora. A não ser pela tensão na região da pinça, o relaxamento muscular é extremamente necessário para que a baqueta faça a pele entrar em vibração da maneira mais apropriada.

O tipo de golpe empregado no tímpano é justamente intensionado a fim de que a baqueta entre em contato com a pele pelo menor tempo possível, evitando bloquear desnecessariamente a vibração da membrana. Após atingir a pele, a cabeça da baqueta deve agilmente ser levada para cima, gerando um som brilhante e definido. Assim, quanto maior for o tempo de contato, mais escuro e encoberto será o som.

O lugar onde a baqueta deve acertar a pele está relacionado à busca pelo som que melhor define a altura da nota. O centro da pele contém uma sonoridade seca e agressiva, quase desprovida de altura definida, algo muito próximo de um ruído penetrante. A parte extrema da borda da membrana emitirá inúmeros harmônicos médios e agudos, embaralhando a sonoridade da nota fundamental. Um ponto específico entre o centro e a borda é o lugar mais apropriado para que a baqueta atinja a pele, dando origem a um som equilibrado em harmônicos graves e agudos e, principalmente, com altura nitidamente definida.

2.5.1 Altura definida

O tímpano é um instrumento da percussão de altura definida, porém, mais que isso, sua afinação é totalmente controlada pelo músico que o interpreta. No xilofone, na marimba e no vibrafone, instrumentos de frequências predeterminadas, as teclas são afinadas durante seu processo de produção ainda na fábrica. Quando o músico os utiliza, seja em seu estudo, seja em apresentações, as teclas se encontram com suas afinações corretamente afixadas. Se desejar alterar esses ajustes, o percussionista deverá enviar o teclado a um especialista que, por um longo processo de raspagem, corrigirá as placas que apresentarem incorreções de altura. Já o timpanista, por meio do pedal e de sistemas de microafinação, deve administrar a entonação correta da membrana durante todo o tempo que utilizar seu instrumento.

Só as melhores

Cas você queira ver uma rápida *performance* do tímpano, bem como curiosidades e características do instrumento, assista ao seguinte vídeo:

OSESP – Orquestra Sinfônica do Estado de São Paulo. **Instrumentos de orquestra**: tímpano – Ricardo Bologna. 7 nov. 2018. Disponível em: <https://www.youtube.com/watch?v=-JEmyVXDgzaw>. Acesso em: 25 ago. 2020.

Assim, o timpanista deve ter a capacidade de entoar de forma afinada os intervalos musicais para conseguir executar seu ofício de maneira adequada. No tímpano, a afinação é tão importante quanto a técnica, já que em quase todas as ocasiões em que é utilizado o instrumento integra grandes conjuntos musicais, como orquestras e bandas sinfônicas. Além de sua colaboração com a precisão rítmica, o timpanista também deve estar em perfeita concordância harmônica com o grupo, pois constantemente executa notas em uníssono com outros instrumentos. Nesse sentido, o estudante que procura desenvolver suas habilidades no tímpano deve dedicar uma porção considerável de seu tempo à prática dos intervalos musicais, para ser capaz de solfejá-los e percebê-los com clareza e facilidade.

Figura 2.6 - Tímpanos em orquestras e bandas sinfônicas

2.5.2 A orquestra sinfônica

É integrando a orquestra sinfônica que o tímpano alcança seu maior grau de expressividade. Sua capacidade como solista ou de participação em pequenos grupos ainda foi pouco explorada. Por conter um alto valor aquisitivo e grande volume físico, o uso desse instrumento é reservado normalmente apenas a grandes instituições. Por isso, o aprendizado do tímpano envolve, em grande parte, conhecer a relação do instrumento com a orquestra e entender sua função dentro do contexto sinfônico. Assim, o aluno também deve aprimorar sua sonoridade para que ela funcione em grandes salas de concerto.

Se ligue na batuque!

Próximo aos tímpanos, escutamos um determinado som, mas à medida que ele viaja pela orquestra e atravessa a plateia, as ondas sonoras sofrem alterações, sendo a principal delas a perda de articulação das frases. Por isso, o bom timpanista não pode ser guiado apenas pelo som que chega a seus ouvidos, mas, sim, por aquele que antes percorre certa distância antes de alcançar o maestro e os espectadores. Quando o músico tem esse conhecimento, ao realizar um ritmo, em vez de executá-lo em um nível satisfatório para si mesmo, deve utilizar uma quantidade de energia e esforço para que a frase seja compreendida perfeitamente a vários metros de distância.

Mas qual é a função do tímpano na orquestra? Pelo seu posicionamento ao fundo do palco e por participar em momentos pontuais nas obras, pode parecer que o tímpano desempenhe um papel de pouca importância na orquestra. Mas, acredite, um timpanista despreparado pode prejudicar o conjunto como um todo, deixando maestros furiosos! Não por acaso, esse instrumentista é conhecido como o segundo maestro da orquestra, pois sua função como auxiliar rítmico é fundamental. O som forte e marcante dos tambores delineia as células rítmicas de maneira que todos os músicos conseguem ouvi-las e compreendê-las com clareza. Quando está presente, **o ritmo do tímpano coordena o tempo da orquestra**. Além disso, uma segunda função do instrumento é **dar colorido às obras musicais**, normalmente criando grande dramaticidade por meio do seu característico rulo. No desempenho dessa função, o timpanista deve ter uma sensibilidade aguçada a fim de combinar seu som com outros instrumentos, pois é muito raro que o tímpano toque sozinho. É preciso que o tempo todo ele esteja em conformidade com o que foi pretendido pelo compositor. Aliás, quando o compositor é competente, cada nota ou rulo tem uma razão de existir. Assim, cabe ao timpanista, com sua capacidade musical e seu conhecimento da obra, decidir a melhor forma de executá-lo.

Existe um aspecto no tímpano que influencia consideravelmente a forma de trabalho do músico. Na grande maioria do repertório, o timpanista está sozinho. Apesar de integrar a família da percussão, na **prática o tímpano é um naipe da orquestra por si só**. Isso provoca um senso de responsabilidade maior ao timpanista, já que tudo depende exclusivamente de si mesmo. Esse sentimento de responsabilidade, ligado ao fato de o instrumento ter participações descontínuas nas obras, faz com que o timpanista tenha de efetuar um estudo prévio de cada peça, seja por meio de gravações, seja por meio da análise de grades orquestrais, conhecendo as linhas melódicas de todos os outros instrumentos.

Se ligue na batuque!

Quantos tambores compõem o tímpano? Por padrão, quatro são os tambores utilizados na orquestra sinfônica:

1. o maior com a pele medindo 32";
2. o central de 29";
3. o central de 26";
4. e o menor, de 23".

Porém, o timpanista deve escolher quantos tímpanos utilizar de acordo com a demanda de notas que cada compositor propõe. Nos períodos barroco e clássico, era maior a presença de apenas **dois tambores**, afinados em notas como Ré e Lá, Dó e Sol, Mi bemol e Si bemol – ou seja, a tônica e a dominante da obra como um todo. Com a expansão musical do romantismo, surgiram obras para **três e quatro tambores** e a utilização simultânea de mais de um timpanista. Na música moderna, por vezes os compositores solicitam notas muito agudas, ocasionando o uso de um **quinto tambor**: o tímpano *piccolo*, normalmente com 20 polegadas.

De maneira geral, os timpanistas executam o instrumento sentados em um banco de altura média. É possível tocar o tímpano em pé, para que o corpo tenha mais mobilidade, sobretudo para execuções de trechos em que as baquetas percorrem os quatro tambores. No entanto, trechos assim são raros no repertório, e o fato de o instrumentista estar sentado é fundamental para que seu pé trabalhe periodicamente para corrigir afinações e modificar as alturas das notas.

2.5.3 Afinação

A afinação do tímpano moderno é dada pela movimentação dos pedais. Nos séculos XVII e XVIII, o instrumento era comumente afinado com as mãos por meio de chaves ao redor da pele. Os pedais possibilitam ao timpanista executar o instrumento ao mesmo tempo que modifica as notas dos tambores. Nesse sentido, existem várias formas e métodos que o timpanista pode seguir para afinar os tímpanos. Atualmente, afinadores eletrônicos são amplamente usados, principalmente por profissionais. Sendo assim, discorreremos a seguir sobre o método mais tradicional, utilizado por timpanistas em situações de provas.

Hora do ensaio

Primeiramente, tome a nota Lá como referência, de preferência através do diapasão de garfo, para que o processo seja silencioso. Cante suavemente a nota que precisa dispor no tímpano. Se não for o próprio Lá do diapasão, cante o intervalo necessário para chegar até ela ou caminhe por grau conjunto. Se for a nota Ré, cante uma quarta acima ou em escala ascendente da seguinte forma: Lá, Si, Dó e, finalmente, Ré. É nesse momento que entra o valor do estudo dos intervalos, pois quanto maior for o domínio sobre eles, mais rapidamente a afinação ocorrerá. Mova o pedal inteiramente para baixo para que a pele perca sua tensão. Aproxime o ouvido da membrana, toque suavemente com a baqueta e, então, suba com o pedal até alcançar a nota pretendida. Para afinar os próximos tambores, repita o mesmo processo e, depois, verifique se os intervalos estão corretos realizando golpes melódicos ascendentes.

Normalmente, os tímpanos contêm uma ferramenta auxiliar de afinação chamada *agulha* (Figura 2.7). Trata-se de uma barra ligada ao pedal que indica a nota em que a pele está disposta. Entretanto, essa ferramenta funciona apenas como referência, já que a membrana é volátil e trabalha constantemente com a ação de diversos fatores, como umidade do ar e o choque das baquetas, provocando pequenas variações na afinação. Se o timpanista pretende utilizar a agulha, sua regulagem deve ser feita com bastante frequência – no mínimo, todos os dias.

Figura 2.7 – Agulha do tímpano

jodrum/Shutterstock

Após identificarmos algumas técnicas de afinação do tímpano, acreditamos ser necessário deixar claro que o mais importante é que o instrumento esteja afinado, em consonância com o resto dos instrumentos da orquestra ou banda, independentemente de qual método foi utilizado pelo músico para afinar os tambores (pelo ouvido, pela agulha, pelo afinador eletrônico ou pelo diapasão).

2.5.4 Abafamento

O abafamento é parte essencial do fazer musical do tímpano. Pelo tamanho e nível de tensão da pele, o golpe da baqueta provoca uma longa vibração da membrana. Sem esse recurso, os sons dos tambores se somam em um emaranhado de harmônicos, ocasionando frases sem clareza e com indefinição tanto rítmica quanto melódica. O abafamento é feito pelos dedos médio, anelar e mínimo, posicionados sobre a área de toque, enquanto o indicador e o dedão continuam trabalhando em função da pinça, segurando a baqueta. É aconselhável abafar a pele de forma silenciosa, evitando movimentos bruscos que possam gerar sons indesejáveis. A informação sobre abafamentos não é dada na partitura pelo compositor, portanto, é o timpanista quem decide quando e como realizá-los, sempre em conformidade com as ideias musicais específicas de cada trecho.

2.5.5 Estudo do tímpano

Se você tem um tímpano à sua disposição, procure dividir seu estudo em quatro partes: técnica, qualidade de som, afinação e trechos orquestrais.

- **Parte técnica**: cubra um tambor (de preferência, o de 26") pela metade com uma toalha e pratique os exercícios de toque simples alternado descritos anteriormente.
- **Qualidade de som**: disponha o intervalo de uma quarta justa nos tímpanos centrais (29" e 26") e execute lentamente ritmos bastante simples entre os dois tambores. Com movimentos dilatados e calmos, observe que quanto mais relaxados seus

músculos estiverem, melhor a pele responderá ao golpe da baqueta.

- **Afinação**: reserve 10 minutos de seu estudo para repetir algumas vezes o processo de afinação dos tímpanos citado anteriormente. Experimente diversas combinações de notas com intervalos de terças maiores e menores, quartas e quintas justas, checando ao final de cada processo a precisão das alturas por meio de um afinador eletrônico.
- **Trechos orquestrais**: por último, pratique trechos desafiadores de obras frequentemente executadas pelas orquestras no Brasil e no mundo. Escolha excertos com dificuldades musicais, técnicas e de mudança de afinação. A seguir, apresentamos uma lista de obras que contêm excertos importantes de tímpano[1]:

W. A. Mozart: "Sinfonia n. 39", 1º movimento – compassos 1-21.	**L. V. Beethoven**: "Sinfonia n. 9", 1º movimento – compassos 16-35 e 513-547.
J. Brahms: "Sinfonia n. 1", 1º movimento – compassos 1-9.	**B. Bartók**: "Concerto para orquestra", 4º movimento – compassos 42-50.
Stravinsky: "A sagração da primavera", n. 189, de ensaio até o fim.	

• • •

1   As partituras podem ser consultadas no seguinte *website*: IMSLP – International Music Score Library Project. Disponível em: <https://imslp.org>. Acesso em: 26 ago. 2020.

Resumo da ópera

A técnica básica de duas baquetas foi o primeiro foco deste capítulo, que teve a caixa clara como instrumento principal de execução. Apresentamos os rudimentos mais simples, descritos no Quadro 2.1, até alguns mais avançados. Na última seção, tratamos do primeiro instrumento a adentrar no universo da orquestra sinfônica, o tímpano. Observe no Quadro 2.2 um resumo de suas principais características de acordo com seu tipo de execução e participação dentro de grandes conjuntos musicais.

Quadro 2.1 – Rudimentos básicos

Toque simples alternado	Uma nota para cada mão
Toque duplo	Duas notas para cada mão (*papa-mama*)
Toque triplo	Três notas para cada mão
Paradiddle	Combinação de toque simples com toque duplo
Flam	Ornamento com uma nota
Drag	Ornamento com duas notas
Rulo	Nota contínua
Lesson 25	Combinação de *drag* com toque simples
Drag ratamacue	Combinação de *drag* com toque simples em tercina

Quadro 2.2 – Características do tímpano

Instrumento fundamentalmente ligado a grandes conjuntos musicais, como a orquestra sinfônica e a banda sinfônica.
Tem o ritmo como função musical principal.
Uma das formas de o timpanista desenvolver a habilidade de afinar o instrumento se dá através do estudo do solfejo e da percepção de intervalos.
Hoje em dia, os tamanhos mais comuns dos quatro tambores são: 32", 29", 26" e 23".

Teste de som

1. Quando iniciamos o estudo da técnica básica de duas baquetas, precisamos nos lembrar o tempo todo sobre:
   a) a história que envolve execução de um instrumento, como a caixa clara.
   b) o pulso da música.
   c) a necessidade de sempre executar as notas fortes.
   d) o desenvolvimento de nossa mão não dominante.
   e) o relaxamento dos músculos de todo o corpo.

2. A respeito do conteúdo exposto neste capítulo, assinale a alternativa **incorreta**:
   a) A letra R representa a mão direita, enquanto a letra L representa a mão esquerda.
   b) O ideal é iniciar a prática musical com exercícios em andamentos lentos.
   c) O toque simples alternado é um elemento que se mostra presente durante toda a vida do percussionista.

d) As baquetas devem atingir a mesma região da pele, para que emitam sons iguais.

e) Um efeito sonoro é mais fácil de ser executado que um ritmo complexo, pois durante seu estudo não é necessário o uso do metrônomo.

3. Assinale a seguir a alternativa que indica um rudimento que necessita que a segunda nota seja acentuada no início do estudo da técnica de duas baquetas, pois a energia da mão diminui após o primeiro golpe:
   a) Toque simples alternado.
   b) Toque triplo.
   c) *Flam.*
   d) Toque duplo.
   e) Rulo fechado.

4. Qual é o número de tambores (tímpanos) utilizados pelo timpanista durante um concerto de orquestra?
   a) Depende da demanda de notas requerida pelos compositores.
   b) No período barroco, era comum o uso de quatro tambores.
   c) Compositores da música contemporânea normalmente utilizam dois tímpanos, afinados em tônica e dominante.
   d) Quatro.
   e) Cinco.

5. Um timpanista precisa ter o ouvido muito bem treinado para conseguir afinar seu instrumento. Sob essa ótica, indique a alternativa que indica como essa habilidade pode ser alcançada:
   a) Por meio do estudo primeiramente da caixa clara.
   b) Por meio do estudo de solfejo e da percepção de intervalos.
   c) Por meio da repetição do processo de afinação com o auxílio do piano.
   d) Por meio do conhecimento do repertório sinfônico.
   e) Por meio de exercícios de técnica de duas baquetas, como o *paradiddle*.

Treinando o repertório

Pensando na letra

1. Como na técnica básica de duas baquetas é necessário buscar a igualdade das mãos, perceba como realizamos as tarefas na maioria das vezes com a mão dominante. Sendo assim, para o aprimoramento de sua técnica com os exercícios propostos no capítulo, procure de início dar atenção à sua mão mais fraca começando com tarefas simples, tais como escovar os dentes e abrir portas, e perceba como isso influenciará positivamente em suas práticas.

2. Observe como existe um aspecto do estudo dos rudimentos para caixa clara ligado especificamente aos músculos do nosso corpo. O processo de desenvolvimento técnico se dá

aos poucos, dia após dia, pois a nossa musculatura precisa de tempo para se adaptar às novas demandas. É como ir para a academia de musculação: a cada vez que um exercício é feito, o músculo ganha um pouco mais de força e controle. Por isso, para aqueles que pretendem seguir na carreira de percussionista, uma rotina de estudo diário se faz necessária, mantendo sempre a musculatura em forma.

Som na caixa

1. Quando estiver esperando por algo, como na fila do mercado, procure executar o *paradiddle* com a mão percutindo nas coxas ou em qualquer outro local do corpo. Talvez seja sensato fazê-lo de forma discreta, para não incomodar as pessoas próximas.

2. Componha uma pequena peça, de 16 ou mais compassos, utilizando os rudimentos trabalhados neste capítulo.
Em seguida, compartilhe-a com seus colegas. Certamente, você fará sequências diferentes e interessantes.

Capítulo 3

PERCUSSÃO DE CONCERTO II: TECLADOS, ACESSÓRIOS E PERCUSSÃO MÚLTIPLA

Primeiras notas

A partir deste ponto do texto, trataremos de aspectos importantes de quatro instrumentos de teclado. Compostos por duas linhas de placas, naturais e acidentes, dispostas em um móvel com tubos de ressonância, são instrumentos semelhantes, mas que divergem em tamanho, material de fabricação, técnica de execução e característica sonora. Seguindo a ordem do menor para o maior, temos o **glockenspiel**, o **xilofone**, o **vibrafone** e a **marimba**. As teclas do xilofone e da marimba são feitas de madeira, enquanto as do *glockenspiel* e do vibrafone, de metal. Todos eles são **instrumentos idiofônicos de altura definida** que entram em vibração por meio de golpe. Para executá-los, o percussionista pode utilizar tanto duas baquetas quanto a técnica avançada de quatro baquetas, segurando duas em cada mão. Neste capítulo, examinaremos cada um deles em mais detalhes.

3.1 Xilofone e vibrafone

Daremos início ao estudo dos teclados com o xilofone, instrumento muito conhecido por integrar as orquestras e bandas sinfônicas pelo mundo. Em seguida, analisaremos o vibrafone, mais ligado à música popular e muito comum em formações de pequenos conjuntos de *jazz*.

3.1.1 Xilofone

Do grego *xylon* (madeira) e *phone* (som), o xilofone é um dos instrumentos mais antigos e emblemáticos da percussão. Sua história se entrelaça com a da marimba, já que ambos, em seus estágios primitivos iniciais, continham o mesmo princípio: uma série de barras de madeira com sons distintos entre si. Mas, afinal, qual é, atualmente, a diferença entre os dois? Bem, existem diversos tipos de modelos tanto da marimba quanto do xilofone, os quais variam conforme a região e o tipo de música em que são utilizados. Por isso, vamos nos ater àqueles encontrados nas orquestras sinfônicas e escolas de ensino de percussão erudita pelo mundo. Iniciaremos essa comparação deixando de lado as especificidades técnicas e analisaremos as características de cada instrumento a partir do nosso principal objeto de trabalho, o som.

Figura 3.1 - Xilofone e marimba, respectivamente

Mesmo sem olhar, um percussionista profissional consegue diferenciar rapidamente quando se trata de um instrumento ou de outro:

- **Xilofone**: a sonoridade do xilofone é geralmente brilhante, aguda e penetrante. ao passo que a da marimba é doce, mantendo-se nas regiões média grave e média aguda. Isso se dá por três razões principais. A primeira é que o xilofone utiliza uma baqueta com o cabo fino e flexível, em cuja parte superior se encontra uma pequena esfera bastante dura, feita normalmente de plástico ou de madeira. As teclas do xilofone são mais finas e curtas, proporcionando um som com maior número de harmônicos agudos.
- **Marimba**: o som da marimba não é tão brilhante quanto o do xilofone, mantendo-se nas regiões média grave e média aguda. Isso se dá por três razões principais. O instrumento conta com uma baqueta com cabo maior e, em sua grande maioria, não flexível. Mas o que torna seu som mais aveludado é o fato de a cabeça, com a forma mais ovalada, ser coberta por uma camada de fio de lã. Além disso, a marimba é considerada um instrumento mais grave que o xilofone.

Por meio da tessitura dos dois instrumentos, podemos verificar uma certa similaridade entre ambos, pois os dois contêm algumas teclas que correspondem exatamente às mesmas frequências. Nesse sentido, variações de extensão são muito comuns, porém, quase sempre a marimba e o xilofone compartilham a região em torno do Dó 4 ao Dó 6.

> ### Se ligue na batuque!
>
> Uma informação não muito conhecida pelas pessoas em geral, até mesmo por percussionistas, é que **o xilofone é um instrumento transpositor**, que soa uma oitava acima em relação à partitura. Por exemplo: seu Dó central escrito (Dó 3), na realidade, tem a sonoridade de um Dó 4. Isso facilita a leitura do percussionista, pois a quantidade de linhas suplementares diminui consideravelmente.

O compositor francês **Camille Saint-Saëns** utilizou o xilofone em sua obra "Dança macabra", de 1874, configurando uma das primeiras aparições do instrumento em contexto orquestral. Com o mesmo material temático dessa obra, Saint-Saëns concedeu ao xilofone papel solista em "Fósseis", um dos movimentos da obra "Carnaval dos animais", talvez sua peça mais conhecida pelo mundo. Na primeira década do século XX, o xilofone fez sua primeira participação em sinfonias, sendo empregado por Gustav Mahler na sua "Sinfonia n. 6". Outras obras importantíssimas do repertório erudito ocidental em que o xilofone integra a instrumentação são: "Pássaro de fogo", de Igor Stravinsky (1910); "Os planetas", de Gustav Holst (1916); "Sonata para dois pianos e percussão", de Béla Bartók (1937); "Pássaros exóticos", de Olivier Messiaen (1956). A sonata de Bartók, inclusive, é considerada um verdadeiro pilar da música de câmara com percussão, sendo fundamental para o processo de formação do percussionista profissional. Um dos excertos orquestrais mais desafiadores do xilofone se encontra na ópera *"Porgy and bess"*, do compositor

Camille Saint-Saëns

norte-americano **George Gershwin**. Na introdução da ópera, o percussionista executa, em uníssono com os violinos, uma ininterrupta e intricada frase que percorre quase todo o teclado do xilofone – uma boa interpretação desse trecho musical requer estabilidade no tempo e consistência na igualdade dos toques simples e duplos.

Will Amaro
George Gershwin

Só as melhores

Caso queira ter contato com as obras musicais citadas, acesse:

AKADEMIA FILMU I TELEWIZJI. **Camille Saint-Saëns**: Le Carnaval des animaux, The Carnival Of The Animals. Disponível em: <https://www.youtube.com/watch?v=7SjagpXeNhM>. Acesso em: 26 ago. 2020.

BBC – British Broadcasting Corporation. **Proms 2016**: Gustav Holst – The Planets [Edward Gardner, National Youth Orchestra]. Disponível em: <https://www.youtube.com/watch?v=be7uEyyNIT4&t=2s>. Acesso em: 26 ago. 2020.

EUROARTSCHANEL. **Gustav Mahler**: Symphony No. 6 (Lucerne Festival Orcherstra, Claudio Abbado). Aug. 10th 2006. Disponível em: <https://www.youtube.com/watch?v=YsEo1PsSmbg>. Acesso em: 26 ago. 2020.

GEORGE and Ira Gershwin's Porgy and Bess: The complete 2002 Lincoln Center Production. Disponível em: <https://www.

youtube.com/watch?v=HdRTfqGy9TE>. Acesso em: 26 ago. 2020.

OLIVIER Messiaen: Oiseaux exotiques (1955). Disponível em: <https://www.youtube.com/watch?v=lmjETPAkF70>. Acesso em: 26 ago. 2020.

STRAVINSKY: The Firebird – Gergiev – Vienna Philarmonic – Salzburg Festival 2000. Disponível em: <https://www.youtube.com/watch?v=RZkIAVGIfWk>. Acesso em: 26 ago. 2020.

UCTV – University of California Television. **Bela Bartok**: Sonata for Two Pianos and Percussion – La Jolla Music Society's SummerFest. Disponível em: <https://www.youtube.com/watch?v=pydEoJl8X84>. Acesso em: 26 ago. 2020.

Na primeira metade do século XX, o xilofone alcançou um elevado grau de desenvolvimento na música popular americana, com o estilo *ragtime*. Inúmeras gravações com esse instrumento foram feitas por grandes xilofonistas, entre eles George Hamilton Green, que deixou uma valiosa coletânea de oito solos com acompanhamento de piano. O estudo de "*Xylophone rags*" do compositor é essencial para desenvolver a técnica de duas baquetas de xilofone, para trabalhar a leveza de toque e a agilidade dos pulsos.

No Brasil, **Osvaldo Lacerda** compôs, em 1974, uma das primeiras obras nacionais originalmente escritas para xilofone: "Suíte para xilofone e piano" é dividida em três movimentos: I – "Arrasta-pé", II – "Ponto" e III – "*Toccata*", respectivamente nos andamentos rápido, lento e rápido. A obra tem estilo nacionalista e é baseada em células rítmicas e melodias de bailes populares e cultos religiosos afro-indo-brasileiros.

> **Se ligue na batuque!**
>
> Um modelo de xilofone menor e mais simples, com apenas uma linha de placas de madeira, é amplamente conhecido por integrar o grupo de instrumentos do **método Orff-Schulwerk**, uma abordagem de ensino musical para crianças também conhecida como *método Orff*. Essa metodologia, desenvolvida pelo compositor alemão Carl Orff, na década de 1920, visa desenvolver a sensibilidade e a criatividade artística das crianças, integrando poesia, teatro, dança e música. Partindo de melodias e ritmos simples que necessitam apenas de uma instrução musical primária, o método reúne elementos da vida cotidiana infantil. Diversos instrumentos de percussão fazem parte do método Orff, dentre os quais se encontra o metalofone, feito com placas de metal.

3.1.2 Vibrafone

Além do fato de conter teclas feitas de metal, outras características diferem o vibrafone de seus semelhantes marimba e xilofone. O primeiro aspecto diz respeito a sua capacidade de realizar o efeito de **tremolo**, análogo ao vibrato da voz humana e dos instrumentos de corda. Discos de metal, posicionados na abertura dos tubos de ressonância, giram através de um motor, proporcionando um constante abrir e fechar da coluna de ar. A alternância entre o som fraco, com o tubo fechado, e o som forte, com o tubo aberto, cria um efeito de movimentação na reverberação da nota. Modernos vibrafones apresentam um mecanismo eletrônico que permite regular a velocidade com que os discos giram, possibilitando ao percussionista escolher se o tremolo será lento, médio ou rápido, conforme o objetivo musical pretendido. Na atualidade, esse motor se tornou pouco utilizado, levando as empresas no Brasil a venderem modelos sem esse recurso.

Figura 3.2 - Vibrafone

trevor woodville/Shutterstock

Outra característica do vibrafone é que **as teclas de metal reverberam por muito mais tempo que as de madeira**. Por isso, foi criado um sistema de pedal de abafamento, similar ao do piano, que interrompe a ressonância das notas quando necessário. O sistema funciona por meio de uma barra que contém uma camada de feltro por toda sua extensão superior, posicionada entre os dois teclados. Essa barra é acionada no instrumento por um pedal central, o qual é operado pelo percussionista por seu pé esquerdo ou direito. Por essa razão, o vibrafone tem os teclados no mesmo nível, para que a barra entre em contato com todas as teclas ao mesmo tempo. No xilofone e na marimba, o teclado dos acidentes é mais alto e mais próximo das teclas naturais.

Figura 3.3 - Detalhe: sistema de abafamento do vibrafone

Assim como o xilofone, ligado ao *ragtime*, o vibrafone também tem uma forte conexão com a música popular norte-americana, especialmente com o *jazz*. A partir da década de 1920, o *vibraharp*, como também ficou conhecido, começou a ser amplamente utilizado na música improvisatória, fazendo emergir uma sucessão de exímios vibrafonistas. Dentre os de maior sucesso, sem dúvida **Gary Burton** é um dos principais, pois trouxe inovações fundamentais ao instrumento. Tendo iniciado no piano seus estudos musicais ainda criança, Burton trouxe a abordagem harmônica pianística ao vibrafone. Para isso, desenvolveu e solidificou a técnica de quatro baquetas que acabou levando seu nome. Assim, a técnica Burton vem sendo utilizada por percussionistas no mundo inteiro, não só no vibrafone, mas também na marimba, no xilofone, na múltipla percussão, entre outros instrumentos. Graças a sua impressionante agilidade e clareza, Gary Burton é considerado um dos maiores virtuosos do *jazz* americano; durante 40 anos, em inúmeras turnês e álbuns, teve como parceiro o renomado pianista Chick Corea. Sua interpretação da canção "Chega de saudade", do compositor brasileiro Antônio Carlos Jobim, presente no álbum *Alone at last*, premiado pelo Grammy, é provavelmente a *performance* de vibrafone solo mais conhecida no mundo. Nela, Gary Burton demonstra maestria, criatividade, sofisticação e domínio sobre as técnicas de improvisação, acompanhamento e encadeamento harmônico aplicadas ao instrumento.

Só as melhores

Ouça a *performance* de Gary Burton da música "Chega de saudade":

CHICK Corea & Gary Burton: Chega de Saudade (Burghausen 2011). Disponível em: <https://www.youtube.com/watch?v=XmMWnQcXDls>. Acesso em: 26 ago. 2020.

Na música contemporânea, o vibrafone foi requisitado em obras de importantes compositores, como Karlheinz Stockhausen, Iánnis Xenákis e Steve Reich. Trata-se, certamente, de um instrumento com um valoroso repertório solo e de música de câmara e que continua a crescer, despertando cada vez mais o interesse de jovens compositores. Algumas técnicas estendidas do instrumento vêm sendo utilizadas atualmente e causam bastante impacto ao ouvinte, revelando possibilidades sonoras surpreendentes do instrumento. Uma delas envolve a apropriação do arco dos instrumentos de cordas – normalmente de contrabaixo – como ferramenta de execução do instrumento. O som da tecla do vibrafone, quando friccionada pelo arco, produz um tom doce e etéreo, contrastando com a sonoridade do ataque articulado da baqueta. Outra técnica estendida revela a incrível capacidade das teclas do vibrafone de possibilitarem o efeito de um glissando descendente. Para a realização desse efeito, o percussionista necessita de uma baqueta com a cabeça dura, como a do xilofone. Então, ele deve percutir uma tecla com a baqueta normal de vibrafone e, logo em seguida, transpassar a baqueta dura com bastante pressão sobre a tecla. Ao fazê-lo, o som da reverberação da tecla baixará de frequência, causando uma sensação de que a nota sofreu uma curvatura sonora. Alguns compositores contemporâneos utilizaram esse efeito em suas obras e, inclusive, alguns vibrafonistas de *jazz* já estão incorporando-o em suas interpretações.

Em alto e bom som

Técnica estendida ou expandida: métodos não tradicionais de executar o instrumento com o objetivo de se alcançar novas sonoridades e timbres.

O estudo do vibrafone, seja ele no *jazz*, seja na música de concerto, requer, além do desenvolvimento do domínio do pedal, outro tipo de técnica de abafamento. Como no pedal a barra sempre interrompe o som de todas as notas ao mesmo tempo, surgiu a necessidade de se desenvolver uma técnica em que o percussionista pudesse escolher qual nota reverberar e qual abafar, gerando mais clareza harmônica e melódica. Nessa técnica, **o abafamento é realizado com a própria cabeça da baqueta pressionando a tecla, como em um golpe do tipo *dead stroke*.** É preciso muito tempo de estudo para dominá-la, pois o contato da baqueta com a tecla deve ser feito silenciosamente, da maneira certa e no momento correto.

Se ligue no batuque!

Quando o motor do vibrafone não está ligado, o posicionamento dos discos pode influenciar consideravelmente no som do instrumento. O percussionista, quando está consciente disso, pode usar o ângulo dos discos como um recurso a seu favor. Isso porque quando os tubos de ressonância se encontram completamente fechados, o tempo de sustenção das notas é longo, e, quando estão abertos, a reverberação praticamente diminui pela metade. Portanto, se o vibrafonista interpreta uma obra em que o tempo de duração das notas deve ser valorizado, é mais

> apropriado que os discos estejam em um ângulo mais próximo de cobrir a coluna de ar. Por sua vez, em uma obra rítmica, com passagens rápidas e que precisam de articulação, a melhor maneira é com os tubos completamente abertos.

Para aqueles interessados em improvisação, certamente o vibrafone é um dos instrumentos ideais da percussão para o desenvolvimento dessa arte. Existem diversos métodos de *jazz* que focam na improvisação, alguns específicos para vibrafone, mas o estudo do maior número de temas possível da música popular brasileira e internacional também resulta em um grande avanço musical do percussionista. Por isso, em um primeiro momento, o aluno deve aprender somente as melodias das canções e improvisar sobre escalas simples, utilizando apenas duas baquetas. O próximo passo, então, seria dominar a técnica Burton de quatro baquetas e experimentar melodias realizando o acompanhamento simultaneamente, para, assim, preencher a harmonia com acordes e contracantos.

3.2 Marimba, *glockenspiel* e campana

Os próximos instrumentos da família dos teclados da percussão a serem estudados serão a **marimba**, o *glockenspiel* e a **campana**. Como trataremos em mais detalhe a seguir, a marimba é utilizada nos mais diferentes contextos, tanto o erudito como o popular, enquanto o *glockenspiel* e a campana são usados quase que exclusivamente dentro do contexto orquestral.

3.2.1 Marimba

A marimba conta com teclas feitas de madeira. Os modelos com cinco oitavas de extensão contêm notas graves de timbre único, principalmente quando o teclado é produzido em *rosewood*, um tipo de madeira extremamente sonora. Trata-se, portanto, de um instrumento com grande potencial solista, por sua versatilidade e tessitura autossuficiente, comportando as regiões grave, média e aguda, capaz de executar melodias com acompanhamento harmônico, corais a duas, três e quatro vozes, entre outros recursos musicais.

Figura 3.4 - Marimba

Na América Central, levado pelos escravos africanos, o instrumento ganhou grande popularidade em países como México, Guatemala e Nicarágua.

Figura 3.5 - Regiões em que a marimba é mais utilizada

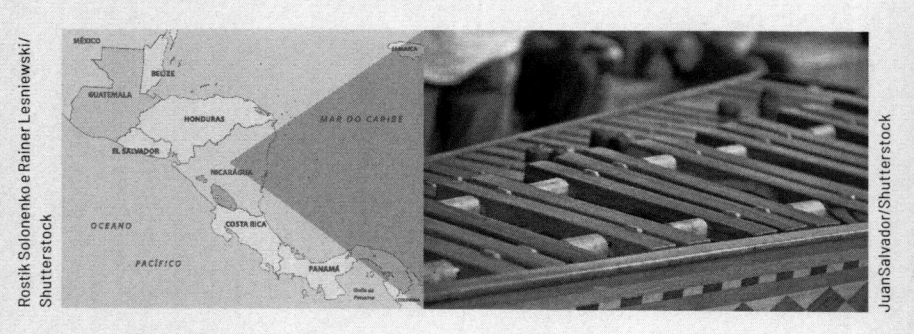

Nessas regiões, o instrumento conservou por muito tempo uma característica da marimba africana: **os ressonadores feitos de cabaça**. No entanto, os tubos são atualmente feitos de madeira ou metal. A marimba se tornou, na América Central, um instrumento representativo da cultura local, com um estilo próprio de interpretação. Uma espécie de zumbido atrelado ao som das teclas torna sua sonoridade inconfundível. Na entrada dos tubos de ressonância, é colocado um pequeno e fino pedaço de tecido animal, que vibra quando o ar é deslocado da tecla para o fundo do ressonador. Esse zumbido tem a finalidade de amplificar o som do instrumento, sobretudo quando é executado ao ar livre. Outro aspecto tradicional é o fato de a marimba ser interpretada simultaneamente por mais de um músico – geralmente, três ou quatro – atuando em diferentes regiões do teclado. Os marimbistas são frequentemente membros da mesma família, cujos conhecimento e hábito musical são passados de pai para filho através das gerações. Uma obra muito executada por alunos universitários de percussão no Brasil e Estados Unidos é justamente inspirada nessa tradição musical, particularmente da Nicarágua: "*Stubernic*", de **Mark Ford**, é escrita para três músicos executarem a mesma marimba e demanda que os percussionistas andem pelo instrumento, por vezes trocando de lugar enquanto interpretam a composição.

Só as melhores

UNIVERSITY OF NORTH TEXAS COLLEGE OF MUSIC. **UNT Wind Symphony**: Mark Ford's Stubernic Fantasy (2012). Disponível em: <https://www.youtube.com/watch?v=8TbUrB9QJU0>. Acesso em: 26 ago. 2020.

A marimba moderna, que é atualmente utilizada em contextos de música de concerto, começou a se desenvolver a partir da segunda metade do século XX. Esse movimento foi impulsionado por uma das mais maiores marimbistas de todos os tempos, a japonesa **Keiko Abe**. Nascida em 1937, Abe foi a principal responsável pela divulgação e expansão do repertório para marimba, tanto como compositora quanto instrumentista, tendo inúmeras obras escritas em sua homenagem. O solo "*Time for marimba*", do compositor japonês **Minoru Miki**, composto em 1968, foi dedicado a Keiko Abe e é considerada uma obra-prima da literatura para o instrumento. Miki inspirou-se na música dos conjuntos tradicionais de gamelão da Indonésia para compor a obra, em uma época na qual a marimba continha apenas quatro oitavas de extensão. Atualmente, é peça obrigatória na grade curricular em instituições de ensino superior de percussão. Mais tarde, em 1983, Keiko Abe encomendou a Minoru Miki uma obra para marimba e três percussionistas. Então, no ano seguinte, nasceu "*Marimba spiritual*", que teve sua estreia no prestigiado palco da Concertgebouw, em Amsterdã, com Abe acompanhada por percussionistas holandeses. A peça é dividida em dois movimentos, sendo o primeiro lento, em uma tentativa de o compositor prestar suas condolências às muitas pessoas que morreram de fome na África naquele ano. Já a segunda parte é extremamente rítmica, uma celebração do renascimento das almas. A peça, como um todo, promove a representação do processo espiritual de vida, morte e ressureição.

Só as melhores

Ouça uma *performance* da obra de Minoru Miki:

TIME for Marimba. Disponível em: <https://www.youtube.com/watch?v=FJ54SQGaVhE>. Acesso em: 26 ago. 2020.

Estudo com duas baquetas

Os exercícios de duas baquetas que apresentaremos a seguir podem ser praticados em qualquer instrumento de teclado da percussão que você tiver à disposição para estudo, como xilofone, vibrafone, *glockenspiel*, xilofone modelo Orff e metalofones. A marimba, porém, sem dúvida oferece a melhor configuração básica de tessitura, distância das teclas, tipo de baqueta e sonoridade para a realização dos exercícios. Como no caso da caixa clara em relação aos tambores, a marimba proporciona a base técnica que posteriormente poderá ser aplicada aos outros teclados da percussão.

A maneira de segurar as baquetas é idêntica à da caixa, com a mesma posição das mãos (palmas viradas para baixo) e o mesmo conceito de pinça. A diferença principal é que a baqueta de marimba tem o cabo mais fino, e o peso está voltado para a cabeça da baqueta. O golpe também é o mesmo, com os pulsos executando movimentos somente verticais para cima e para baixo, sem qualquer tensão muscular.

No primeiro exercício (Partitura 3.1), focaremos nossa atenção prioritariamente ao movimento alternado das mãos. Os golpes ocorrerão somente com o uso do pulso e, por enquanto, a alternância das notas será dada pelo sutil deslocamento lateral do braço.

Partitura 3.1 – Exercício grau conjunto com a mão esquerda dentro de um intervalo de quinta

Hora do ensaio

80 bpm – 180 bpm

Execute o exercício em toques alternados, sendo que a primeira nota (Dó) deve ser tocada com a mão esquerda. Repita-o 20 vezes em andamento de 80 bpm e progrida paulatinamente em velocidades maiores até chegar a 180 bpm. Escolha como lugar de toque exatamente o centro da tecla, pois existe uma região em que a sonoridade é quase nula, chamada de *nó*, que geralmente se refere ao local em que a corda perpassa a tecla ou ao lugar em que a barra é apoiada na estrutura do instrumento.

Perceba como a mão direita permanece estática na nota Sol, enquanto a esquerda faz um contorno ascendente e descendente em graus conjuntos. Trata-se de um tipo de ostinato (frase musical repetitiva) a duas vozes, muito comum no período barroco, em que a linha que caminha precisa ser valorizada. Portanto, a mão direita não deve se sobressair ao material melódico principal, que se encontra na mão esquerda.

No exercício a seguir (Partitura 3.2), a linha principal do ostinato passará para a voz superior, sendo conduzida pela mão direita.

Partitura 3.2 – Exercício de grau conjunto com a mão direita dentro de um intervalo de quinta

Hora do ensaio

Após a prática em andamentos lentos, médios e rápidos, reúna os dois exercícios em um só, repetindo um após o outro em sequência, ininterruptamente. Perceba como o material melódico caminhará de uma mão à outra, alternando a voz principal entre a esquerda e a direita.

Apesar de o objetivo central dos exercícios estar focado no desenvolvimento técnico, não podemos deixar de pensar na musicalidade das frases. **Mas o que significa interpretar algo com musicalidade?** Certamente, existem infinitas respostas para essa pergunta, porém, podemos começar a respondê-la com base em uma reflexão sobre frases e contornos musicais. Para deixarmos uma frase interessante, é preciso que cada nota tenha uma intenção, formando um sentido maior com começo, meio e fim. Quando todos os sons de uma música são exatamente iguais, torna-se algo cansativo e incoerente. Nesse sentido, a música é feita de tensões e relaxamentos, contrastes que geram movimentação. Por vezes, o compositor indica sua intenção por meio de sinais de dinâmica e andamento, mas é função do intérprete ir além da partitura, descobrindo toda a musicalidade existente por trás das notas. Em muitos casos, o músico segue sua intuição com base no seu conhecimento gerado por muitos anos de estudos. Contudo, existem certos métodos que o aluno iniciante pode observar. Um deles se baseia no **contorno melódico da frase**.

Hora do ensaio

Sob essa perspectiva, observe a direção em que as notas caminham e aplique o seguinte método: quando a movimentação for ascendente, cresça em volume; quando for descendente, empregue um diminuendo. Trata-se de um recurso simples, mas valioso se for considerado como ponto de partida para o músico tomar suas decisões, já que cada frase musical contém uma característica própria.

Agora, aplique o método recém-descrito no primeiro exercício (Partitura 3.1). Com a mão esquerda, execute um crescendo de Dó a Fá e, na volta, reduza aos poucos a dinâmica. Pratique a interpretação do fraseado com bastante contraste de dinâmica, do pianíssimo ao fortíssimo, e de forma quase imperceptível, como se só o intérprete soubesse a intenção da frase. Entendendo essa possibilidade de fraseado como ponto de partida, execute o exercício de outras maneiras, inclusive caminhando contra a própria regra. Deliberadamente, diminua o volume quando as notas subirem e aumente quando elas descerem. Quanto maior for o repertório de possibilidades, melhor será a capacidade de o instrumentista se adaptar às diferentes especificidades dos trechos musicais.

É importante destacarmos que as diferenças de dinâmicas estão primordialmente relacionadas à altura alcançada pela baqueta durante o golpe efetuado pelo percussionista. Dessa maneira, quanto maior for a altura, mais energia será aplicada ao golpe, resultando em um som mais forte. Se a distância entre a tecla e a baqueta for menor, o som será mais fraco. Assim, procure adaptar o tamanho do golpe à dinâmica pretendida.

Nos exercícios seguintes (Partituras 3.3 e 3.4), o ostinato terá um intervalo de alcance maior, passando de uma quinta justa para uma oitava. Continue com o toque alternado das mãos e com a movimentação focada nos pulsos, aplicando os mesmos procedimentos de estudo das atividades anteriores.

Partitura 3.3 – Exercício de grau conjunto com a mão esquerda dentro de um intervalo de oitava

Partitura 3.4 – Exercício de grau conjunto com a mão direita dentro de um intervalo de oitava

Hora do ensaio

Observe como temos um maior número de notas que caminham em grau conjunto. Sendo assim, o percussionista precisa ter mais controle sobre a dinâmica para realizar os crescendos e diminuendos. Logo, procure não aumentar o volume das notas muito cedo. Seja paciente, pois em um crescendo somente a última nota deve ter a maior sonoridade. Mantenha a dinâmica forte por pelo menos três notas durante o diminuendo, gerando "espaço" para decrescer.

Outra forma de controle importante que o percussionista precisa desenvolver está relacionada com a **proporção das notas**. Nesse sentido, o equilíbrio entre as dinâmicas dos sons é fundamental. Em um crescendo, cada nota deve ser um pouco mais forte que a antecedente, com o volume aumentando aos poucos, de maneira equilibrada. Se um som for igual ao outro, com menos volume ou, ainda, desproporcionalmente mais forte que seu precedente, o crescendo será prejudicado. Na teoria, esse controle parece simples e fácil, porém, na prática, trata-se de um grande desafio, uma vez que exige do percussionista um ouvido muito aguçado para buscar esse nível de detalhamento sonoro.

Quando esses exercícios são praticados em profundidade, eles formam a base introdutória ao universo dos teclados da percussão, proporcionando ao aluno o desenvolvimento da técnica de duas baquetas e de elementos musicais fundamentais. Os próximos passos seriam a prática de escalas e arpejos e o aprendizado de peças de nível fácil e intermediário. A partir do nível intermediário, o estudante deve ser iniciado à técnica de quatro baquetas, que estudaremos em mais detalhes a seguir.

Técnica de quatro baquetas

Atualmente, a técnica de quatro baquetas é amplamente difundida e utilizada por percussionistas no mundo todo, tanto nos instrumentos de teclado quanto em outras áreas, como a percussão múltipla. Assim como a técnica básica de duas baquetas da caixa clara, é parte básica da formação do percussionista profissional.

Existem três maneiras de segurar duas baquetas em cada mão, desenvolvidas em diferentes contextos, que representam estilos e abordagens de interpretação dos instrumentos. São conhecidas como *técnica tradicional*, *técnica Burton* e *técnica Stevens*.

Em alto e bom som

A **técnica tradicional** é uma abordagem em que as baquetas se cruzam, formando um "X" na palma da mão. Muitos percussionistas orientais utilizam essa técnica, inclusive a marimbista Keiko Abe. Nela, os dedos mínimo e anelar administram a parte de trás da baqueta, enquanto os outros dedos são responsáveis pela abertura dos intervalos. O aspecto essencial que faz a técnica tradicional se diferenciar das outras é o fato de a baqueta de fora, posicionada entre os dedos médio e indicador, localizar-se abaixo da baqueta de dentro, que é manuseada principalmente pelo dedão.

Também caracterizada pelo cruzamento das baquetas na mão, a **técnica Burton** é muito usada por vibrafonistas de *jazz*. A grande diferença com relação à tradicional é que a baqueta de fora fica acima da de dentro, e essa troca de posição gera muitas alterações na forma como os músculos trabalham. A diferença é tamanha que, normalmente, um percussionista escolhe desenvolver uma das técnicas, a qual vai utilizar durante toda a vida. A abordagem de Burton permite que o músico execute escalas de forma ágil e consistente a partir de toques alternados com uma configuração singular de baqueteamento, formada pela baqueta de fora da mão direita com a baqueta de dentro da mão esquerda.

A **técnica Stevens** foi desenvolvida por Leigh Howard Stevens, um dos mais renomados marimbistas da atualidade. Em grande parte, sua fama foi alcançada justamente pelo desenvolvimento de uma nova e revolucionária técnica de quatro baquetas. Essa abordagem foi iniciada por outro percussionista chamado Clair Omar Musser e teve sua consolidação a partir do trabalho de Stevens. Por essa razão, também é conhecida como *técnica Musser-Stevens*. Sua grande peculiaridade é o fato de as baquetas não se cruzarem na palma da mão, pois devem ser posicionadas de maneira independente. Isso faz com que fiquem mais livres, o que implica uma série de vantagens, como maior autonomia para cada baqueta e possibilidade de formação de intervalos maiores.

As imagens a seguir mostram, respectivamente, a técnica Stevens de quatro baquetas (Figura 3.6) e suas representações vistas de cima (Figura 3.7) e de baixo (Figura 3.8)

Figura 3.6 – Técnica de quatro baquetas

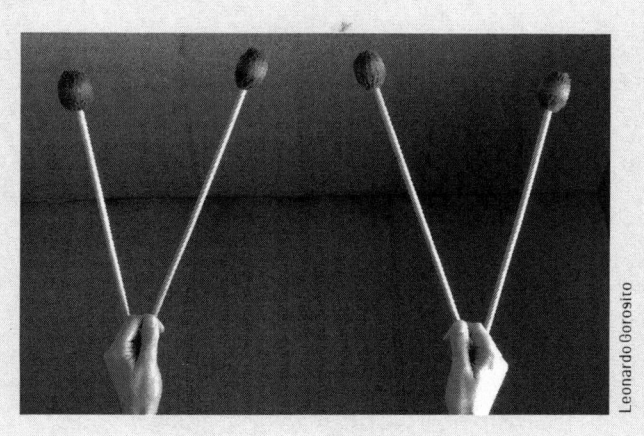

Figura 3.7 – Técnica de quatro baquetas vista de cima

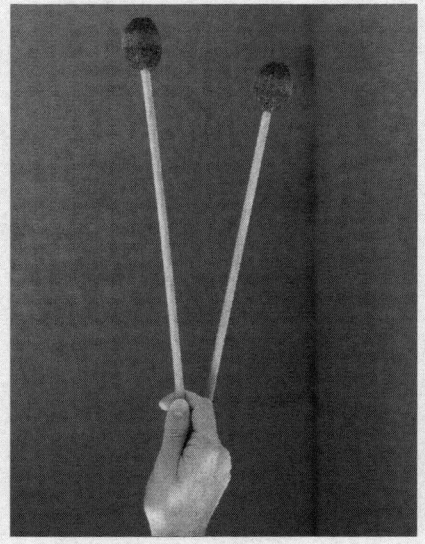

Figura 3.8 – Técnica de quatro baquetas vista de baixo

3.2.2 Glockenspiel

Instrumento transpositor, que soa duas oitavas acima em relação à partitura, o *glockenspiel* tem suas pequenas teclas feitas de metal. Do alemão *glocken* (sinos) e *spiel* (tocar), trata-se de um dos instrumentos mais agudos da percussão. Em sua composição, pode conter tubos de ressonância em modelos mais sofisticados, e, em versões menores, o próprio móvel de sustenção proporciona a reverberação necessária. Tem papel fundamental dentro das orquestras e bandas sinfônicas e não pode ser confundido com a celesta, também um tipo de metalofone, mas que é acionado por meio de um manual com teclas brancas e pretas. A celesta é executada por um profissional da área de piano e tem sonoridade mais doce em relação ao *glockenspiel*, pois as teclas são percutidas por pequenos martelos de feltro.

Figura 3.9 - Glockenspiel

Baishev/Shutterstock

Existem dois excertos para *glockenspiel* de obras sinfônicas extremamente desafiadores para percussionistas do universo orquestral. Ambos foram concebidos pelos compositores para serem, na realidade, executados por uma versão precedente do *glockenspiel* atual, na qual as teclas eram acionadas através dos dedos do instrumentista, executando um manual. Tradicionalmente, esses excertos são executados pelo percussionista no *glockenspiel* e trazem dificuldades técnicas advindas da adaptação ao instrumento atual, tocado diretamente pelas baquetas.

O primeiro se encontra na ópera do compositor **Wolfgang A. Mozart**, "A flauta mágica". Esse excerto contém diversos arpejos, facilmente interpretados pelos dedos de um pianista, porém, bastante desafiadores ao percussionista. O músico, então, tem o desafio de transcender a dificuldade técnica dos acordes, em sequências ascendentes e descendentes, transmitindo a delicadeza do carrilhão de sinos mágicos do personagem Papageno.

No segundo excerto orquestral, fica ainda mais evidente como o compositor originalmente teve em mente um instrumento com teclas manuais. **Paul Dukas**, no poema sinfônico "Aprendiz de feiticeiro", em determinado ponto da peça, demanda ao *glockenspiel* uma série de rápidas passagens de acordes descendentes e ascendentes que mudam rapidamente de harmonia. O percussionista deve estabelecer um preciso baqueteamento para conseguir executar o trecho com agilidade e sem erros de notas.

Só as melhores

Ouça os excertos citados nos seguintes vídeos:

DUKAS: Sorcerer's Apprentice – Glockenspiel. Disponível em: <https://www.youtube.com/watch?v=d_3QetFbF6c&t=12s>. Acesso em: 26 ago. 2020.

MOZART: The Magic Flute – Glockenspiel Excerpt. Disponível em: <https://www.youtube.com/watch?v=hd4-Cam5vzU>. Acesso em: 26 ago. 2020.

3.2.3 Campana

A campana é um instrumento que integra a família dos teclados de percussão, apesar de não conter teclas, mas sinos tubulares. Enquadra-se nessa classificação porque, além de emitir sons com altura definida, seus tubos são dispostos com a mesma configuração do teclado do piano.

Figura 3.10 - Campana

Howard Sandler/Shutterstock

Se ligue no batuque!

Dois aspectos diferenciam a campana totalmente da marimba, do vibrafone, do xilofone e do *glockenspiel*: o fato de o músico executá-la verticalmente e utilizar em sua execução martelos,

> e não baquetas. As campanas modernas são equipadas com um sistema de pedal de abafamento, já que os sinos têm um tempo de reverberação bastante longo.

3.3 Acessórios I: bumbo e pratos

Todos os instrumentos de altura indefinida utilizados na orquestra são comumente inseridos em um grupo chamado de **acessórios**, uma categoria que procura acomodar uma enorme variedade de instrumentos usados em obras orquestrais. O termo empregado, porém, tende a sinalizar algo depreciativo, levando membros da comunidade percussiva a questionarem seu uso. A palavra *acessório* sugere que os instrumentos são secundários, menos importantes que os tímpanos, o xilofone e a marimba, por exemplo. Além disso, o vocábulo também contribui para que pessoas desinformadas sejam induzidas a pensar que tais instrumentos são simples e de fácil execução, bem como demandam pouco estudo para tocá-los. Isso é um grande erro, pois cada um desses instrumentos têm história, técnica, estilo e tipo de sonoridade, aspectos que exigem muito treino e dedicação do percussionista.

Como exemplo, vamos recorrer à **maraca**, utilizada em diversas obras do repertório sinfônico. Os ritmos executados por um percussionista na maraca refletem o conteúdo da partitura, que foi escrita dentro dos limites de conhecimento do compositor sobre o instrumento. Portanto, são células rítmicas simples, normalmente com a função de promover um acompanhamento e colorido sonoro. Em outros contextos, porém, a maraca pode assumir abordagens e perspectivas bem diferentes. Na música tradicional da Venezuela, por exemplo, ela desempenha papel fundamental, com um estilo de interpretação extremamente virtuosístico que exige do instrumentista destreza e agilidade na execução de complexos e sofisticados ritmos. Entretanto, o ouvinte que observa a maraca sendo executada unicamente em contexto orquestral pode vir a menosprezá-la, desvalorizando o instrumento, por desconhecer sua história e tradição.

Figura 3.11 - Maracas

> **Só as melhores**
>
> Ouça uma bela *performance* de maraca venezuelana:
>
> MANUEL Rangel Encounter Improvisation. Disponível em: <https://www.youtube.com/watch?v=CDt0giwpj5Q>. Acesso em: 26 ago. 2020.

Sendo assim, é função do percussionista mostrar às pessoas que todos os instrumentos merecem respeito, por mais simples que pareçam. Nessa perspectiva, o fato de não participarem do universo melódico e harmônico não significa que sua execução necessite menos preparo e tempo de estudo.

3.3.1 Bumbo

O bumbo, também conhecido como *bombo*, é um dos maiores e mais graves tambores da percussão. Esse instrumento ingressou na orquestra juntamente com o prato de choque, com quem mantém relação direta. Nas partituras, ambos são frequentemente notados em um único sistema ou, em alguns casos, representados pela mesma nota.

Figura 3.12 - Bumbo

Venus Angel/Shutterstock

Se ligue no batuque!

Para se alcançar um som de bumbo eficaz, é preciso que as membranas, tanto de toque quanto de resposta, encontrem-se bem afinadas. O percussionista, então, deve dedicar tempo regulando os parafusos, deixando todos com a mesma pressão. Isso vai fazer com que as membranas soem de forma equilibrada, gerando um som profundo, com foco nas frequências graves. Também é necessário buscar o ponto exato de tensão das peles, testando diversas afinações distintas até encontrar a que melhor se adapta à profundidade do casco e à acústica do ambiente.

Outros fatores que influenciam substancialmente o som do bumbo se referem ao **tipo de baqueta utilizada** e à **técnica de execução**. Grandes, pesadas e com bastante feltro, as baquetas precisam ser produzidas especificamente para o bumbo sinfônico, pois adaptações raramente geram um bom resultado. Em relação à técnica, por sua vez, uma maneira básica e eficaz de execução inclui, em primeiro lugar, o correto posicionamento do corpo do percussionista – abraçando o casco do instrumento, com a mão esquerda abafando a pele de resposta. O joelho direito deve encostar na pele, a fim de abafar o som, quando necessário. Quanto ao lugar de toque, este deve ser levemente deslocado do centro da membrana. É preciso envolver um grande número de músculos no movimento de golpe, dos dedos até o ombro, adicionando peso à baqueta. Toques articulados somente com o uso do pulso extraem muitos harmônicos agudos, enquanto o movimento lateral de todo o braço e ombro emite um som aveludado, mais coerente com a característica do instrumento.

    Na maior parte do tempo de execução, a posição do instrumento funciona adequadamente com a pele formando um ângulo de 90° em relação ao chão. Já quando a execução de rulo é requisitada, o percussionista precisa fazer uso da técnica tradicional de duas baquetas, em que a mão esquerda segura a baqueta com a palma virada para cima, sendo que os golpes são acionados pelo movimento de rotação do pulso. Em um rulo com baixa dinâmica, a velocidade dos toques deve ser lenta, aproveitando ao máximo a reverberação da pele. Dependendo da obra, o bumbo pode ser posicionado em um ângulo de 45°. Esse posicionamento pode ser vantajoso em trechos nos quais o percussionista deve utilizar as duas mãos para tocar. Em passagens com muitas notas rápidas, que precisam de grande articulação, a angulação do instrumento faz com que o músico possa posicionar seu corpo de frente para o centro da pele. Essa posição é, de certa forma, próxima à da caixa clara, concedendo, assim, mais liberdade e agilidade aos golpes.

> **Só as melhores**
>
> Veja um vídeo que ilustra o conteúdo desta seção:
>
> VIC FIRTH. **Concert Bass Drum 3**: Playing Techniques – Vic Firth Percussion 101. Disponível em: <https://www.youtube.com/watch?v=ci48L1RZokU>. Acesso em: 26 ago. 2020.

3.3.2 Pratos

Em orquestras e bandas sinfônicas, são utilizados principalmente dois tipos de pratos: o **prato de choque** e o **prato suspenso**. Apesar de serem muito similares, cada um tem uma forma própria de execução. Dessa maneira, os compositores sempre devem especificar claramente qual prato deve ser utilizado. A substituição de um pelo outro precisa ser evitada ao máximo.

Assim, quando seu uso está indicado no plural – como no termo italiano *piatti* (plural de *piatto*) –, designa-se o uso de prato de choque. No entanto, por vezes, o compositor pode solicitar que o prato seja tocado com baqueta, como no francês *avec baguette d'éponge*, referindo-se, assim, ao prato suspenso. Outras formas de designação para o prato suspenso se referem à palavra *prato* no singular ou por meio do termo completo, como no inglês *suspended cymbal* (prato suspenso).

Prato de choque

O prato de choque, ou prato a dois, é um instrumento que tem um importante papel na orquestra. Normalmente, poucas notas são escritas pelo compositor em uma obra, porém sua potência sonora possibilita que seus poucos momentos de aparição sejam marcantes da música. Em essência, o prato a dois evoca **a força vibrante do choque entre dois corpos feitos de metal**, impacto que despende grande quantidade de energia, o que confere ao instrumento um ataque invariavelmente bem definido. Por essa razão, interpretar o prato de choque em dinâmicas fracas se torna um grande desafio. Cada nota precisa ser assertiva e controlada, pois todos os sons serão claramente percebidos.

Figura 3.13 - Pratos de choque

Baishev/Shutterstock

Se ligue no batuque!

Durante o estudo da técnica de execução do prato a dois, é necessário ter em mente um conceito principal: **os pratos devem alcançar a máxima vibração possível**. Nesse sentido, o posicionamento da mão, o ângulo do prato e o tipo de golpe, se estiverem incorretos, poderão prejudicar esse objetivo. Colocar dois discos pesados de metal em vibração não é uma tarefa fácil, o que exige do percussionista um grande esforço. Contudo, não se trata de uma questão de força, mas, sim, de energia aplicada na hora certa e da maneira correta. Assim, é um instrumento que demanda trabalho do corpo do músico como um todo; por isso, é sempre executado em pé, sem excessões.

Em relação à correia dos pratos, trata-se de um pedaço normalmente feito de couro contendo duas partes: a alça, por onde o percussionista sustenta os discos com a mão, e o nó, que fica na parte inferior do instrumento. É importante que o aluno aprenda a executar o nó da correia, já que uma amarra inadequada pode certamente levar ao pior pesadelo que um naipe de percussão inteiro pode ter de enfrentar: **o prato se desprender da alça no momento do golpe**. Imagine um disco de metal muito pesado, arremessado ao ar sem qualquer controle, ameaçando atingir diversos equipamentos ou, até mesmo, pessoas! Sim, aprender a executar um nó bastante firme e seguro é o primeiro conteúdo de prato a dois que se deve conhecer. Também aconselha-se que o pratista sempre cheque e aperte a amarra, pelo menos, uma vez por dia.

A técnica de segurar a correia é parecida com a da baqueta de tímpano, com o dedão voltado para cima. Além disso, o mesmo conceito de pinça é obedecido, no entanto, os outros dedos devem efetuar pressão sobre a alça, conferindo mais segurança e firmeza ao aperto da mão. Nesse sentido, o dedo indicador funciona como um ponto de apoio e de isolamento na cúpula do instrumento, representando a única parte do corpo em contato direto com o prato. Após muitas horas de trabalho, o pratista pode vir a sentir dor ou incômodo justamente nesse dedo, que se encontra pressionado entre a correia e o instrumento.

Quando entram em colisão, os pratos não devem coincidir borda com borda. Pelo contrário, o disco da mão direita deve ser ligeiramente deslocado, um pouco abaixo da extremidade do prato esquerdo. O choque deve ser conferido com o prato direito em um ângulo um pouco maior que o esquerdo, de modo que o impacto ocorra sucessivamente em dois momentos: primeiro, na borda superior, seguido imediatamente pela borda inferior. Assim, podemos entender que o toque caracteriza um *flam*, rudimento estudado na seção de técnica básica de baquetas. O *flam* acontece de forma tão rápida que o resultado sonoro das duas notas se resume em um único som. Mas por que é preciso empregar o *flam* no golpe dos pratos? Quando os discos se entrechocam exatamente em paralelo, o ar acaba aprisionado dentro dos pratos, resultando em um som abafado, pelo qual os instrumentos vibram insuficientemente.

Só as melhores

Para uma melhor compreensão do que estamos tratando nesta seção, assista ao vídeo a seguir:

VIC FIRTH. **Crash Cymbals 2**: Playing Techniques – Vic Firth Percussion 101. Disponível em: <https://www.youtube.com/watch?v=OdYU7RA-IA4&t=75s>. Acesso em: 26 ago. 2020.

Se ligue no batuque!

Em relação ao movimento dos braços no momento do toque, existem muitas técnicas possíveis, a depender do país, da escola e do estilo ao qual percussionista faz parte. Todavia, o gesto mais comum consiste em as duas mãos executarem um movimento não exagerado de baixo para cima. Também há outras maneiras, como deslocar os braços em direções opostas ou, ainda, aplicar o golpe com o prato direito enquanto o prato esquerdo está estável. Nesses casos, aconselhamos que o aluno procure a forma com a qual se sente mais confortável durante a execução, tendo sempre em mente o princípio de que os pratos devem alcançar a maior vibração possível.

Após o movimento do golpe, existem, basicamente, duas formas de atuar com os pratos:

1. A primeira consiste em relaxar completamente a pinça, permitindo que os pratos reverberem livremente. Assim, logo após a colisão, o percussionista deve retirar toda a tensão da mão sobre a correia e o contato do indicador junto à cúpula, deixando os dois discos em paralelo com o chão vibrando naturalmente, como acontece no prato suspenso.
2. Na segunda forma, o percussionista deve manter, após o choque, os pratos em pé, sem alterar a pinça, com a superfície

inferior do instrumento virada para a plateia. Mantendo os pratos na altura de sua cabeça, o pratista pode gerar ao espectador um grande impacto visual, resultando na forma de dois grandes círculos brilhantes ao fundo da orquestra.

Quando a nota precisa ser curta, o abafamento deve ser efetuado pela pressão dos pratos contra o abdômen. Por isso, por mais estranho que pareça, o músico deve ter atenção ao traje que está vestindo, pois simples botões em sua roupa podem gerar sons indesejáveis. Além disso, o antebraço também pode ser utilizado no processo de abafamento dos pratos, principalmente após uma nota de dinâmica muito forte. Por exemplo: em "Romeu e Julieta", o compositor russo **Piotr Tchaikovsky** simboliza o som de uma luta de espadas em uma sequência de notas fortes e curtas dos pratos, junto com vários outros instrumentos da orquestra. Trata-se de uma rápida sucessão de 11 notas em diferentes tempos e contratempos do compasso. Para executá-las, o pratista precisa ter domínio absoluto sobre o instrumento, controlando a movimentação quase frenética dos braços entre golpes e abafamentos.

Só as melhores

Veja uma *performance* dos pratos de "Romeu e Julieta":

ILLINOIS MUSIC. **Professor William Moersch**: ILMEA Cymbals – Romeo and Juliet – P. Tchaikovsky. Disponível em: <https://www.youtube.com/watch?v=QsecYEBSMvQ>. Acesso em: 26 ago. 2020.

Até agora, tratamos de procedimentos relacionados ao prato de choque atuando em dinâmicas fortes, às quais o instrumento está exposto na maior parte do tempo. Em **dinâmicas fracas**, a execução se modifica consideravelmente. Em notas piano, a ação do ar não influencia o golpe, possibilitando que os pratos colidam com o mesmo ângulo, porém ainda com o prato direito levemente abaixo do esquerdo. Para que os discos estejam exatamente em paralelo no momento do toque, aconselha-se primeiro pressionar um prato contra o outro silenciosamente, deixando-os totalmente em contato. Assim, momentos antes da execução, o pratista deve desconectar os discos cuidadosamente com a mão direita, deixando as superfícies dos instrumentos alinhadas. Uma pratada em dinâmica fraca bem-sucedida é dada pelo contato das extremidades dos discos em perfeita simetria. Nesse sentido, um estudo eficaz dessa prática pressupõe repetir esse processo inúmeras vezes, até que a musculatura crie uma memória da posição da mão e dos braços que permita às bordas dos pratos permanecer equidistantes.

De **Sergei Rachmaninoff**, o "Concerto para piano n. 2", um dos concertos para piano e orquestra mais interpretados pelo mundo, contém uma sequência de notas em dinâmica pianíssimo extremamente desafiadora para o pratista. Nesse trecho, a grande dificuldade reside em executar todos os sons com o mesmo timbre e volume. Um detalhe importante refere-se a quanto tempo os pratos devem permanecer em contato em cada nota. Assim, o percussionista pode optar por executar o trecho com sons mais longos, deixando os pratos vibrarem um contra o outro por mais tempo, ou escolher notas bem curtas, imediatamente desconectando os discos após o golpe.

> **Só as melhores**
>
> Ouça a *performance* do pratista na obra de Rachmaninoff:
>
> RACHMANINOV Piano Concerto N. 2 MVT. III. Disponível em: <https://www.youtube.com/watch?v=OH1tA8lpM2g>. Acesso em: 26 ago. 2020.

Prato suspenso

Pelo fato de ser executado com baqueta, o prato suspenso tem um funcionamento bem diferente do prato de choque – as notas fracas não representam mais um desafio, pois o choque do metal com metal é substituído pela lã ou madeira da baqueta, o que torna o ataque muito mais fácil de ser controlado. Outra distinção está na maneira como são produzidos os pratos: os de choque são mais espessos e pesados que o suspenso. Por vezes, em casos específicos, alguns percussionistas utilizam pratos de choque como suspenso e vice-versa.

Figura 3.14 - Prato suspenso

focal point/Shutterstock

Quanto ao som do prato suspenso, é importante sempre se manter atento a ruídos que, na maioria das vezes, ocorrem por conta do mal funcionamento da estante que serve como suporte para o instrumento. Para apoiar o disco, é preciso feltro e algo que isole o orifício da campana, para que não haja contato entre as partes de metal. Assim, a melhor maneira de suspender um prato é por meio do uso da correia, seja pendurando-o em suporte, seja com a utilização de uma estante em forma de C, especial para prato suspenso. Dessa maneira, o prato tem maior tempo de reverberação, pois sua energia não se dissipa através do corpo da estante de ferro.

Se ligue no batuque!

É muito comum que o prato suspenso atue em dois cenários: efeitos de nota longa, que normalmente finalizam em um pico de dinâmica; ou produzindo um som explosivo seguido de reverberação – nesse caso, muito similar ao do prato a dois. No entanto, embora mais raro, também existe o efeito de raspar a superfície do prato com uma baqueta de metal. Por fim, no repertório contemporâneo, os compositores podem solicitar ao percussionista que execute o prato com um arco de instrumento de corda.

Para a realização de um rulo no prato suspenso, é apropriada a utilização de baquetas de marimba com dureza média. A velocidade dos toques alternados não precisa ser rápida; logo, cada golpe deve usufruir da vibração natural do instrumento. Ainda, o lugar de toque é essencial, pois o som se modifica da borda para o centro, tornando-se mais agudo à medida que se aproxima da cúpula. Por isso a região da extremidade do disco nos interessa, pois é onde o instrumento emite um som encorpado, com registros que vão do grave ao agudo. Traçando uma reta horizontal sobre o meio do prato, o ideal é cada mão golpear, com a cabeça da baqueta, as extremidades dessa linha ou um pouco abaixo dela. Sob essa perspectiva, se o prato fosse um relógio de ponteiros, a direita ficaria em algum ponto entre 3 e 4 horas, e a esquerda, entre 8 e 9 horas. Isso ajuda a manter o prato estável, pois as mãos realizam movimentos complementares em relação à reação do disco ao golpe.

Para uma execução bem-sucedida de uma nota longa crescendo que finaliza em um clímax sonoro, é preciso aplicar diferentes velocidades ao rulo. Assim, no início, as baquetas devem se mover lentamente, e, conforme a dinâmica cresce, a rapidez dos golpes deve aumentar proporcionalmente. Quanto mais forte, mais rápida será a velocidade do rulo. Por sua vez, em um crescendo, a progressão em igual proporção, do piano ao forte, não é em geral a mais eficaz, mas, sim, a que o percussionista reserva à parte final a maior quantidade de energia, como em uma curva exponencial. Isso pode ser aplicado não só ao prato, mas também a outros instrumentos da percussão, principalmente ao tímpano. Quando a orquestração for numerosa, com uso massivo de instrumentos de sopro de metal, como em uma sinfonia de Gustav Mahler ou Hector Berlioz, aconselha-se o emprego de dois pratos suspensos. Dessa maneira, o volume dobra de potência sem que o percussionista precise forçar a capacidade sonora do instrumento.

Se ligue no batuque!

Notas simples, com um único ataque, dependem muito do contexto musical em que estão inseridas. Então, um ataque fortíssimo pode ser tocado pelo pescoço de uma baqueta de caixa na borda do prato, por meio de um golpe rápido e enérgico. Já em dinâmicas menores, entre forte e *mezzo* piano, a baqueta de marimba é mais adequada, pois a lã ameniza o ataque, focando o som em sua reverberação. Finalmente, em pianíssimo, um toque com gesto relaxado do braço e uma baqueta de marimba bastante macia emitem um som de prato eficiente para diversas situações.

Só as melhores

Veja a seguir um vídeo que materializa os conteúdos tratados nesta seção:

VIC FIRTH. **Suspended Cymbal 1**: Selection and Techniques/ Vic Firth Percussion 101. Disponível em: <https://www.youtube.com/watch?v=m51seFRRal0>. Acesso em: 26 ago. 2020.

3.4 Acessórios II: triângulo, pandeiro, caixa clara, castanhola e gongo

A seguir, examinaremos alguns instrumentos de percussão essenciais recorrentes no repertório orquestral e na banda sinfônica. Infelizmente, não poderemos abordar todos os instrumentos utilizados no contexto da música de concerto. Além de serem muito numerosos, por vezes são específicos de determinada cultura ou país ou, ainda, referem-se a objetos do cotidiano que devem ser assumidos como instrumentos pelos percussionistas. Sob essa ótica, nesta seção, discorreremos sobre o **triângulo**, o **pandeiro**, a **caixa clara**, a **castanhola** e o **gongo**, que, junto com o bumbo e os pratos, formam a base dos instrumentos de altura indefinida do naipe de percussão.

3.4.1 Triângulo

Idiofone de altura indefinida executado por golpe, o triângulo era frequentemente representado na iconografia medieval e barroca possuindo anéis de metal acoplados à sua base. Esses anéis, em contato livre com a barra de ferro, conferiam ao som do instrumento um zumbido e interrompiam sua reverberação. Assim, existem diversas ilustrações cristãs que retratam anjos tocando triângulo com anéis, que aparecem, por vezes, em formato trapezoidal ou de estribo. Em alguns casos, o triângulo era retratado inteiriço, sem abertura em um dos ângulos.

Figura 3.15 - Triângulo

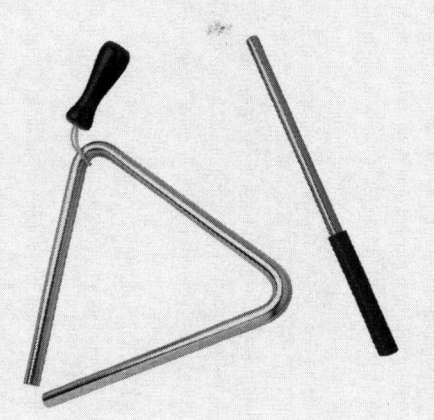

Molotok289/Shutterstock

Durante o período clássico e o início do período romântico, o triângulo, o bumbo e o prato de choque formavam o que na Europa ficou estabelecido como a **banda turca**. Entretanto, não demorou para que seu som agudo e prolongado, sem os anéis, fosse admirado por compositores e começasse a ser utilizado independentemente dessa formação. Nesse sentido, o "Concerto para piano n. 1", de **Franz Liszt**, é muitas vezes chamado de "Concerto triângulo". Composto durante um longo período de quase 26 anos, com início em 1830, essa obra possui uma parte de triângulo atipicamente ativa, com o terceiro movimento começando com um solo do instrumento. Além dela, a "Sinfonia n. 4", de **Johannes Brahms**, escrita em 1885, contém uma parte importante de triângulo em seu terceiro movimento. É a única das quatro sinfonias do compositor que utiliza outro instrumento de percussão além do tímpano. Ambos os excertos são frequentemente pedidos em audições para cargos de percussão em orquestras sinfônicas pelo mundo.

> ### Só as melhores
>
> Assista a seguir a um vídeo que trata do conteúdo desta seção:
>
> BLACK SWAMP PERCUSSION. **BSP Orchestral Sessions**: Triangle / Liszt Piano Concerto #1. Disponível em: <https://www.youtube.com/watch?v=0rfXp3g38yo>. Acesso em: 26 ago. 2020.

É bastante comum que o triângulo seja considerado um instrumento de fácil execução e de pouca expressividade dentro da orquestra. De fato, não se trata de um elemento estrutural no conjunto, além de não ter a capacidade de liderar a orquestra ritmicamente. No entanto, requer muita pesquisa de timbre e sensibilidade do percussionista para que seu som se mescle perfeitamente com o da orquestra. Quando essa mistura acontece, a música ganha muito em contraste e detalhamento, o que para muitos é o mais relevante em uma obra de arte. Sob essa ótica, a seguir, apresentaremos uma série de informações que mostram como o triângulo requer profundo conhecimento sobre conceitos que abordam precisão, sonoridade e técnicas de execução.

O triângulo é suspenso por um objeto chamado de *presilha*, composta por uma peça que se agarra a uma estante e pelo fio em que o triângulo é enganchado, para se manter em livre suspensão. Não é necessariamente obrigatório prender a presilha a algum ponto fixo, seja uma estante de partitura ou de prato. Enquanto não está sendo usado, o instrumento pode – em alguns casos, isso é até mais apropriado – ser acomodado em uma mesa isolada por algo almofadado, como uma toalha. O fio utilizado na presilha influencia enormemente na sonoridade do triângulo, principalmente em relação ao tempo de reverberação. Na maioria dos casos, um fio de pesca fino cumpre a função de estender ao máximo a ressonância do instrumento, além de não eliminar harmônicos importantes de sua sonoridade. Assim, uma dica muito importante é realizar dois laços idênticos, porém independentes, já que, caso um dos fios se rompa, o triângulo permanecerá dependurado pelo outro laço sobressalente.

A melhor maneira de segurar o triângulo consiste em apoiar a presilha sobre o dedão e o dedo médio da mão esquerda – no caso de canhotos, sobre a mão direita. O indicador deve abraçar a presilha em sua parte superior, enquanto o anelar é utilizado para abafar o triângulo, se necessário. O instrumento deve ser executado, sempre que possível, na altura do rosto do percussionista, para que seu som viaje até o público sem interferências. Quando o triângulo está atrás de uma estante de partitura, sua sonoridade perde volume consideravelmente. Por isso, uma nota executada em dinâmica forte se transformará em *mezzo* forte se algum objeto estiver à frente, obstruindo o deslocamento de suas ondas sonoras. Logo, é preciso muita atenção ao posicionamento da mão esquerda (ou à mão que segura o triângulo), por ser este um fator que influencia diretamente no timbre do instrumento. Para o percussionista ser capaz de visualizar tanto a baqueta no momento do toque quanto o maestro, é aconselhável fixar os olhos dentro do triângulo, observando o regente através de sua parte de dentro.

Se ligue no batuque!

Além do exposto, há dois aspectos fundamentais que contribuem para a qualidade de execução do triângulo: o **tipo de**

baqueta e o **lugar de toque**. Em relação à baqueta, é muito comum que o percussionista adapte sua espessura conforme a dinâmica solicitada. Quanto mais forte for tal dinâmica, mais espessa deverá ser a baqueta, e, quanto mais piano, mais fina. No entanto, esse raciocínio não é inteiramente apropriado, uma vez que as baquetas muito finas extraem um som pouco encorpado do triângulo, ouvindo-se muito o ataque do contato do metal com metal, inibindo grande parte dos harmônicos. Nesse sentido, baquetas com espessuras média e grossa são mais adequadas para uso, mesmo em dinâmicas fracas. Já quanto ao lugar de toque, existem duas possibilidades que alcançam um bom resultado: próximo à presilha e no meio da base inferior do triângulo. Além de emitir boa sonoridade, esses dois locais contribuem para a estabilidade do instrumento, por serem regiões centrais. Sendo assim, é natural que o estudante iniciante busque a região central da barra direita como área de toque. No entanto, essa região não é aconselhável, porque em uma nota forte o triângulo se desloca lateralmente, dificultando a execução de uma próxima nota.

O ângulo em que a baqueta percute o triângulo também influencia em seu timbre, variando entre um som focado em uma única frequência, lembrando a sonoridade de um sino, ou em um som rico em diversos harmônicos, o qual o percussionista deve buscar. Este último é alcançado quando a baqueta não efetua o golpe de forma perpendicular com o triângulo, mas, sim, com um ângulo de aproximadamente 45°. Esse som com harmônicos que ocupam vários registros do espectro sonoro se mescla melhor com a orquestra, pois se torna neutro dentro da tonalidade da obra, colaborando somente com sua riqueza de timbre agudo.

Para exemplificarmos o exposto, observe as imagens a seguir, que mostram, respectivamente, como segurar o triângulo em uma visão de frente (Figura 3.16), de lado (Figura 3.17) e abafando com o anelar (Figura 3.18), além da posição da baqueta (Figura 3.19):

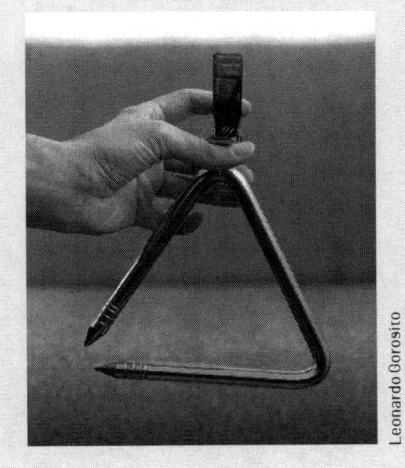

Figura 3.16 – Como segurar o triângulo: visão de frente

Figura 3.17 – Como segurar o triângulo: visão de lado

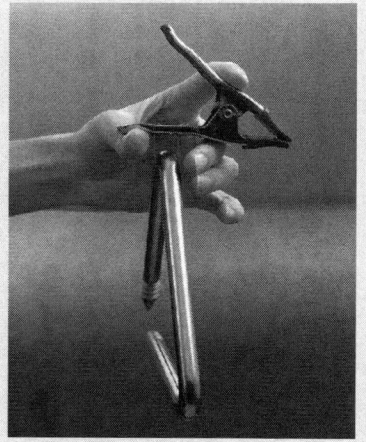

Figura 3.18 – Como segurar o triângulo: abafamento com o dedo anelar

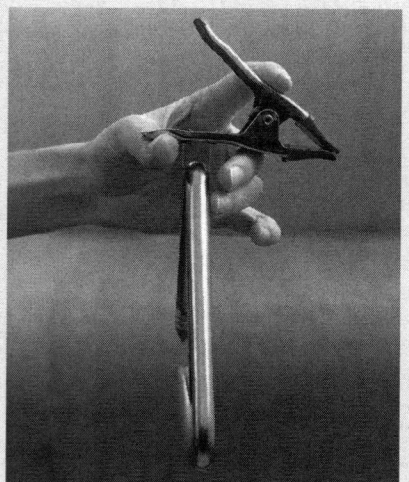

Figura 3.19 – Como segurar o triângulo: posição da baqueta

Leonardo Gorosito

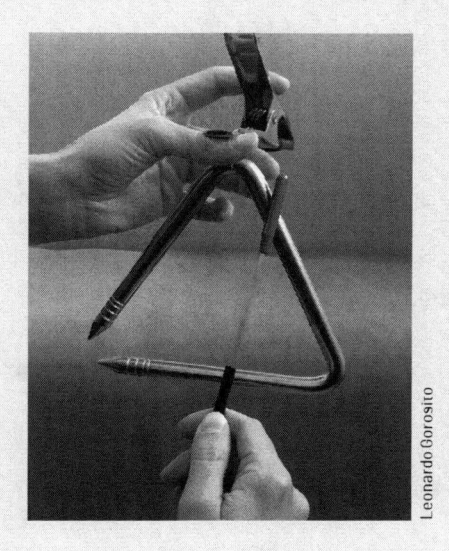

Para finalizarmos a explanação sobre o triângulo, vamos tratar brevemente do rulo, elemento de presença constante nas partituras para triângulo e que adiciona dramaticidade a momentos musicais grandiosos, mas que também compõe sutilmente passagens de leveza e delicadeza da orquestra. Por conferir ao triângulo a possibilidade de uma nota longa, o rulo pode ser executado tanto logo abaixo da presilha quanto no canto direito, entre as barras inferior e direita. No primeiro local, o golpe deve ser efetuado por um movimento lateral da baqueta, o que pode trazer dificuldade para sua execução. Quando é desferido no canto inferior direito, o percussionista deve tomar cuidado para não acentuar o toque na barra de baixo, já que é o golpe em que a gravidade atua. Para emitir uma nota longa equilibrada e constante, o percussionista precisa valorizar o golpe ascendente que será proferido na barra direita do triângulo. A velocidade do rulo não precisa ser extremamente rápida, mas, sim, de forma que os golpes deem espaço à ressonância do triângulo.

> **Só as melhores**
>
> Assista a seguir a um vídeo que trata do conteúdo desta seção:
>
> BLACK SWAMP PERCUSSION. **BSP Performance Hack**: Triangle Roll Speed. Disponível em: <https://www.youtube.com/watch?v=4BwRfjazHrg>. Acesso em: 26 ago. 2020.

3.4.2 Pandeiro

O pandeiro sinfônico é um instrumento com classificação mista, denominado *membranofone* e *idiofone*, executado tanto por meio de golpe quanto por meio de agitação. Isso porque é composto por uma pele e por discos de metal acoplados à sua base, chamados de *platinelas*. Sua armação de madeira em conjunto com a membrana torna-o parte da família dos *frame drums*.

Figura 3.20 - Pandeiro

JUN3/Shutterstock

Se ligue no batuque!

Para diferenciarmos os dois tipos de pandeiros abordados neste livro, utilizaremos uma especificação com o intuito de identificar com mais precisão o instrumento em questão. Quando nos referirmos ao pandeiro utilizado no Brasil, em ritmos da música popular, como choro, samba e baião, empregaremos a expressão *pandeiro brasileiro*. Por sua vez, no âmbito orquestral, o pandeiro será chamado de *pandeiro sinfônico*. Os dois instrumentos se distinguem totalmente em sonoridade e técnica de execução. Por essa razão, a nomenclatura específica se faz bastante necessária.

Apesar de ambos serem similares, existem características que tornam a distinção dos dois instrumentos bastante clara. Em termos de sonoridade, a forma de interpretação do pandeiro brasileiro valoriza muito as possibilidades da pele do instrumento, extraindo sons graves, médios e agudos. Já no pandeiro sinfônico, as platinelas são protagonistas, de tal forma que a maioria dos modelos contêm duas linhas de discos sobrepostas. Outra diferença é que na versão brasileira a pele é fixada na armação por meio de um aro de metal e de parafusos de afinação, enquanto na versão orquestral a membrana é pregada no corpo do instrumento.

Existem diferentes formas de executar o pandeiro sinfônico. Em geral, as técnicas se modificam para a melhor interpretação de variadas dinâmicas e a maior clareza possível na realização de ritmos. O primeiro conceito, que, quando aplicado, colabora para a precisão rítmica, está relacionado ao **posicionamento do instrumento**. Quando o pandeiro sinfônico é suspendido pelo percussionista exatamente em paralelo ao chão, as platinelas se acomodam de maneira mais livre, favorecendo sua reverberação. Esse tempo de reverberação perturba a definição rítmica, fazendo com que uma nota se sobreponha à outra. No entanto, quando o instrumento está em uma posição levemente angulada, a reverberação das platinelas diminui substancialmente, deixando seu som mais seco e articulado. Portanto, quando o percussionista busca ritmos muito bem definidos, ele precisa girar suavemente a mão que segura o pandeiro, para que as platinelas se mantenham em posição diagonal.

Só as melhores

Assista a um vídeo que materializa os conteúdos desta seção tratados até aqui:

> VIC FIRTH. **Tambourine 1**: Characteristics and Striking Techniques – Vic Firth Percussion 101. Disponível em: <https://www.youtube.com/watch?v=KvIbXL84duI>. Acesso em: 26 ago. 2020.

Para frases rítmicas não tão rápidas e em dinâmicas médias, é aconselhável sustentar o pandeiro sinfônico na altura do peito e percutir com as pontas dos dedos na borda do instrumento. Na orquestra, o percussionista deve tentar sempre se manter à frente do pulso da música de forma sutil, como se procurasse acelerar o andamento. Isso porque as platinelas reagem com um pequeno atraso, ligeiramente após o golpe dos dedos. Nesse sentido, para o músico que procura a mais exata precisão, milésimos de segundo fazem toda a diferença.

Em casos de dinâmicas fracas, recomenda-se que o percussionista apoie o pandeiro sobre a perna em um ângulo de 45°, com o pé sobre algum apoio. O contato do instrumento com a perna fará o ataque perder intensidade, facilitando o controle sobre as notas. Os golpes devem ser desfeitos com a ponta dos dedos exatamente na borda da membrana, sobre a armação, praticamente anulando o som da pele. Por vezes, virar o pandeiro com a pele para baixo, de forma que os dedos percutam diretamente na madeira da armação, pode intensificar ainda mais a definição rítmica.

Uma técnica muito comum utilizada para interpretar frases musicais rápidas e de forte intensidade consiste em segurar o pandeiro de cabeça para baixo e golpear o instrumento tanto com a mão direita quanto com o joelho. Desse modo, o percussionista precisa posicionar o pé sobre um apoio de forma que o joelho se mantenha elevado. A mão esquerda, que segura o pandeiro, deve realizar movimentos rápidos ascendentes e descendentes, com a pele percutindo para cima na mão direita e para baixo no joelho. A mão direita deve permanecer fechada, sendo que os golpes devem ser executados principalmente pelas juntas dos dedos.

Se ligue no batuque!

O rulo também é frequentemente solicitado no pandeiro sinfônico pelos compositores, e há duas formas de executá-lo no instrumento: por **fricção** ou por **agitação**. Em casos raros, o compositor pode especificar qual é o tipo pretendido; porém, na maioria das vezes, o percussionista deverá escolher o rulo que melhor se adapta musicalmente à passagem em questão. O rulo por fricção acontece quando uma pressão sobre a pele é empregada, seja pelo dedão, pelo dedo médio ou pelo anelar. Essa técnica, inclusive, requer muito preparo do músico, pois o som prolongado poderá falhar. Assim, para evitar uma eventual interrupção sonora, é aconselhável aplicar cera de abelha ou de vela sobre a superfície da membrana. Com a substância espalhada pela pele, o dedo tem mais atrito para desferir o rulo, que nada mais é que múltiplos golpes em uma sequência muito rápida. Já o rulo por agitação é utilizado frequentemente em passagens de dinâmicas forte e fortíssima. Nesse caso, o pulso da mão esquerda que sustenta o pandeiro sinfônico deve fazer um movimento de rotação agitando as platinelas o mais rápido possível, resultando em uma nota longa linear e equilibrada. Assim, em diversas situações, é apropriado iniciar o rulo com um tapa da mão direita, para demarcar com exatidão o início da nota.

3.4.3 Caixa clara

A caixa clara é um instrumento bastante importante dentro da orquestra. Por essa razão, é frequentemente tocada pelo chefe de naipe da percussão. Em algumas situações, o instrumento lidera ritmicamente tanto o naipe quanto a orquestra – assim como foi dito anteriormente sobre o tímpano, que dita o andamento para todo o conjunto. Membranofone de altura indefinida que entra em vibração por meio de golpe, a caixa pertence à família dos tambores, porém, conta com um diferencial importante: esteira é acoplada à pele secundária ou de resposta. Por isso, seu som naturalmente marcante de tambor ganha ainda mais ataque e definição, pela presença da sonoridade aguda e penetrante da esteira. Isso torna a caixa clara capaz de executar ritmos rápidos e complexos com extrema clareza, uma vez que seu som é inerentemente seco e articulado.

Figura 3.21 - Caixa clara

yongyuth limpasute/Shutterstock

Se ligue no batuque!

Em uma situação de prova ou audição para um cargo de percussionista de orquestra, a caixa clara é geralmente o primeiro instrumento executado pelo candidato. Assim, em virtude da transparência que a caixa oferece, os jurados conhecerão imediatamente as capacidades básicas de precisão rítmica e técnica do concorrente. Também é comum que o candidato seja solicitado a executar um rulo pianíssimo, por meio do qual deverá demonstrar o máximo controle técnico. Em relação à caixa clara, existem diversos excertos de obras importantes que são requeridos em audições, os quais serão apresentados a seguir.

Obra-prima do compositor russo **Nikolai Rimsky-Korsakov**, "Scheherazade" é uma suíte sinfônica baseada nos contos árabes das *Mil e uma noites*, em que a orquestração chama atenção por ricas combinações de timbres e pelo criativo uso de todos os naipes da orquestra. Korsakov demonstra nessa peça, composta em 1888, profundo conhecimento sobre cada instrumento. Nela, a caixa clara tem uma escrita bastante específica e abundante em articulações, ornamentos, dinâmicas e frases rítmicas. O trecho mais famoso e desafiador para a caixa (talvez, de todo o repertório sinfônico) encontra-se no terceiro movimento, intitulado "O jovem príncipe e a jovem princesa". Por dez compassos, o compositor reduz a instrumentação para um solo de clarinete acompanhado por um padrão rítmico em 6/8 da caixa clara, com as cordas graves sutilmente preenchendo a harmonia com *pizzicato*.

Para executar esse trecho com eficiência, o percussionista precisa, em primeiro lugar, ter domínio completo do rudimento de rulo aberto, pois o padrão rítmico escrito pelo compositor contém o primeiro tempo em pausa, seguido de um rulo aberto de sete notas. Assim, o desafio para o percussionista é executar o rulo de forma que todas as notas sejam claramente escutadas, o que já é trabalhoso em dinâmicas médias. No entanto, Korsakov solicita piano para o primeiro padrão rítmico e diminuendo para pianisíssimo (três vezes piano) no restante dos compassos. Além disso, a caixa clara não integra o primeiro e o segundo movimentos. Isso significa que o músico que a interpreta faz sua primeira participação na obra exatamente nesse trecho, esperando por volta de 20 minutos antes de iniciar a execução de sua parte.

Para uma boa interpretação dessa passagem, o percussionista deve ter em mente a melodia principal do clarinete durante a execução. Com o contorno melódico na cabeça, poderá sentir o andamento com precisão, além de seguir o fraseado sem precisar contar o número de compassos que devem ser realizados. Outros trechos de "Scheherazade", do terceiro e quarto movimentos, também são pedidos em audições e envolvem os rudimentos do *flam*, *drag* e rulos.

Só as melhores

Ouça a *performance* da caixa clara na música de Rimsky-Korsakov:

VALERY Gergiev conducts Rimsky's Scheherazade: The young prince and the princess. Disponível em: <https://www.youtube.com/watch?v=G6KUFbRfK30>. Acesso em: 26 ago. 2020.

Em audições de orquestra para o cargo de percussionista, é comum que, além de excertos, seja requisitada uma peça de confronto, a qual todos os candidatos devem interpretar na primeira parte do concurso. Normalmente, essa peça é escrita para caixa clara e tem autoria do percussionista e compositor francês **Jacques Delécluse**. Integrante da Orquestra de Paris e professor no Conservatório de Paris, Delécluse era tanto pianista quanto percussionista. Formado também em composição, seu legado de métodos e obras é diferenciado, pois contém um material musical interessante e sofisticado, sempre com completo senso musical e inteligente fraseado. Por isso, "Test-Claire" e estudos de seu livro Doze estudos para caixa clara são frequentemente solicitados em exames. Em "Test-Claire", o compositor se baseou em diversos excertos orquestrais que são musicalmente conectados para formar o todo da obra, tornando a peça ideal para situações de prova de orquestra. Por sua vez, o "Estudo n. 1", presente em Doze estudos..., apesar de ser utilizado de forma acadêmica, apresenta diversos elementos de uma verdadeira obra artística, possibilitando ao percussionista demonstrar toda sua musicalidade em tensões e relaxamentos de grandes arcos de frases.

Se ligue no batuque!

Existe um recurso muito simples aplicado na caixa clara e que causa uma completa mudança de sonoridade. É quando o percussionista desliga a esteira que está acoplada ao instrumento, concedendo à pele sua sonoridade natural. No ambiente silencioso da música erudita, a esteira é frequentemente desligada, pois ela pode soar involuntariamente em virtude da vibração de outros instrumentos ao seu redor. No entanto, esse recurso também é utilizado musicalmente por compositores, como na obra "Concerto para orquestra", de Béla Bartók. Além de ser um importante excerto solicitado em provas, o trecho foi escrito para side drum sem esteira, ou seja, um instrumento idêntico à caixa clara, porém, mais grave e antigo. O side drum é o único instrumento que inicia o segundo movimento da obra, em uma frase de nove compassos, sem ornamentos e complexidade rítmica. O trecho exige do percussionista, principalmente, duas habilidades: estabilidade de andamento e de realização

> rítmica e sonoridade suficientemente encorpada para preencher por inteiro uma sala de concerto.

3.4.4 Castanholas

Símbolo da Espanha, por acompanhar danças flamencas de sapateado, as castanholas foram utilizadas em orquestra por diversos compositores, entre eles, os impressionistas **Claude Debussy** e **Maurice Ravel**. Apesar de exigirem uma técnica apurada para serem executadas pelos dedos e pelas mãos dos bailarinos de flamenco, as castanholas atualmente são utilizadas pelos percussionistas com adaptações na sua maneira de execução. Em vez de serem sustentadas pelos dedões e golpeadas pelos dedos, na orquestra, são comumente montadas em uma mesa ou percutidas por cabos acoplados à sua base. Quando estão presas a um suporte, o músico pode executá-las com a ponta dos dedos diretamente na castanhola superior, efetuando o entrechoque dos dois objetos idiofônicos. Nos modelos feitos para as castanholas serem seguradas pelo cabo, o percussionista deve apoiar o pé em um suporte, como no caso do pandeiro, e golpear as castanholas em seu joelho. As duas maneiras são apropriadas e devem ser experimentadas de acordo com cada trecho ou obra.

Claude Debussy

Maurice Ravel

Figura 3.22 - Castanholas

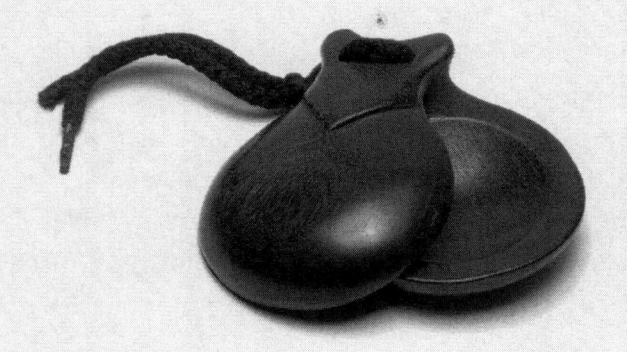

> ### Só as melhores
>
> Ouça a uma bela *performance* de castanhola no vídeo que indicamos a seguir:
>
> TCHAIKOWSKY: Swan Lake: Spanish Dance. Disponível em: <https://www.youtube.com/watch?v=0r3WJ_cFGQc>. Acesso em: 26 ago. 2020.

3.4.5 Gongo

Também chamado de *tam-tam*, o gongo é um idiofone de altura indefinida – apesar de instrumentos similares, como o gongo tailandês com saliência, serem classificados como de altura definida. O gongo utilizado em orquestra é um disco de metal plano com uma curvatura em seu diâmetro e pode variar entre 10 e 54 polegadas. Para a execução de uma nota, em qualquer dinâmica, é apropriado selecionar um lugar de toque um pouco deslocado do meio do instrumento. Abafar o gongo é fundamental, pois sua reverberação é bastante longa. Portanto, o percussionista deverá estar preparado para interromper seu som com as mãos e os braços quando for musicalmente necessário.

Figura 3.23 - Gongo

Ivan Smuk/Shutterstock

Só as melhores

Assista a uma *performance* de gongo no vídeo a seguir:

CARL ORFF: Carmina Burana "1. O Fortuna" – Conductor: Adel Shalaby. Disponível em: <https://www.youtube.com/watch?v=lh1kOyvBcLg>. Acesso em: 26 ago. 2020.

3.5 Percussão múltipla

Em alto em bom som

Percussão múltipla é o nome dado a um conjunto de instrumentos que são executados simultaneamente por um percussionista. Esse grupo, conhecido no meio percussivo como *montagem* ou pela palavra em inglês *setup*, pode ser formado por instrumentos similares – por exemplo, cinco tom-tons de alturas diferentes – ou por instrumentos de timbres distintos – como uma combinação de prato suspenso, caixa clara, *wood block*, pandeiro e bumbo a pedal. Nesse caso, quando vários percussionistas executam instrumentos distintos, estamos diante de uma categoria de música de câmara chamada de *grupo de percussão*. No entanto, o conceito de percussão múltipla que examinaremos nesta seção leva em consideração a situação de quando um único músico é o responsável por executar dois ou mais instrumentos ao mesmo tempo.

Sob essa ótica, a concepção de percussão múltipla pode se tornar confusa, pois a categoria é bastante abrangente e engloba inúmeras possibilidades de configurações. Ela pode estar presente no uso de um bongô, que é formado por dois tambores pequenos, bem como em uma vasta coleção de instrumentos em que o percussionista precisa utilizar também pedais para executá-la. Os próprios instrumentos já consolidados e padronizados como únicos carregam na essência o conceito de múltipla percussão. O tímpano, por exemplo, pode ser enquadrado nessa categoria, pois é sempre composto por mais de um tambor. Já os teclados da percussão, como o xilofone, são formados por diversas peças idiofônicas posicionadas lado a lado e interpretadas ao mesmo tempo. A bateria talvez seja o exemplo mais claro de percussão múltipla em que um grupo de instrumentos se cristalizou e se tornou conhecido por um único nome. No entanto, nosso objetivo aqui não é discutir os limites da área da percussão múltipla e o que pode ou não ser considerado parte da categoria. Pelo contrário, nosso foco reside em discorrer sobre alguns princípios importantes dessa área que podem ser aplicados por percussionistas tanto em obras solistas de compositores da dita música de concerto quanto em conjuntos de instrumentos utilizados em qualquer outro estilo de música.

Figura 3.24 - Percussão múltipla: bateria

Dario Sabljak/Shutterstock

3.5.1 Montagem

A característica mais marcante da percussão múltipla se encontra no fato de que a montagem, ou seja, **a maneira como os instrumentos são dispostos**, é um elemento quase tão importante na interpretação de uma obra como o ritmo, a dinâmica, a altura e o timbre das notas. Ela influencia diretamente na qualidade da execução do percussionista. Por isso, deve ser diariamente observada no estudo, assim como qualquer outro aspecto musical.

> **Se ligue no batuque!**
>
> No processo de estudo de uma obra, normalmente o músico aprende as notas, depois trabalha para resolver os problemas que cada trecho apresenta e, ao final, aprimora os últimos detalhes musicais. Na percussão múltipla, deve existir um processo similar, porém, focado na montagem dos instrumentos.

Assim, não é aconselhável realizar a montagem uma única vez e manter a mesma configuração até a conclusão do estudo. Nesse sentido, a montagem deve passar por um período de maturação e aprimoramento em paralelo com a música em si. Dessa forma, o percussionista deve, primeiramente, dispor todos os instrumentos da maneira descrita na partitura ou da maneira que melhor parecer ao organizador. Nos dias, semanas ou meses subsequentes de prática, o músico deve realizar diversos ajustes de posicionamento para melhor executar diferentes passagens das obras. Por fim, o instrumentista pode realizar o polimento definitivo final, que vai permitir à montagem garantir a melhor organização possível dos instrumentos para uma execução de qualidade.

3.5.2 Distância

Esse estudo da montagem deve se basear am alguns conceitos quanto ao **posicionamento dos instrumentos**. O primeiro deles diz respeito à distância entre os objetos.

Hora do ensaio

Esse estudo da montagem deve se basear am alguns conceitos quanto ao posicionamento dos instrumentos. O primeiro deles diz respeito à distância entre os objetos.

Para entender esse princípio, vamos imaginar uma situação hipotética em que um músico interpreta três congas ao mesmo tempo. Agora, aplicaremos três formas de posicionar os instrumentos: (1) na primeira, eles estão muito distantes uns aos outros, (2) na segunda um pouco mais aproximados, (3) e na terceira estão muito próximos.

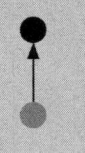

Entretanto, vamos levar ao extremo oposto a primeira possibilidade. Ou seja, de forma quase absurda, as congas são posicionadas uma em cada canto de uma sala qualquer. Existindo essa distância entre os objetos, o músico terá que, literalmente, correr de um canto a outro para conseguir executar uma sequência de notas. Ao final da obra, ele estará certamente ofegante e cansado, presumindo que sequer consiga concluí-la.

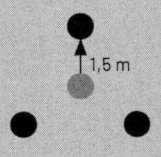

Em um próximo passo, vamos posicionar as congas mais próximas umas das outras, entre um metro e meio de distância, formando um triângulo em cujo meio está o percussionista. Assim, correr não será mais necessário, porém, seu corpo permanecerá em uma posição extremamente desconfortável, com os braços e as pernas abertos e esticados. Certamente, o músico conseguirá chegar ao final da obra, mas sentirá dores musculares.

Por fim, em uma última possibilidade, os instrumentos estão próximos, encostados uns aos outros. Nesse momento, o percussionista se mantém em uma posição confortável ao executar a obra, com os pés firmes no chão e os braços se movimentando livremente e relaxados. Ele chega ao fim da peça em estado normal, fisicamente bem, sem dores ou cansaço.

Sob essa ótica, observe como, na medida em que a distância entre as congas diminui, o esforço do percussionista também se reduz proporcionalmente. Perceba como, nessa explicação, com a diferença entre as posições dos instrumentos exageradamente relatada, compreender o conceito de "quanto menor for a distância, menor será o esforço" torna-se mais fácil. Por vezes, uma distância incorreta pode parecer não atrapalhar, porém, após horas de estudo, 10 cm a menos entre percussionista e instrumentos podem significar uma grande economia de energia. Por isso, é preciso estar atento à montagem na prática diária, corrigindo paulatinamente as distâncias entre os instrumentos.

3.5.3 Altura

A regulagem das alturas dos instrumentos em uma montagem é fundamental. Ao aplicarmos o raciocínio dos extremos opostos, conforme demonstrado na seção anterior, novamente se torna simples a constatação da importância de um nivelamento correto. Imagine um instrumento tão alto que o percussionista precisa dar um salto a cada nota ou estar posicionado no chão de forma que tenha de se curvar para executá-lo. Tais situações são tão irracionais que fariam o *setup* inviável ao uso e, mesmo que colocadas nas devidas proporções, também trariam transtornos na execução da obra. Dessa maneira, cabe ao percussionista realizar diversos ajustes de altura ao longo do estudo da peça. Por vezes, o instrumento não apresenta regulagem própria, o que demanda a necessidade de um calço, seja um bloco de madeira ou um objeto de metal, para a elevação ideal. Do exposto, podemos concluir que, se há desconforto na execução, há possibilidade de solucionar o problema, sendo esta apenas uma questão de pesquisa, experimentação e tempo.

Figura 3.25 - A regulagem correta da posição dos instrumentos é fundamental para a *perfomance* adequada do percussionista

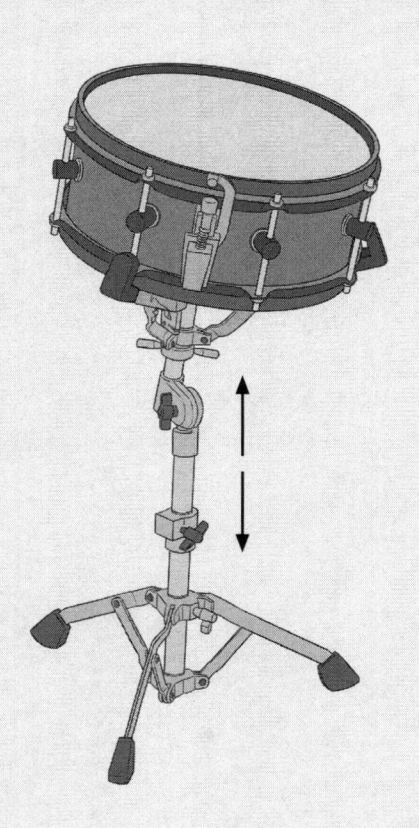

Will Amaro

3.5.4 Ângulo

Outra questão pertinente à montagem de instrumentos de percussão se refere ao **ângulo de inclinação**. Em geral, a maneira mais adequada diz respeito a quando todas as áreas de toque, como membranas e partes lisas dos idiofones, estão alinhadas formando uma única superfície plana. Em um grupo de tambores, por exemplo, um instrumento com inclinação distinta representará uma protuberância na montagem, possibilitando que a baqueta golpeie involuntariamente uma área incorreta. No entanto, ângulos propositalmente efetuados podem trazer vantagens.

> **Hora do ensaio**
>
> Por exemplo: em um *setup* com duas fileiras de tambores, se a linha mais distante do percussionista contiver uma leve inclinação, com a parte de trás dos instrumentos ligeiramente elevada, as superfícies de toque se tornarão mais próximas do músico. Nos membranofones, não é aconselhável dispor o instrumento de forma muito inclinada, pois a baqueta poderá atingir a pele na parte superior da cabeça, influenciando na sonoridade. Assim, um ângulo menor que 45° é ideal.

3.5.5 Disposição dos instrumentos

Em relação ao posicionamento geral dos instrumentos em um *setup* de percussão, podemos seguir certos **padrões de organização**. A forma mais convencional consiste em respeitar o registro dos instrumentos do grave para o agudo, respectivamente da esquerda para a direita. Porém, é natural "quebrar" a ordem dos registros em razão de especificidades de certas obras. Assim, dispor os instrumentos em função da manulação mais utilizada durante uma peça é muito comum. Determinada música pode conter um ostinato rápido com uma série de notas que não obedecem à configuração dos registros. Logo, adaptar a montagem, com os instrumentos na ordem das notas, para que essa frase mais complexa seja executada com facilidade, pode gerar bons resultados. Além disso, existem alguns padrões convenientes de posicionamento já estabelecidos para diversas situações. É o caso de um *setup* com três ou mais tambores que, dispostos em zigue-zague, com os instrumentos formando duas linhas, permite muito mais eficácia do que quando são colocados de forma circular.

Figura 3.26 - A correta disposição dos instrumentos é essencial para o trabalho adequado do percussionista

> **Se ligue no batuque!**
>
> Do exposto, fica claro como o processo de acerto da montagem requer trabalho diário, pois muitos são os fatores envolvidos. Trata-se, portanto, de um longo estudo até que o percussionista encontre a distância, a altura, o ângulo e a posição correta para cada instrumento da montagem. Por isso, podemos afirmar que um *setup* bem feito é aquele para o qual o percussionista dedicou energia para solucionar problemas e experimentou diversas possibilidades de configuração, selecionando um tempo diário de estudo exclusivamente para a montagem. Há quem aprecie tanto esse trabalho como a própria execução musical. Realmente, essa prática pode se tornar agradável, especialmente quando o percussionista pode contar com o auxílio de um colega para com ele discutir opções e ajudar no esforço físico de reposicionamento dos instrumentos.

3.5.6 Baqueta

Um fator importantíssimo no universo da percussão múltipla se refere à **escolha da baqueta**. Existe um lugar de toque certo e um tipo exato de baqueta para extrair o melhor som dos instrumentos. Quando eles estão aglomerados em conjunto e são executados simultaneamente, o percussionista deve ter atenção a qual tipo de baqueta utilizar.

Hora do ensaio

Por exemplo: um bumbo sinfônico e um triângulo necessitam de baquetas completamente diferentes. Como então executá-los ao mesmo tempo? A melhor maneira é ter em mãos a baqueta específica – nesse caso, a baqueta de bumbo em uma mão, e a de triângulo na outra. Em situações com mais de dois instrumentos, o ideal é sempre trocar para a baqueta que melhor emite o som. Entretanto, quando não houver tempo hábil para a mudança da baqueta, o músico poderá se utilizar das técnicas de quatro baquetas, tradicional, Burton ou Stevens. Também é frequente que o percussionista acabe escolhendo um tipo de baqueta que funcione de maneira geral para todos os instrumentos da montagem. Por exemplo: em um *setup* com tambores de dimensões e tipos diversos, como bongôs, congas, tom-tons e um bumbo, o instrumentista pode utilizar uma baqueta de caixa ou de xilofone.

Uma das obras de múltipla percussão mais executadas pelo mundo se chama "**Rebonds**", composta em 1989 pelo compositor grego Iánnis Xenákis. Essa peça é dividida em dois movimentos: "*Rebonds A*" e "*Rebonds B*", frequentemente interpretados em concerto separadamente, ainda que tenham sido pensados pelo compositor para serem executados um após o outro, em ordem escolhida pelo percussionista. O movimento A é escrito para tambores, assim como o B, porém, neste último se adiciona um *set* de cinco lâminas de madeira. A peça é estrutural na história da percussão múltipla e oferece tantos desafios que, mesmo após inúmeras gravações e interpretações, muitos percussionistas ainda despendem infindáveis horas de estudo para resolvê-los. Uma das gravações mais importantes dessa obra foi feita por **Steven Schick**, professor da Universidade da Califórnia, em San Diego, nos Estados Unidos, e um dos maiores nomes da percussão múltipla na atualidade.

Só as melhores

Veja as *performances* de "Rebond A" e "Rebond B":

VIC FIRTH. **Rebonds A, by Iannis Xenakis**. Disponível em: <https://www.youtube.com/watch?v=bXw_phbUI2g>. Acesso em: 26 ago. 2020.

VIC FIRTH. **Rebonds B, by Iannis Xenakis**. Disponível em: <https://www.youtube.com/watch?v=RfEOgCi4UA4>. Acesso em: 26 ago. 2020.

Resumo da ópera

Provavelmente, após a leitura deste capítulo, você pôde perceber claramente como a percussão é um universo complexo que envolve muitos instrumentos, cada um com sua técnica e sonoridade específicas. A esse respeito, observe no Quadro 3.1 as características principais, os estilos e intérpretes importantes dos teclados da percussão. Em seguida, no Quadro 3.2, dispomos de forma sucinta as principais características dos chamados *acessórios da percussão*, juntamente com a categoria da percussão múltipla.

Quadro 3.1 – Instrumentos de teclados

Instrumento	Características	Estilos	Intérprete importante
Xilofone	Teclas de madeira Transpositor: oitava acima Tessitura: aguda	Orquestra *Ragtime*	George Hamilton Green
Vibrafone	Teclas de metal Pedal de sustentação Motor de tremolo Tessitura: média	*Jazz* Música contemporânea	Gary Burton
Marimba	Teclas de madeira Instrumento solista Técnica de quatro baquetas Tessitura: aguda, média e grave	Música popular africana e da América Central Música contemporânea	Keiko Abe Clair Omar Musser Leigh Howard Stevens
Glockenspiel	Teclas de metal Antigamente continha manual para tocar com as mãos Tessitura: extrema aguda	Orquestra	–
Campana	Sinos de metal Pedal de sustentação Utiliza martelos como baqueta Tessitura: média e aguda	Orquestra	–

Quadro 3.2 – Acessórios da percussão

Instrumento	Características
Bumbo	• Lugar de toque: levemente abaixo do centro da pele • Golpe utilizando músculos grandes: braços e ombro • Rulo piano: toques alternados lentos, fazendo proveito da reverberação da pele
Prato de choque	• Buscar a máxima reverberação possível dos discos • Aprender a dar o nó da correia • Discos com as bordas levemente desalinhadas • *Flam* para pratadas fortes e *mezzo* fortes
Prato suspenso	• Evitar ruídos da estante • Para rulos, utilizar baqueta de marimba; para notas com ataque, baqueta de caixa • Lugar de toque: borda • Rulo crescendo: alternar velocidades, gráfico exponencial
Triângulo	• Suspender o instrumento à altura do rosto • Mesmo em dinâmicas fracas, não utilizar baquetas muito finas • Ângulo de 45° quando a baqueta atingir o instrumento • Lugar de toque: regiões centrais • Rulo: evitar toque excessivamente rápido; aproveitar reverberação natural do instrumento
Pandeiro	• Pandeiro sinfônico ≠ pandeiro brasileiro • Foco na sonoridade das platinelas • Leve ângulo na mão que suspende o instrumento • Em dinâmicas fracas, apoiar o pandeiro sobre a perna • Rulo: por agitação e por fricção
Caixa clara	• Instrumento que coordena o naipe e, por vezes, lidera o ritmo da orquestra • A execução de rulo e frases, em dinâmica fraca, requer muito estudo • A esteira deverá permanecer desligada para evitar ruídos ou quando for solicitado pelo compositor

(continua)

(Quadro 3.2 – conclusão)

Instrumento	Características
Castanholas	◆ Utilizadas pelos compositores impressionistas Debussy e Ravel ◆ Novos modelos contêm cabo para sustentação ou suporte
Gongo	◆ Também chamado de *tam-tam* ◆ Lugar de toque: como no bumbo, é levemente abaixo do centro ◆ Pode medir de 10" a 54"
Percussão múltipla	◆ Área da percussão que envolve uma montagem, ou *setup*, de dois ou mais instrumentos ◆ A montagem deve ser objeto de estudo diário ◆ Acertos de altura, ângulo e disposição dos instrumentos devem ser feitos todos os dias ◆ Utilizar a baqueta ideal para cada instrumento, quando houver tempo necessário para trocas ◆ Steven Schick é um de seus instrumentistas mais importantes

Teste de som

1. Qual é o instrumento presente na introdução da obra *"Porgy and Bess"*, do compositor norte-americano George Gershwin, mencionada neste capítulo?
   a) Marimba.
   b) Vibrafone.
   c) Prato de choque.
   d) Xilofone.
   e) Castanholas.

2. Na obra "Scheherazade", no terceiro movimento, a caixa clara executa um padrão rítmico em 6/8, com pausa no primeiro tempo, acompanhando a melodia de qual instrumento?
   a) Clarinete.
   b) Trombone.
   c) Violino.
   d) Harpa.
   e) Flauta.

3. Indique a seguir a alternativa que apresenta um instrumento com ataque invariavelmente definido, que evoca a colisão entre dois objetos de metal, dificultando sua execução em dinâmicas fracas:
   a) Triângulo.
   b) Marimba.
   c) Bumbo.
   d) Prato de choque.
   e) Tam-tam.

4. A respeito da percussão múltipla, assinale a seguir a única alternativa correta:
   a) Trata-se de uma área da percussão em que vários percussionistas executam instrumentos de altura indefinida.
   b) Quanto mais distantes estiverem os instrumentos, mais fácil se tornará a interpretação.
   c) A montagem deve ser trabalhada no estudo diário de uma peça, assim como outros aspectos musicais.

d) Somente baquetas de caixa devem ser usadas na múltipla percussão.

e) Uma das maiores referências da área é o americano Leigh H. Stevens, responsável por criar a técnica de quatro baquetas, na qual as baquetas não cruzam na palma da mão.

5. Qual é a diferença entre o xilofone e o vibrafone?
   a) O xilofone contém tubos de ressonância.
   b) O xilofone tem teclas de madeira, enquanto o vibrafone conta com teclas de metal.
   c) O vibrafone soa uma oitava acima do xilofone.
   d) Para o xilofone, usa-se uma baqueta com uma camada de lã.
   e) O xilofone é utilizado nas orquestras sinfônicas, enquanto o vibrafone é usado na música popular da América Central.

Treinando o repertório

Pensando na letra

1. Procure assistir a um concerto de orquestra ou banda sinfônica e responda à seguintes perguntas:
   a) O repertório envolve o naipe de percussão?
   b) Quantos e quais instrumentos foram utilizados?
   c) Quais dinâmicas os instrumentos efetuaram?
   d) Elas sempre foram muito fortes ou houve momentos sutis?

2. Ao manipularmos objetos no nosso dia a dia, podemos aplicar os princípios da múltipla percussão? A fim de que determinada tarefa se torne mais fácil, podemos aproximar mais os objetos? Por exemplo: ao lavar a louça, quanto mais próximo estiver o escorredor de louça, mais fácil se tornará a tarefa de posicionar os objetos para secar. Justifique sua resposta.

Som na caixa

1. Assista a uma orquestra ou banda sinfônica que execute uma obra com percussão, seja ao vivo, seja em vídeo, e elabore uma lista de todos os instrumentos de percussão utilizados. Obviamente, anote o nome da orquestra e da apresentação. Em seguida, troque ideias com seus colegas e, em conjunto, verifiquem quais são os instrumentos mais citados.

Capítulo 4
PERCUSSÃO BRASILEIRA I: INSTRUMENTOS CARACTERÍSTICOS DE ALGUNS RITMOS BRASILEIROS

Primeiras notas

Neste capítulo, vamos iniciar o estudo de alguns instrumentos de percussão presentes na música brasileira. Por meio dos ritmos das manifestação populares de diversos lugares do Brasil, discorreremos sobre técnicas de execução, acentuação, tipos de golpes e sonoridade. Trata-se de um universo muito rico e diverso, pois nosso país é extenso, e cada região desenvolve uma cultura musical diferente, com abordagens próprias de cada instrumento. Também visitaremos alguns ritmos que são conhecidos e utilizados por quase todo o território nacional.

Apesar de sua enorme variedade e de terem origem na cultura de povos de diferentes lugares do planeta, os ritmos brasileiros apresentam uma característica em comum, um ponto de convergência que lhes concede uma única identidade. É o elemento musical denominado **síncope**.

Em alto e bom som

Em teoria musical, a síncope se refere à valorização dos tempos fracos do ritmo. Assim, a identidade das células rítmicas brasileiras se revela pelo fato de as acentuações nem sempre estarem nos lugares em que deveriam, ocasionando um desequilíbrio no compasso. O famoso "requebrado" brasileiro acontece justamente no momento em que uma nota forte se desloca de lugar e o ritmo "balança".

4.1 Xote, baião, forró e arrasta-pé: zabumba, triângulo, agogô e chocalho

Dentro da manifestação popular do forró, de origem nordestina, mas bastante disseminada por todo o Brasil, as músicas executadas durante o baile são compostas por ritmos que variam em característica e andamento. Conforme a localidade, esses ritmos podem variar de nome e acentuação. Quatro deles são recorrentes em diversas regiões do país (respectivamente, do mais lento para o mais rápido):

1. xote;
2. baião;
3. forró;
4. arrasta-pé.

Fora do contexto do baile de forró, na música popular brasileira em geral, esses ritmos são utilizados sob diferentes perspectivas, muitas vezes desconstruídos e estilizados. Em termos de instrumentação, tradicionalmente existe o chamado *trio de forró*, composto por sanfona, triângulo e zabumba, em que as melodias também podem ser cantadas por qualquer um dos três músicos.

Figura 4.1 - Instrumentos do trio de forró

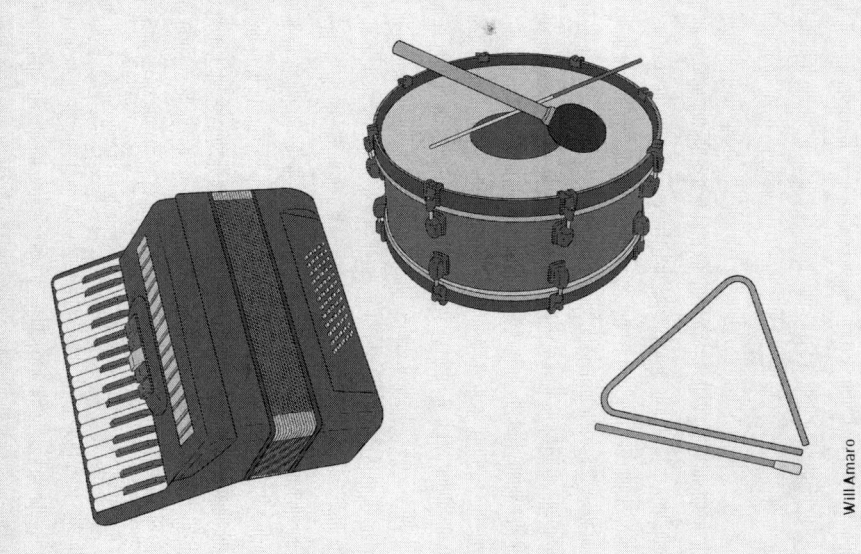

Will Amaro

4.1.1 Zabumba

A zabumba é um tambor composto por duas peles: a **superior**, de som mais grave e, por isso, normalmente grossa ou com duas camadas, e a **inferior**, mais fina e sonoramente em um registro médio-agudo. A membrana de cima é percutida pela mão dominante do percussionista, com uma baqueta comumente chamada de *manzape* ou *maçaneta*. Essa baqueta deve emitir um som profundo e pesado da pele e é feita por uma madeira grossa que mede aproximadamente 2/3 de uma baqueta de caixa. Sua ponta é coberta com um tecido macio, tornando-a almofadada, medianamente fofa e com a cabeça redonda ou ovalada. A pele inferior é percutida por uma baqueta fina e comprida que leva o nome de *bacalhau*. Algumas pessoas acreditam que é chamada dessa maneira porque, antigamente, era feita com lascas das caixas que transportavam a carne do bacalhau. O percussionista deve aplicar um golpe com o bacalhau em que quase toda a sua extensão atinja a membrana, e não somente a cabeça, diferentemente de quase todas as outras baquetas.

Figura 4.2 - Zabumba, manzape e bacalhau

Tradicionalmente, executa-se a zabumba em pé, sustentada por uma correia apoiada no ombro oposto ao da mão dominante do percussionista. O bacalhau é segurado da mesma maneira que a mão esquerda da técnica tradicional de duas baquetas: com a palma virada para cima e a baqueta passando por entre os dedos médio e anelar. Por sua vez, o manzape é apanhado como a técnica básica estabelece: preso pela pinça formada pelo indicador e pelo dedão.

Só as melhores

Veja uma *performance* de zabumba:

ZABUMBLOG. **Aula de zabumba**: Baião – Zabumblog. Disponível em: <https://www.youtube.com/watch?v=vU8cKWM5l4I&list=RDQMSccm-cGX_4U&start_radio=1>. Acesso em: 26 ago. 2020.

A zabumba é um instrumento valioso para o **estudo da independência das mãos**. As peles do instrumento, com seus timbres específicos, são administradas individualmente por cada mão, sem interações. As células rítmicas são executadas juntas em um mesmo pulso, porém em vozes independentes. Por isso, aconselha-se organizar o processo de estudo em três partes:

1. Conhecer e praticar o ritmo de cada mão isoladamente.
2. Executar lentamente as duas vozes em conjunto, observando quais notas acontecem em uníssono rítmico e onde ocorrem separadamente.
3. Repetir o padrão inúmeras vezes, até se tornar natural a ponto de que não seja preciso pensar forçosamente sobre os movimentos das mãos.

Se ligue no batuque!

O aluno deve procurar não executar todas as notas com idêntica intensidade. Na música popular, existe um elemento subjetivo conhecido como *suingue*. Esse sotaque é dado pelo fraseado das notas e por pequenas diferenças de volume entre elas, algo sutil, mas de extrema importância. Alguns músicos acreditam que o suingue se manifesta na pessoa desde seu nascimento

> e que, por essa razão, não pode ser alcançado posteriormente. No entanto, o aluno que observar com atenção a maneira como tocam os percussionistas profissionais, seja ao vivo, seja em gravações, com todas as suas nuances e acentuações, poderá chegar a um resultado de suingue bastante satisfatório.

A seguir, iniciaremos o estudo de alguns ritmos executados na zabumba. Para isso, em primeiro lugar, é necessário tratarmos da **escrita da partitura**. A notação utilizada não foi estabelecida com base na relação entre grave e agudo, mas foi escolhida conforme as características do instrumento. Portanto, as notas com cabeça normal e posicionadas acima da linha se referem à pele superior, executadas pela mão dominante do percussionista. Por seu turno, as notas com a cabeça representada por um "x" e posicionadas abaixo da linha devem ser executadas pelo bacalhau na pele inferior. Sendo assim, a partitura não tem relação com a altura dos sons – ela reflete a localização das peles no instrumento.

Na membrana superior, o percussionista deve percutir exatamente no centro da pele, com a possibilidade de executar uma nota de som fechado (+) ou aberto (o). O golpe desfeito para o som fechado é do tipo *dead stroke*, quando a baqueta permanece em contato com a pele por alguns instantes, sem fazê-la reverberar. Para a realização desse golpe, aconselha-se utilizar o dedo indicador sobre a baqueta, deixando de constituir a pinça temporariamente. O indicador ajuda a baqueta a abafar a pele sem que seja preciso o uso de tensão ou força.

Xote

Partitura 4.1 – Zabumba: xote I

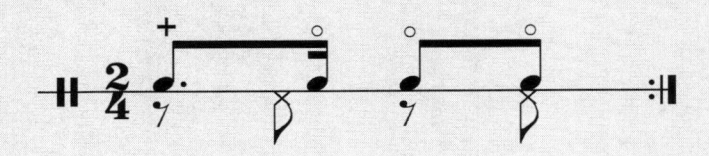

Partitura 4.2 – Zabumba: xote II

Hora do ensaio

70 bpm

Observe que, nos dois padrões rítmicos apresentados nas Partituras 4.1 e 4.2, a única nota em comum das mãos direita e esquerda é o contratempo do segundo tempo, ou seja, a sétima semicolcheia do compasso. Portanto, trata-se da nota que soará naturalmente mais forte, por ser uma combinação de dois sons simultâneos. Outro elemento importante é o fato de a pele de baixo conter ostinatos fixos, células idênticas no primeiro e segundo tempos do compasso.

> Por isso, ela tem uma característica de acompanhamento, enquanto a voz principal com mais variações se encontra na membrana de cima. Depois da prática bastante lenta, você deve conseguir executar os padrões a um andamento por volta de 70 bpm.

Existem inúmeras variações do ritmo de xote. No entanto, as células demonstradas representam dois dos padrões mais utilizados por zabumbeiros no Brasil. Durante a execução de uma música, é muito comum que o músico ornamente o ritmo com permutações, principalmente do bacalhau, fazendo as batidas caminharem junto com o fraseado melódico ou com o direcionamento harmônico. Uma vez que praticou e dominou cada padrão rítmico, o aluno poderá começar a misturá-los, utilizando o bacalhau do segundo ritmo no primeiro ou, ainda, emprestando da outra célula rítmica somente o primeiro tempo da pele de baixo.

Baião

Popularizado pelo sanfoneiro e cantor Luiz Gonzaga, o baião é a batida que embala suas famosas composições "Asa branca" e "Baião". Normalmente executado em um andamento um pouco mais ligeiro que o xote, o baião contém a célula-mãe dos ritmos brasileiros, tendo a quarta semicolcheia do compasso enfatizada.

Partitura 4.3 – Zabumba: baião I

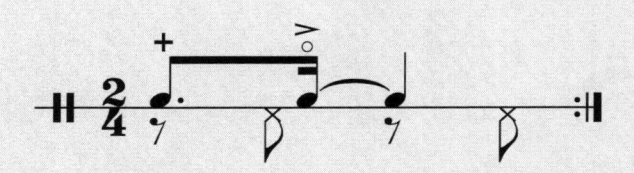

Partitura 4.4 – Zabumba: baião II

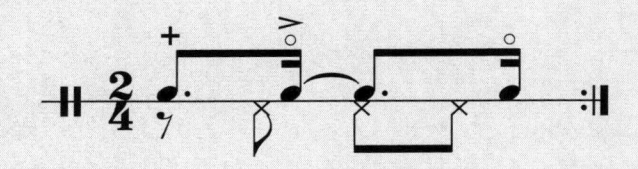

No primeiro exemplo (Partitura 4.3), a quarta semicolcheia está ligada a uma semínima, detalhe que deve ser observado com atenção. A razão dessa ligadura se dá em função da reverberação da pele, que se estenderá por todo o segundo tempo do compasso. Depois do ataque da maçaneta, o som deve ter uma ressonância, diminuindo naturalmente logo após alguns instantes – trata-se de um elemento essencial de diferenciação em relação à primeira nota abafada. Por isso, a notação que utiliza uma pausa no segundo tempo é menos adequada.

Já a segunda célula rítmica (Partitura 4.4) oferece com perfeição um exemplo de como variar as intenções das notas, executando-as em diferentes volumes. Na membrana superior, temos três notas: a primeira, abafada; a segunda, acentuada; e a terceira, aberta sem acentuação.

> **Hora do ensaio**
>
> Para criar mais interesse musical, interprete as notas em três níveis distintos: o primeiro, mediano; o segundo, mais forte; e o terceiro, mais fraco, funcionando como uma nota de passagem. Também é possível experimentar variar as dinâmicas das notas do bacalhau.

Forró

O terceiro ritmo, que leva o mesmo nome do baile tradicional, também contém a célula-mãe, sendo similar ao baião. A diferença entre os dois ritmos se encontra no andamento e em articulações realizadas pelo manzape na pele grave. O baião normalmente é tocado em torno de 86 bpm, ao passo que o forró é executado a 106 bpm ou mais. Em relação às articulações, o forró tem a primeira e segunda notas da membrana superior realizadas ao contrário do baião, sendo a primeira aberta, e a segunda abafada, como você pode observar nas células rítmicas expostas a seguir, nas Partituras 4.5 e 4.6:

86-106 bpm

Partitura 4.5 – Zabumba: forró I

Partitura 4.6 – Zabumba: forró II

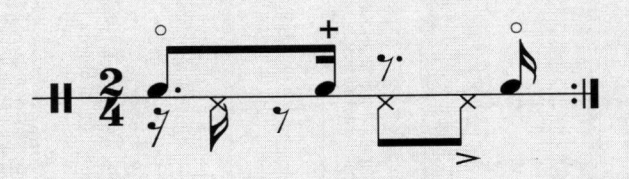

A última nota do bacalhau do segundo exemplo está acentuada, o que é um detalhe bastante característico do ritmo. Outro detalhe é que, no forró, a célula-mãe é um pouco amenizada, já que o embalo da batida acaba encaminhando energia para para o primeiro tempo do compasso, e não tanto para a síncope.

Arrasta-pé

154 bpm

O último ritmo a ser estudado na zabumba é o arrasta-pé. Muito utilizado nas danças de quadrilha das Festas de São João no Nordeste brasileiro, o arrasta-pé é similar ao xote, porém, um tanto mais acelerado, executado a cerca de 154 bpm. Confira a notação de sua célula rítmica na Partitura 4.7.

Partitura 4.7 – Zabumba: arrasta-pé

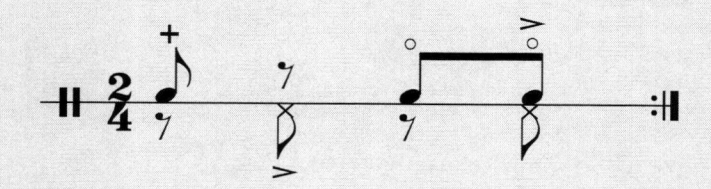

4.1.2 Triângulo

Junto com a zabumba, o triângulo integra a percussão de uma formação musical muito tradicional das festas de forró. Com a sanfona como terceiro elemento, responsável pela melodia e harmonia das canções, esses três instrumentos compõem o trio de forró, tipo de conjunto muito difundido principalmente no Nordeste do país.

Na abordagem popular, o triângulo ganha uma técnica de execução modificada, e sua composição se altera em tamanho e forma, sendo produzido com um material menos sofisticado. Nos ritmos de forró, o percussionista sustenta o triângulo sem o auxílio da presilha, diretamente dependurado sobre a falange central do dedo indicador. A mão dominante segura a baqueta de ferro, realizando golpes ascendentes e descendentes no canto direito do instrumento. O tamanho ideal da baqueta de triângulo é de 30 cm, e aconselha-se percuti-la com seu pescoço, por volta de 5 cm da ponta para dentro da vareta de ferro.

Figura 4.3 - Triângulo de forró

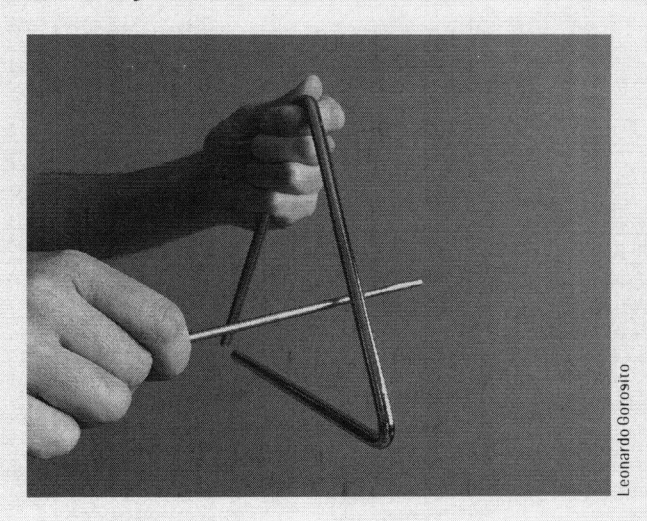

Leonardo Gorosito

Se ligue no batuque!

O triângulo apresenta um padrão rítmico que pode ser utilizado tanto no xote quanto no baião e no forró, e o andamento é o único elemento que sofre alteração de um ritmo para outro. A caracterização mais destacada dos ritmos é dada principalmente pelas articulações da pele grave da zabumba. Essa célula do triângulo tem a função fundamental de preenchimento e condução rítmica, completando o espectro sonoro com sua sonoridade aguda. As duas peles da zabumba fornecem as frequências graves e médias.

A partitura do triângulo também traz símbolos para aberto e fechado, possibilidades sonoras controladas pela mão que segura o instrumento, apertando a barra com todos os dedos da mão para toques fechados e abrindo-a para toques abertos. No início, aconselha-se exagerar a diferença entre os dois sons, para evidenciar com clareza a sonoridade rica em harmônicos do toque aberto e o som abafado e seco do toque fechado.

Na Partitura 4.8, a seguir, a nota abaixo da linha representa o golpe na barra inferior do triângulo, e a nota acima da linha simboliza o golpe na barra diagonal direita. Observe, então, o padrão rítmico que, uma vez aprendido e dominado, poderá ser usado em diversas situações.

Partitura 4.8 – Triângulo: célula básica

Hora do ensaio

Inicie o estudo o mais lento possível, pronunciando cada nota de forma clara, em uma dinâmica nem muito forte, nem muito fraca. Sua mão esquerda precisa estar focada em controlar os sons abafados e abertos. À medida que você se familiarizar com o ritmo, o braço que sustenta o triângulo poderá começar a se movimentar para cima, no contratempo – onde se encontra a nota com acento –, como se você pretendesse arremessar o triângulo para o alto. Esse balanço é importante para o suingue do ritmo. Quanto mais rápida for a velocidade, menor será a movimentação do braço.

O próximo padrão, apresentado na Partitura 4.9, é utilizado no ritmo do arrasta-pé. Apesar de conter menos notas que o primeiro exemplo, é bastante desafiador, em razão de seu andamento acelerado.

Partitura 4.9 – Triângulo: arrasta-pé

Hora do ensaio

Para uma execução satisfatória do arrasta-pé no triângulo, você precisa entender a movimentação correta que a baqueta realiza. Ironicamente, um problema que foi arduamente evitado durante o estudo da técnica simples de baquetas agora se mostrará bastante útil: os golpes desse ritmo deverão conter uma movimentação horizontal somada ao deslocamento vertical. Dessa maneira, você deve arremessar a baqueta em direção à barra lateral, no momento da execução do contratempo, para que, assim, o golpe da quarta e oitava semicolcheia do compasso seja executado com mais facilidade. Trata-se de uma questão

> técnica que demanda paciência e tempo de estudo até se tornar confortável.

4.1.3 Agogô

Em muitos casos, o agogô não chega a integrar a percussão dos ritmos de forró, mas quando está presente pode contribuir enormemente com seu colorido e também para o suingue da música. Ele pode ser feito de metal, com duas campanas de alturas diferentes, mas, recentemente, diversos percussionistas têm utilizado blocos de plástico, que contêm uma sonoridade similar.

Figura 4.4 - Agogô

Tamara Kulikova/Shutterstock

Os padrões rítmicos do agogô são geralmente simples, com poucas notas, para não sobrecarregar a malha percussiva. Seu registro fica logo abaixo do triângulo, preenchendo as frequências médias-agudas.

Uma das células rítmicas mais utilizadas no agogô é a simples marcação do pulso da música, com uma nota aguda no primeiro tempo e uma grave no segundo tempo. A inversão das alturas também pode ser uma opção eficaz. Outra possibilidade é executar as notas no contratempo, junto com a acentuação do triângulo. Todas essas alternativas podem ser empregadas no xote, no baião e no forró. A seguir, na Partitura 4.10, observe uma célula rítmica mais complexa, que se mescla mais adequadamente ao ritmo do baião e do xote, mas que não é apropriada ao ritmo veloz do arrasta-pé.

Partitura 4.10 – Agogô: baião e xote

4.1.4 Chocalho

Assim como o agogô, o chocalho não faz parte do trio de forró tradicional. Sua célula rítmica é idêntica à do triângulo, colaborando mais no aspecto do colorido da música. Por isso, o percussionista deve ter atenção na escolha do tamanho e do timbre do instrumento, testando possibilidades para verificar qual se encaixa melhor musicalmente.

Figura 4.5 - Chocalho

Apesar de parecer um instrumento de fácil execução, o chocalho demanda certo tempo de estudo para o aluno desenvolver a capacidade de interpretá-lo da maneira mais correta. Assim, apresentamos na sequência uma célula rítmica que pode ser aplicada aos três ritmos de velocidade moderada do forró (Partitura 4.11):

Partitura 4.11 - Chocalho

Hora do ensaio

Você deve executar a primeira nota movimentando o chocalho para frente. Por isso, posicione o chocalho para trás sempre antes de desferir a primeira nota do padrão. No início, é importante praticar a célula rítmica lentamente, para frente e para trás, exagerando na ênfase no contratempo. Em seguida, introduza uma pequena movimentação para a esquerda logo após a nota acentuada, fazendo com que as sementes internas emitam um som mais alongado. Esse deslocamento lateral é importantíssimo na técnica do chocalho, pois determina o estilo característico do sotaque brasileiro. Para exemplificar, o instrumento similar conhecido como *shaker*, utilizado na música *pop* norte-americana, não contém esse balanço.

4.2 Maracatu nação: caixa, gonguê, ganzá, xequerê e alfaia

Na região de Pernambuco, existem duas manifestações populares que levam o nome de *maracatu*: o **maracatu nação** (ou baque virado) e o **maracatu rural** (ou baque solto). Eles se diferem em muitos aspectos, principalmente na música, sendo que o maracatu rural utiliza instrumentos de percussão, voz e sopros, tendo um ritmo acelerado, ao passo que o maracatu nação é composto por instrumentos de percussão e voz e tem um ritmo mais cadenciado.

Figura 4.6 - Maracatu nação e maracatu rural

O maracatu nação, de origem africana, é também referido como *baque virado* porque seus tambores graves, chamados de *alfaias* ou *tambores de maracatu*, realizam ornamentações conhecidas como *viradas*. Originada das festas de coroação de reis, essa manifestação popular é realizada em forma de cortejo, especialmente nos carnavais de Olinda e de Recife, ou em datas comemorativas. Existem diversas nações de maracatu em Pernambuco, cada uma com seus mestres, batuqueiros, bailarinos e personagens como rei, rainha e porta-estandarte.

Se ligue no batuque!

O ritmo da música do maracatu nação tem uma característica sincopada que favorece consideravelmente a dança. Grande parte das acentuações, como nas viradas dos tambores graves, concentra-se nos contratempos, o que ocasiona um constante direcionamento ascendente ao ritmo, característica refletida claramente na movimentação dos braços dos bailarinos. Diferentemente do baião, a nota fraca mais valorizada é a segunda semicolcheia, o que, em um primeiro contato, pode trazer dificuldade de aprendizado para o aluno, porém, é onde habita a riqueza e a peculiaridade do ritmo.

Os instrumentos utilizados no folguedo variam de uma nação à outra. Alguns grupos utilizam atabaques executados com as mãos, mas, de maneira geral, tais instrumentos se referem à caixa, subdividida em caixa de guerra e tarol, além de ganzá, gonguê, xequerê e alfaias. Na sequência, examinaremos as particularidades de cada instrumento e suas células rítmicas principais.

4.2.1 Caixa

O grupo de tambores de pele dupla e esteira acoplada do maracatu é composto pela caixa de guerra, que contém uma afinação mais grave, e pelo tarol, com sonoridade aguda. Ambos são suspensos por uma correia e dependurados no ombro do batuqueiro, que se utiliza da técnica tradicional de duas baquetas para a execução, em que uma das mãos está com a palma virada para cima. A caixa é um instrumento de suma importância no grupo, uma vez que realiza os ritmos de chamada, células que anunciam a entrada da música ao restante dos batuqueiros.

Figura 4.7 - Caixa de guerra e tarol

A seguir, apresentamos uma levada básica do tarol (Partitura 4.12):

Partitura 4.12 – Tarol

L R L R L R L R

> ### Se ligue no batuque!
>
> Apesar de o padrão começar com a mão esquerda, a manulação está escrita para percussionistas destros. Isso porque, no maracatu nação, é muito comum que a mão dominante do batuqueiro conduza a frase, mesmo que esteja sempre deslocada do tempo forte. O trinado sobre a segunda e terceira notas deve ser executado com toque múltiplo, caracterizando uma sonoridade de rulo.

Na sequência, observe um exemplo de célula rítmica interpretada pela caixa de guerra (Partitura 4.13):

Partitura 4.13 – Caixa de guerra

R R L R R L R L

Nessa célula, fica claro como a mão dominante é responsável pelas principais notas da frase. Esse é um elemento crucial para a linguagem popular dos instrumentos brasileiros, evidenciando o sotaque do ritmo. O espaço entre as notas não permanece exatamente igual durante todo o compasso: a repetição da mão cria margem para a expansão e a diminuição da distância entre os sons.

4.2.2 Gonguê

Sem levada fixa, o gonguê é um elemento ritmicamente livre na música do maracatu nação. Além de realizar constantes variações em seu toque, normalmente o único exemplar do grupo circula independente pelo cortejo. Espécie de sino sustentado por uma mão e tocado pela outra, contém apenas uma campana, mas pode produzir dois timbres: um deles, na região próxima à abertura, e o outro, próximo ao cabo de sustentação. Esses dois lugares de toque concedem duas alturas claramente distintas.

Figura 4.8 - Gonguê

Flavia Altenfelder/ Fotoarena

A seguir, acompanhe uma célula básica de gonguê a partir da qual o músico pode criar todas as variações possíveis desse instrumento (Partitura 4.14):

Partitura 4.14 – Gonguê

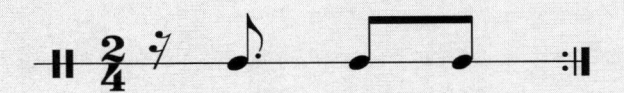

Se ligue no batuque!

O primeiro som da célula do gonguê assegura a qualidade sincopada do ritmo do maracatu nação, já que está localizado no primeiro tempo fraco do compasso. A pausa no primeiro tempo frequentemente gera dúvidas para o executante, pois é raro que um ritmo se inicie com o silêncio, isto é, com uma nota inexistente. Por isso, é importante sentir o pulso, seja percutindo o pé discretamente no chão, seja apenas percebendo-o internamente.

No maracatu rural, um modelo de gonguê duplo é utilizado, com duas alturas, similar ao agogô, mas em maior proporção. Ele é pendurado por uma cinta e executado com as duas mãos. Para fins educativos, como aulas de percussão em conjunto, quando não há a possibilidade do uso do gonguê, um agogô pode ser utilizado.

4.2.3 Ganzá ou mineiro

O ganzá é um instrumento da família dos chocalhos e também leva o nome de *mineiro*, uma corruptela de "milheiro", pois antigamente se utilizava milho dentro de seu recipiente. No maracatu nação, é incorporado um tipo grande de ganzá, com bastante volume, normalmente feito de metal, em que o músico utiliza as duas mãos para a sua execução. Sua levada é exatamente igual à citada anteriormente para o ritmo do baião, com acentuação nos contratempos.

Figura 4.9 - Ganzá

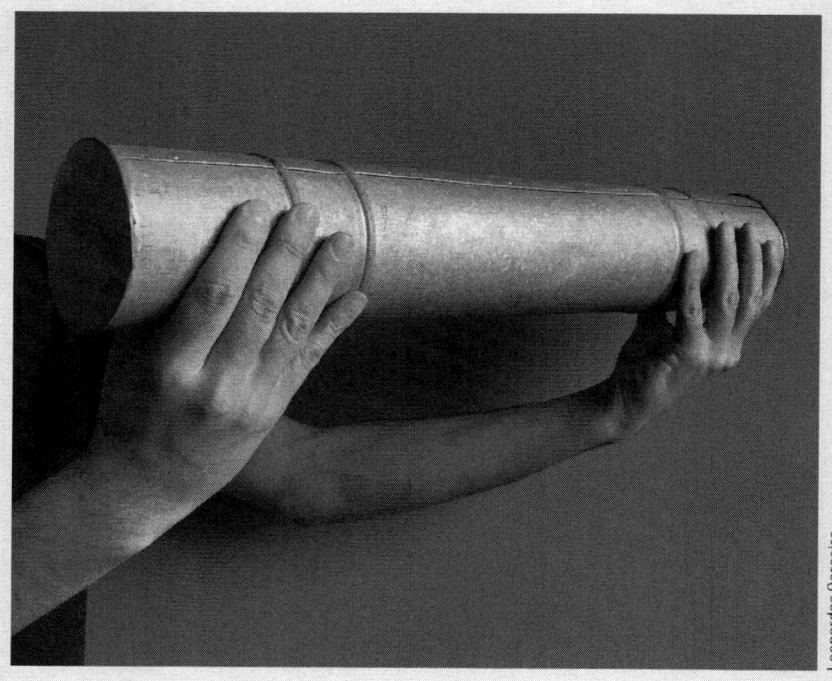

4.2.4 Xequerê

O xequerê, cabaça entrelaçada por miçangas, completa os registros agudos do maracatu nação. Sua técnica de execução consiste em agitar o instrumento em um movimento diagonal, para cima e para baixo. Com uma mão na base e outra no pescoço da cabaça, o percussionista deve se servir da articulação relaxada dos pulsos combinada com a ação ascendente e descendente de todo o braço.

Figura 4.10 - Xequerê

Quanto à notação, as alturas das notas se referem à direção do golpe, assim como no caso do triângulo. A levada básica do xequerê está exposta na Partitura 4.15, a seguir:

Partitura 4.15 – Xequerê

4.2.5 Alfaia

A alfaia é um dos tambores mais característicos do Brasil e é composta por duas peles presas por amarração de corda. O batuqueiro deve estar familiarizado com o enlace usado no tambor, já que frequentemente deve apertá-lo para manter a afinação do instrumento, tarefa que exige força e muita prática.

Figura 4.11 - Alfaia

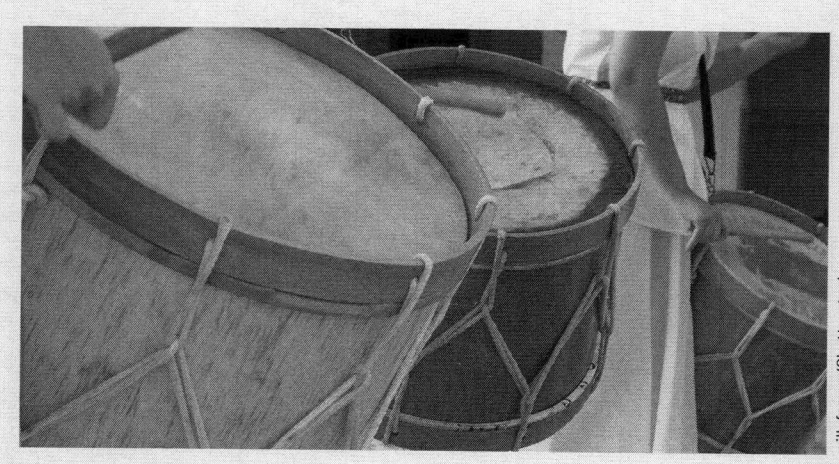

Se ligue no batuque!

Normalmente, as alfaias são produzidas em quatro tamanhos de diâmetros de 22", 20", 18" e 16". Quanto maior for o diâmetro, mais grave será o som. Por isso, elas assumem diferentes papéis dentro do grupo, em função da sua sonoridade. As maiores são chamadas de *marcantes* e mantêm a célula mais simples, sem variações. Conhecidas como *meiões*, as alfaias medianas executam o ritmo completo com pequenas variações. Por sua vez, os chamados *repiques* são os tambores menores que executam os floreios rítmicos durante toda a música.

    A técnica de baqueta utilizada na alfaia é bastante peculiar e um tanto rara no universo da percussão. Como os cortejos são realizados ao ar livre, os tambores precisam de uma enorme projeção sonora, o que demanda uma movimentação enérgica do batuqueiro. Para a execução dos golpes de volume fortíssimo, a baqueta precisa estar distante da pele, sendo executada com bastante velocidade. Essas características acabaram desenvolvendo uma técnica de movimentação muito ampla, concedendo ao ato de executar a alfaia uma beleza plástica cativante. Observar um batuqueiro virtuoso imerso no ritmo do maracatu é uma experiência arrebatadora e intensa.

    A força necessária para extrair o volume correto da alfaia faz com que os batuqueiros não utilizem o conceito de pinça – a baqueta é segurada com todos os dedos cerrados, tanto na mão direita quanto na esquerda. Para que o músico possa se locomover enquanto toca o instrumento, este é colocado ao lado da coxa, sustentado por uma correia, a qual deve permanecer sobre o ombro da mão não dominante do músico, sem cruzar o peito. O movimento para percutir a pele, do braço que contém a correia, é o que torna a alfaia tão singular, pois o batuqueiro eleva o cotovelo ao alto para desferir cada golpe. Já a mão dominante, mais livre por não sustentar o peso do instrumento, articula os golpes principais do ritmo. Em algumas nações de maracatu, é comum que as alfaias sejam executadas com uma baqueta fina ou, até mesmo, com o galho de uma árvore pela mão não dominante dos batuqueiros.

Só as melhores

Veja uma *performance* de percussionista tocando alfaia:

MARACATU alfaia com Pitoco da Nação Estrela Brilhante. Disponível em: <https://www.youtube.com/watch?v=B8eOFPEgtCY>. Acesso em: 26 ago. 2020.

Na sequência, observe um padrão rítmico básico de cada tambor que compõe o grupo de alfaias do maracatu nação: marcante (Partitura 4.16), meião (Partitura 4.17) e repique (Partitura 4.18):

Partitura 4.16 – Marcante

Partitura 4.17 – Meião

R R L R   L R L R

Partitura 4.18 – Repique

L R L R R   L R R L R R

Se ligue no batuque!

É interessante observar como a mão direita executa quase sempre as semicolcheias dois e quatro, ao passo que a esquerda cai frequentemente sobre a primeira nota, na qual, em teoria, deveria estar o som mais forte.

A células rítmicas que as alfaias executam são chamadas de *baques*, variando conforme as nações ou as canções entoadas. Os baques podem trazer diferentes intenções, podendo ser empolgantes e agitados, apresentar intervalos de silêncio dos tambores (como o baque de parada) ou emprestados de outros ritmos externos, como o afoxé e o *funk*. A seguir, acompanhe as células rítmicas dos baques malê (Partitura 4.19), martelo

(Partitura 4.20) e trovão (Partitura 4.21), bastante executados por todo o país.

Partitura 4.19 – Malê

Partitura 4.20 – Martelo

Partitura 4.21 – Trovão

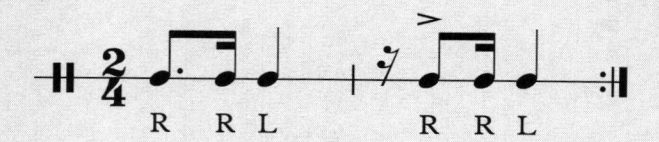

4.3 Ciranda e frevo

Discorreremos a seguir sobre dois ritmos de manifestações populares que ocorrem na Região Nordeste do Brasil, principalmente em Pernambuco: a **ciranda** e o **frevo**. São duas danças populares de rua que durante o carnaval florescem por toda a parte. Por meio do estudo de seus ritmos, entenderemos ainda melhor o conceito da síncope, tão incrustado na música brasileira.

A ciranda é uma dança mais lenta, cadenciada e, normalmente, bailada em grupo; já o frevo é um dos ritmos mais rápidos do Brasil, e seus passos evidenciam virtuosismo e explosão nos corpos dos bailarinos.

4.3.1 Ciranda

A ciranda é um folguedo que agrega dança, música e poesia. Dançada em roda pelos participantes, ela contém passos simples e coreografias que valorizam a movimentação do conjunto, por vezes com evoluções formando desenhos através de cordões de dançarinos. A Ilha de Itamaracá é um município da região metropolitana de Recife onde nasceu e viveu a maior cirandeira do país, **Lia de Itamaracá**. Cantora, dançarina e compositora, Lia é representante da cultura pernambucana, reconhecida por meio do registro de Patrimônio Vivo do Estado de Pernambuco, lei que gratifica com pensão vitalícia suas atividades culturais de disseminação artística.

Três instrumentos de percussão são recorrentes no acompanhamento da música da ciranda: a caixa, a alfaia e o ganzá.

Primeiramente, vamos analisar a execução do ritmo na caixa, conforme exposto na Partitura 4.22:

Partitura 4.22 – Caixa: ciranda

Nesse exemplo, o baqueteamento não foi fornecido, pois pode ser executado de diversas maneiras. Uma possibilidade é manter a regularidade das mãos alternadas – desse modo, algumas notas acentuadas incidirão sobre a direita, e outras sobre a esquerda. Outra opção, que se adapta melhor à linguagem popular, consiste em conduzir os acentos com a mão dominante.

> **Se ligue no batuque!**
>
> A caixa da ciranda é um instrumento especificamente de acompanhamento. Por isso, o uso de ornamentação e variações deve ser empregado ao mínimo. As variações, quando ocorrem, precisam estar a serviço da canção e do canto, como em momentos de transição entre seções da música.

Já na alfaia (Partitura 4.23), o ritmo de ciranda é de simples execução, porém extremamente importante. O percussionista deve desferir uma batida para cada tempo da frase da caixa. São quatro notas, sendo a primeira acentuada e aberta, e as restantes, abafadas e com menor volume. Se preferir, o músico pode utilizar somente uma baqueta, para que a outra mão esteja livre para abafar a pele. No entanto, com duas baquetas, o abafamento pode ser efetuado pelo toque de *dead stroke*, como na zabumba. A alfaia deve manter os tempos bem marcados para dar um claro suporte rítmico aos dançarinos, efetuando raras variações, somente em momentos importantes da música.

Partitura 4.23 – Alfaia: ciranda

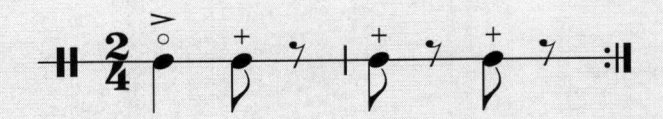

O ganzá é executado da mesma maneira que no baião e no maracatu nação, acentuando os contratempos. O ritmo da ciranda oferece uma boa oportunidade de estudo do instrumento, já que o pulso é sempre bem definido pela alfaia e em um ritmo moderado. As melodias, com belos contornos, também ajudam o percussionista a melhor adentrar o universo do ganzá.

4.3.2 Frevo

Assim como o choro, o frevo é um gênero da música popular brasileira predominantemente instrumental. Essa arte, integrada com sua ágil e acrobática dança, foi declarada Patrimônio Imaterial da Humanidade pela Unesco em 2012. O frevo surgiu nas festas de carnaval do final do século XIX, quando grupos de marchinha celebravam a data pulando pelas ruas de Recife e de Olinda. Esses grupos, por diversas razões, desenvolveram uma certa rivalidade, ocasionando acirradas disputas, por vezes até violentas. Por isso, era comum capoeiristas fazerem parte do grupo, para prezar pela segurança dos participantes. Além disso, na tentativa de intimidar grupos rivais, eles partiam à frente do grupo elaborando manobras de capoeira. Aos poucos, tais manobras foram se inserindo ao ritmo acelerado da música, tornando-se fundamentais para a criação do estilo da dança.

Figura 4.12 - Frevo

Antonio Ferreiras/Shutterstock

O balé do frevo contém um extenso repertório de passos, e a cada ano novos movimentos são criados. O **Mestre Nascimento do Passo** foi um dos principais responsáveis pelo seu desenvolvimento, além de ter atuado como professor de diversos bailarinos atualmente consagrados. No frevo, a movimentação dos passos tem uma característica explosiva e é baseada em saltos e acrobacias, o que exige força principalmente das pernas e do abdome do bailarino. São centenas de passos catalogados, os quais levam nomes como *tesoura, ferrolho, saci-pererê, ponta de pé* e *calcanhar, locomotiva, parafuso, dobradiça*, entre outros.

Se ligue no batuque!

Musicalmente, existem características que dividem o frevo em algumas categorias. Exclusivamente instrumental, o frevo de rua é o mais popular e é feito principalmente para ser dançado. É subdividido em outros grupos:

- **Frevo-abafo**, quando agremiações se cruzam na rua, sendo a música executada para "abafar" o grupo rival.
- **Frevo-coqueiro**, que faz uso de notas extremamente agudas, utilizando muitas linhas suplementares na partitura.
- **Frevo-ventania**, caracterizado por conter uma sequência de notas muito rápidas.
- **Frevo-canção**, tipo cantado, sendo mais lento, o que permite uma melhor adequação da letra à canção. Frevo de bloco, que se utiliza de instrumentos de cordas.

Inaldo Albuquerque, conhecido como Spok, é saxofonista e maestro de frevo. Arranjador e instrumentista virtuoso, levou o frevo mundo afora e participou, com sua orquestra, da gravação do CD e DVD do espetáculo "Nove de Frevereiro", do multiartista pernambucano Antonio Nóbrega, referência em cultura popular, principalmente de Pernambuco, e ex-aluno do Mestre Nascimento do Passo. O nome do disco faz alusão à suposta data em que a imprensa mencionou pela primeira vez a palavra *frevo*, em nove de fevereiro de 1907. Apesar do jogo de Nóbrega com o nome do mês, o termo *frevo* surgiu a partir da efervescência do carnaval, quando os blocos "ferviam" com a explosiva música de marchas, dobrados e maxixes – portanto, nasceu de uma corruptela de "frever".

Se ligue no batuque!

Atualmente, quase toda orquestra ou grupo de frevo tem a bateria como instrumento de suporte rítmico principal, mas também é muito comum a presença de percussionistas executando surdo e pandeiro. Sem a presença da bateria, somente a caixa e o surdo são suficientes para a formação básica da percussão do ritmo. Diante do exposto, a seguir vamos conhecer suas levadas e características, começando com o surdo (Partitura 4.24).

Partitura 4.24 – Surdo: frevo

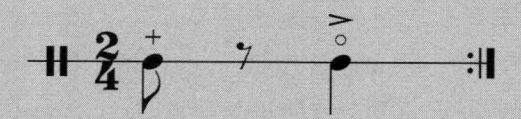

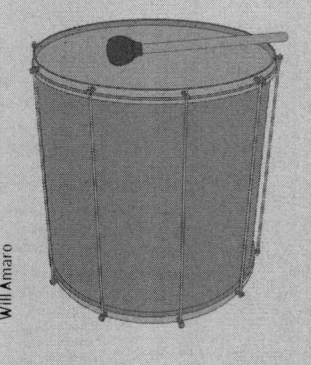

O surdo do frevo é similar ao do samba, tanto em termos rítmicos como na forma de fabricação. É responsável por duas notas no compasso: a primeira, abafada, e a segunda, aberta com acento. Como o andamento do frevo é quase sempre bastante rápido – aproximadamente de 160 bpm –, aconselha-se ao percussionista economizar na altura do golpe na primeira nota, utilizando somente o movimento de pulso, a fim de guardar

Will Amaro

160 bpm

energia para percutir o segundo tempo com a ajuda do braço. A mão dominante trabalha como assistente abafando a pele próximo à região de toque.

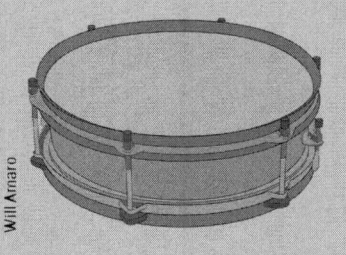

Uma possibilidade de levada básica do frevo na caixa contém um elemento rítmico interessante. As acentuações principais formam o que é conhecido na música como *polirritmia*. São quatro colcheias pontuadas – cada uma contendo três semicolcheias – que ocorrem sobre três tempos. Sonoramente, isso acaba gerando uma constante ansiedade ao ritmo, que parece sempre estar mais rápido que o próprio andamento da música. Confira a seguir esse fenômeno na Partitura 4.25:

Partitura 4.25 – Caixa: frevo

Como mencionamos anteriormente, nos três primeiros pulsos, os acentos da frase da caixa realizam uma polirritmia de quatro contra três (4:3), e, no quarto tempo, o rulo funciona como um ponto de relaxamento. O baquetamento nesse contexto deve ser realizado com as mãos alternadas, pois a velocidade do ritmo não cria margem para a realização de toques duplos. Desse modo, os acentos são executados cada vez por uma mão, já que a subdivisão está baseada sobre um número ímpar.

A caixa do frevo contém uma questão de linguagem bastante complexa, um estilo de execução que poucos músicos conseguem alcançar. Além do padrão rítmico fixo, ela realiza ornamentações que devem estar extremamente conectadas com a melodia da música. No entanto, essa não é uma tarefa fácil, pois, para realizá-la, o percussionista precisa ser um músico muito experiente, entendendo a música dentro de seus direcionamentos harmônicos e melódicos, além de seu âmbito rítmico. Além disso, ele necessita conhecer em detalhes cada canção em particular, para executar as variações nos momentos certos, efetuando uníssonos rítmicos com a melodia, dinâmicas com explosivos crescendos ou longos diminuendos, além das paradas conhecidas como *breaks*, silêncios que pontuam as canções. Por isso, é preciso muito tempo para o músico desenvolver um grande repertório de variações e conhecer a vasta coleção de canções. Os grandes mestres conviveram décadas com o frevo, dedicando suas vidas inteiras à execução desse ritmo único.

4.4 Caboclinho, cavalo-marinho e maracatu rural

Nesta seção, examinaremos mais três ritmos de manifestações populares da Região de Pernambuco: o **caboclinho**, de origem indígena e presente no Recife e na região metropolitana, o **cavalo-marinho** e o **maracatu rural**, folguedos que ocorrem no interior do Estado.

4.4.1 Caboclinho

O ritmo do caboclinho é um dos destaques das atrações do carnaval de Pernambuco. Os dançarinos saem às ruas com fantasias de origem indígena formadas por cocares, colares e adereços de penas, realizando intricados passos com as pernas, enquanto nas mãos carregam a "preaca" – arco e flecha para uso percussivo –, em que a flecha é conectada ao arco de forma a emitir um som estalado e agudo. As coreografias são executadas a partir de cordões formados pelos participantes, que são conduzidos por puxadores.

Figura 4.13 - Caboclinho

Elysangela Freitas/Shutterstock

Um desses puxadores é **Paulinho Sete Flexas**, filho do Mestre Zé Alfaiate, fundador da agremiação Caboclinho Sete Flexas, que, assim como Lia de Itamaracá, foi reconhecido como Patrimônio Vivo de Pernambuco. Criada em 1971, a agremiação reúne a comunidade para ensaios e oficinas no Bairro de Água Fria, em Recife, sob a liderança de Paulinho, que luta avidamente para manter viva essa tão importante tradição cultural.

> ### Se ligue no batuque!
>
> A música do folguedo é exclusivamente instrumental, realizada por uma formação pequena, porém, com grande potência sonora, já que sempre atua ao ar livre. A melodia fica a cargo de um tipo de flauta chamada de **gaita** ou **inúbia**. Um tambor e um tipo de chocalho dão o apoio rítmico ao bailado. Conhecido também por *tarol*, o bombo é executado suspenso no ombro do músico e contém cordas sobre a membrana principal que funcionam como uma esteira. O chocalho é chamado de *caracaxá* e se trata de um instrumento bastante peculiar, pois além de seu grande tamanho e de seu formato raro, sua execução atrai atenção pelo seu aspecto visual. Com frequência, é interpretado por dançarinos, que o executam em sincronia com o trançado único das pernas do caboclinho.
>
> Leonardo Dorosito

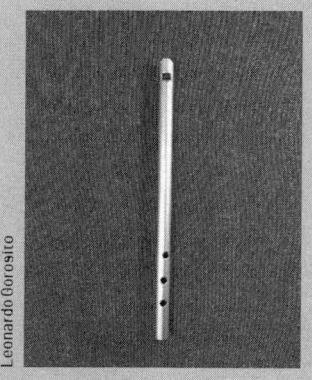

Durante a brincadeira, três tipos de toques se alternam, indicando diferentes momentos da brincadeira. Denominados *perré*, *baião* e *guerra*, tais toques desempenham, respectivamente, os andamentos lento, médio e rápido. Um outro tipo de toque chamado de *toré de caboclo*, com forte ligação com os terreiros de umbanda, por vezes também integra os ritmos do caboclinho. Entretanto, nesse ritmo, o atabaque é utilizado como tambor principal.

Conheça, primeiramente, o ritmo levado pelo caracaxá, exposto na Partitura 4.26:

Partitura 4.26 – Caracaxá

Instrumento de uso exclusivo nos caboclinhos de Pernambuco, o caracaxá é executado em movimentos ascendentes e descendentes dos braços. A célula rítmica é a mesma para todos os ritmos internos do folguedo, alterando-se apenas o andamento. Sua célula rítmica pode ser aplicada a diferentes contextos para outros tipos de chocalho, como caxixis, ganzás e maracas. Em um movimento único, o músico executa as três notas de cada tempo com a combinação dos dois braços, sendo a primeira nota tocada pela mão esquerda, a segunda pela mão direita, e a terceira compartilhada por ambas.

Figura 4.14 – Caracaxá

Leonardo Borosito

🔊 Em alto e bom som

O caracaxá é feito por pequenos chocalhos de metal presos a um único cabo. No Caboclinho Sete Flexas, frequentemente o instrumento é feito por sete recipientes em cada haste, representando o número de flechas citados no nome do grupo. Quando o caracaxá é executado por dançarinos, variações de movimentação são adicionadas, como giros com o cabo do instrumento, paradas repentinas no ar e deslocamentos laterais, gerando beleza e virtuosismo à sua interpretação.

A seguir, acompanhe as células básicas de cada ritmo do caboclinho executados no bombo, começando pelo perré (Partitura 4.27).

Hora do ensaio

Partitura 4.27 – Bombo: perré

L L R R R

As notas com cabeça em "x" devem ser percutidas no aro do bombo, e as restantes, no centro da pele. Além disso, o andamento de 80 bpm é ideal. O som da caixa clara com a esteira desligada é muito similar ao do bombo de caboclinho, podendo ser utilizado para o estudo do ritmo. Em termos de fraseado, é apropriado conduzir a célula em direção à última nota, sendo essa a de maior volume do compasso, porém ainda sem acento claramente definido.

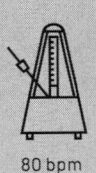

80 bpm

Partitura 4.28 – Bombo: baião

R R L R R L R L

Sendo referido pelo mesmo nome do ritmo do forró, o baião do bombo do caboclinho (Partitura 4.28) deve ser executado a 120 bpm. Nele, a mão dominante deve trabalhar para realizar todos os acentos, enquanto a esquerda desfere golpes de preenchimento.

120 bpm

Partitura 4.29 – Bombo: guerra

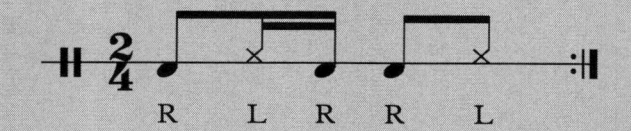

R L R R L

Com a primeira nota bem marcada e acentuada, o ritmo de guerra (Partitura 4.29) tem uma característica firme, voltada para a terra, que se reflete na coreografia aguerrida de acrobáticos saltos dos dançarinos. Seu andamento extremamente acelerado (de 160 bpm) é o ponto alto do folguedo.

160 bpm

4.4.2 Cavalo-marinho

Festa popular que ocorre no interior de Pernambuco, o cavalo-marinho reúne teatro, dança, música, circo, poesia e artes visuais. Por volta de 80 personagens podem ser encenados durante o folguedo, e um dos mais importantes é o Capitão, que chega montado em seu cavalo, chamado Marinho. O ápice da festa normalmente é reservado à dança dos arcos, quando um grupo de brincantes desenvolve uma coreografia segurando grandes arcos, nos quais são amarradas longas fitas coloridas com as quais os dançarinos realizam movimentos de balanço em sincronia com os passos da dança. A história da ressurreição do boi é narrada pela brincadeira com humor, que tem como fio condutor a interação dos protagonistas Mateus e Bastião com o "banco", grupo musical formado por cantores e instrumentistas.

Em alto e bom som

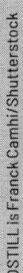

A história da ressureição do boi remonta a festas tradicionais que podem ser traçadas há pelo menos 8 mil anos, em civilizações que habitaram as regiões do Mar Meditarrâneo. No Brasil, diversas manifestações populares narram a história da morte e do renascimento do boi, como o Bumba Meu Boi e o Cavalo-Marinho (Redmond, 1997a).

O banco é composto por voz, rabeca, pandeiro, mineiro e bage, com os músicos realmente sentados em um banco. Os personagens Mateus e Bastião fazem uso de um acessório que também pode ser considerado um instrumento musical, responsável pelas frequências mais graves do conjunto. Trata-se de uma bexiga de boi inflada, com a qual eles percutem na perna realizando a célula básica do cavalo-marinho. Trata-se de um ritmo não tão acelerado quanto o frevo e o guerra do caboclinho, ocorrendo em aproximadamente 140 bpm.

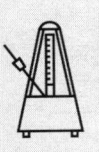

140 bpm

O padrão ritmo musical principal é exatamente a célula básica do baião, citada anteriormente, executada pelo pandeiro e pelas bexigas dos personagens. Confira a seguir a partitura do pandeiro do cavalo-marinho (Partitura 4.30):

Partitura 4.30 – Cavalo-marinho pandeiro

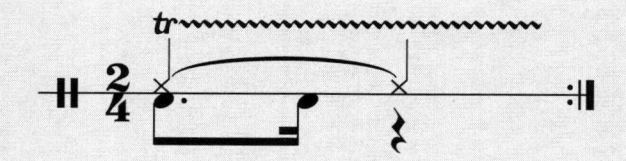

Observe como a escrita contém duas vozes: um trinado fixo e, logo abaixo, a célula do baião. O trinado fica por conta das platinelas, enquanto a célula é executada na pele do instrumento. Existem duas maneiras possíveis de executar o cavalo-marinho no pandeiro. A primeira é complexa e exige bastante prática, pois o rulo é desfeito constantemente pelo dedão da mão direita friccionando a pele, enquanto os dedos médio e indicador golpeiam a membrana através de peletecos. A segunda forma é um pouco mais fácil, já que o trilo das platinelas é alcançado pela agitação do pandeiro, enquanto com a mão direita aberta o músico executa a célula básica do baião na pele.

Só as melhores

Ouça uma execução do pandeiro no cavalo-marinho:

CAVALO Marinho por Roberto Freire. Disponível em: <https://www.youtube.com/watch?v=1i5nK09vKVk>. Acesso em: 27 ago. 2020.

O mineiro, ou ganzá, novamente contém a mesma célula já descrita anteriormente para os ritmos do baião, do forró, do maracatu nação e da ciranda. No cavalo-marinho, a diferença se encontra no andamento, que é mais acelerado que os outros citados. Para o percussionista aprendiz, executar o mineiro do cavalo-marinho requer trabalho principalmente em resistência física e economia de movimentos, enquanto para o brincante que nasceu imerso na cultura do folguedo é muito natural interpretar o instrumento, às vezes em festas do folguedo que chegam a durar seis horas seguidas.

Só as melhores

Ouça uma execução do ganzá no seguinte vídeo:

CAVALO marinho. Disponível em: <https://www.youtube.com/watch?v=5VwBeNHdrww>. Acesso em: 27 ago. 2020.

Por fim, a bage é um instrumento específico do cavalo-marinho e faz parte da família dos raspadores. A depender do grupo, pode haver de um a três exemplares compondo o banco. Trata-se de um tipo de reco-reco alongado, feito de bambu fino, com uma extremidade sustentada pela mão e a outra apoiada sobre o ombro do músico.

Figura 4.15 - Bage

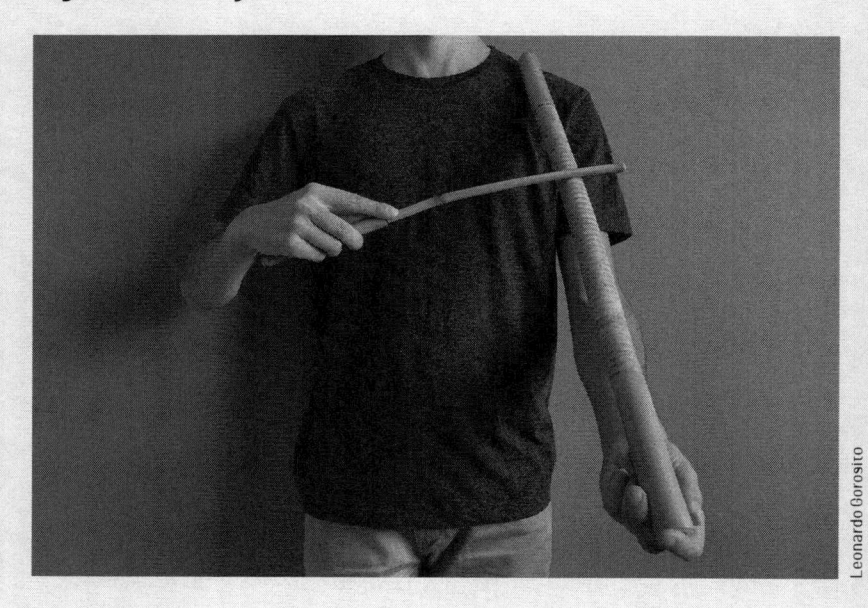

Os ritmos característicos da bage no cavalo-marinho se encontram na Partitura 4.31, a seguir:

Partitura 4.31 - Cavalo-marinho bage

A altura das notas representa em qual direção a raspagem deve ser feita, sendo abaixo da linha descendente e acima da linha ascendente. Três são os padrões rítmicos básicos que podem ser executados pela bage: o primeiro é idêntico à célula do mineiro; o segundo, idêntico à do caracaxá do caboclinho; o terceiro contém a célula igual à do baião, completa, com preenchimento de semicolcheias.

> ### Só as melhores
>
> Veja a execução da bage no seguinte vídeo:
>
> MESTRE Batista's Banco de Cavalo Marinho part 6 of 8. Disponível em: <https://www.youtube.com/watch?v=t7Gesli_Ni4>. Acesso em: 27 ago. 2020.

4.4.3 Maracatu rural

O ritmo do maracatu rural é, talvez, o mais acelerado das manifestações populares do Brasil, sendo executado normalmente a 180 bpm. Foi criado por cortadores de cana da Zona da Mata de Pernambuco, que em seus intervalos de duro serviço brincavam com versos de poesia, dança e música. Realizando apresentações principalmente durante o carnaval, o folguedo tem como figura indispensável o Caboclo de Lança, vestido com uma pesada indumentária, rica em detalhados adornos, que lhe concede um visual impactante e misterioso. Suas vestes, consideradas por muitos como o maior símbolo cultural pernambucano, são compostas por uma combinação típica dos seguintes elementos: gigante peruca, lenço, óculos escuros, flor presa aos dentes, lança com fitas coloridas e surrão – armação com sinos de badalos amarrada nas costas dos brincantes.

180 bpm

Figura 4.16 - Maracatu rural

Mestre Siba, ex-integrante do grupo Mestre Ambrósio, é um importante artista que trabalha na manutenção e conservação desse importante folguedo. Em 2003, ao lado do Mestre Barachinha, lançou o álbum *No baque solto somente*, exclusivamente dedicado à música do maracatu rural. Ao ouvir o disco, é possível observar a estrutura musical do folguedo, em que a música instrumental dialoga com partes cantadas à capela pelos poetas. O conjunto de instrumentos que acompanha a brincadeira é denominado *terno* e é composto por trompetes, trombones, mineiro, gonguê, tarol, bombo e poica.

O mineiro, ou ganzá, é o instrumento comum que transita entre as diferentes manifestações, e novamente executa a mesma célula rítmica, agora no contexto do maracatu rural.

Executada por meio de fricção, a poica é um tipo de cuíca grave que concede ao terno uma sonoridade característica. Sua célula rítmica é simples, apenas marcando o pulso da música.

Assim como no maracatu nação, o gonguê (Partitura 4.32) faz parte da instrumentação, porém, no maracatu rural, contém duas campanas e apresenta uma célula rítmica fixa, sem efetuar qualquer tipo de variação. É dependurado no ombro do músico por uma cinta e executado com uma mão em cada sino.

Figura 4.17 - Gonguê

Elysangela Freitas/Shutterstock

Partitura 4.32 – Gonguê: maracatu rural

O tarol (Partitura 4.33), outro instrumento em comum com o maracatu nação, contém uma levada fixa, sem a utilização de rulo.

Partitura 4.33 – Tarol: maracatu rural

R L R L R L R L

Por fim, o bombo (Partitura 4.34), último instrumento a compor o terno, é similar ao bombo do caboclinho. Sua célula se assemelha com o ritmo de guerra. No entanto, é executado ao modo da zabumba, com uma baqueta fina na membrana inferior.

Partitura 4.34 – Bombo: maracatu rural

R L R R L R

4.5 Samba: chocalho, tamborim, agogô, caixa e surdo

Depois de uma imersão nos ritmos da região de Pernambuco, vamos ao estudo da música do samba, que ocorre de forma mais dispersa pelo Brasil. O samba tem o pandeiro como um de seus principais representantes, porém, esse instrumento será trabalhado em detalhes no próximo capítulo. Os instrumentos escolhidos para essa seção compõem uma formação básica de percussão do ritmo. Contudo, há uma vasta quantidade de possibilidades para essa formação, a depender do estilo e da região do país.

4.5.1 Chocalho

No samba, o chocalho contém uma célula rítmica consideravelmente diferente dos ritmos de Pernambuco analisados anteriormente. A acentuação não ocorre mais no contratempo, e sua forma de execução é desprovida de balanço lateral, sendo a agitação desferida com movimentação somente para frente e para trás.

Figura 4.18 - Chocalho

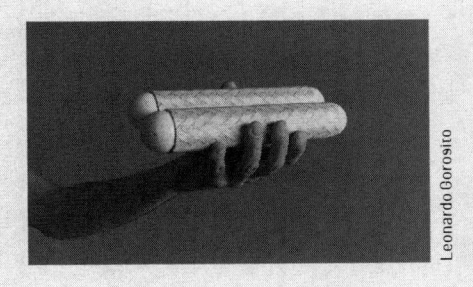

Leonardo Borosito

Observe na Partitura 4.35 a sua notação:

Partitura 4.35 - Chocalho: samba

É importante destacarmos as similaridades das células rítmicas, pois assim a memorização dos ritmos se torna mais fácil – perceba como os padrões conversam entre si. Nesse caso, a acentuação do chocalho de samba é idêntica à do tarol do maracatu rural; no entanto, a diferença reside no modo de execução: o primeiro é por agitação, e o segundo, por golpe.

> **Hora do ensaio**
>
> Para uma interpretação genuína do ritmo de samba no chocalho, volte sua atenção à maneira como a nota normal se difere da acentuada. Além da questão da intensidade, a diferença está relacionada principalmente ao timbre. Na nota normal, as sementes internas percutem de forma mais espalhada no corpo do recipiente, gerando um som pouquíssimo mais prolongado, mas extremamente necessário para que seja distinguido da nota com acento. Por consequência, a nota acentuada deve emitir um som mais seco, pois as sementes são arremessadas em um movimento mais abrupto. Nessa perspectiva, você deve manter uma distinção constantemente perfeita entre os dois sons, o que acarretará uma execução satisfatória do instrumento.

4.5.2 Tamborim

Um dos menores tipos de tambores existentes na percussão, o tamborim é um instrumento importantíssimo do samba, principalmente no estilo de samba-enredo. No entanto, discorreremos aqui sobre a maneira básica de execução em sambas de andamento médio e lento. Neles, o tamborim pode ser executado tanto com uma baqueta de caixa quanto com os dedos.

Figura 4.19 - Tamborim

A seguir, apresentamos um exemplo de célula rítmica tradicional do tamborim (Partitura 4.36):

Partitura 4.36 – Tamborim

A partitura apresenta duas linhas de notas que representam sonoridades e funções musicais completamente distintas do tamborim. Acima da linha estão as notas que devem ser executadas na pele pela mão dominante. As notas com cabeça em "x" traduzem uma das principais características do estilo de samba no instrumento: são pequenos toques desferidos pelo dedo médio da mão que sustenta o tamborim. Assim, trata-se de sons de preenchimento rítmico com dinâmica bastante inferior à voz principal, os quais fornecem o suingue necessário à levada.

Se ligue no batuque!

O lugar de toque ideal, seja com o dedo, seja com a baqueta de caixa, é na extrema borda, em que o instrumento emite harmônicos agudos, e não no centro da pele. A célula rítmica é composta por notas simples e duplas, sendo que todas as semicolcheias dos dois compassos são preenchidas com a combinação das duas vozes. Sob essa ótica, é importante se ater a um importante elemento do fraseado: quando notas duplas ocorrem, é preciso dar suporte à segunda nota. Essas notas duplas podem ter a mesma dinâmica, mas nunca a primeira deve ser mais forte que a segunda.

Só as melhores

Ouça uma *performance* de uma percussionista tocando tamborim:

THALITA SANTOS. **Exercícios para tamborim #1**: Samba I. Disponível em: <https://www.youtube.com/watch?v=h1blZ2NMOm8>. Acesso em: 27 ago. 2020.

Existe uma característica interessante no padrão rítmico do tamborim que deve ser observada com atenção pelo percussionista, a qual está relacionada à melodia da canção que o instrumento acompanha. Por vezes, é possível que o ritmo se adéque mais apropriadamente à música começando a partir do segundo compasso. Isso porque as canções de samba apresentam o que é chamado por alguns percussionistas de "clave", que diz respeito à forma de acentuação escolhida pelo compositor na canção, sendo que, muitas vezes, essa escolha é feita intuitivamente.

> **Em alto e bom som**
>
> O termo *clave* é emprestado do ritmo de salsa, no qual ocorre o mesmo fenômeno musical de deslocamento de acentuação, fazendo o percussionista que executa o instrumento propriamente dito da clave se adaptar ao lugar correto de início da frase.

4.5.3 Agogô

Assim como no tamborim, a célula do agogô precisa estar adequada à acentuação da canção que acompanha.

Figura 4.20 – Agogô

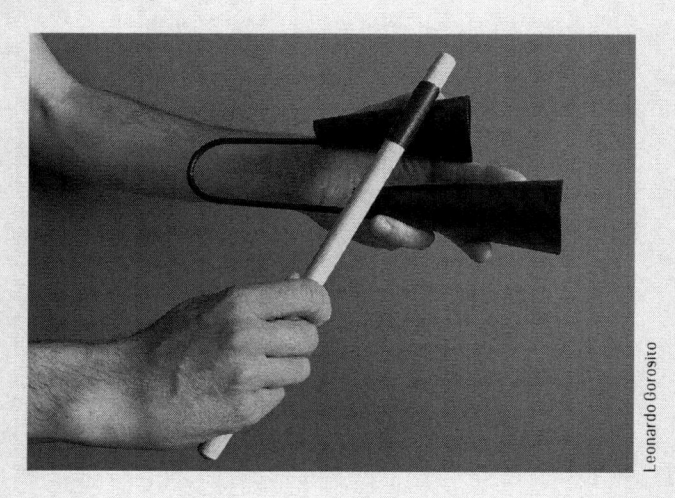

Leonardo Gorosito

Na Partitura 4.37, a seguir, apresentamos sua célula rítmica básica, mas, agora, começando em um local distinto.

Partitura 4.37 – Agogô

O som do agogô, com as campanas um pouco abafadas, normalmente é mais apropriado para a execução de samba. Para isso, o percussionista deve sustentar o instrumento com o dedo indicador entre as duas campanas, o dedão em contato com o sino superior e o restante dos dedos apoiados na campana inferior. Variando a pressão dos dedos sobre o instrumento, o músico consegue regular a quantidade de abafamento empreendido – normalmente, um meio-termo entre abafado e solto.

4.5.4 Caixa

Existem inúmeras células de samba que podem ser executadas na caixa. A levada básica apresentada na Partitura 4.38, na sequência, é eficaz em diversos andamentos, desde canções de média velocidade a sambas-enredos do carnaval.

Figura 4.21 - Caixa

Partitura 4.38 - Caixa: samba

4.5.5 Surdo

O surdo é um instrumento importantíssimo no samba, pois está diretamente ligado ao pulso da música, preenchendo as regiões de frequência grave. Normalmente, são os músicos mais experientes que atuam nesse instrumento, aqueles com precisão e firmeza rítmica muito bem estabelecidas.

Figura 4.22 - Surdo

Nathalie Lieckfeld / ImageBROKER / Glow Images

Sua célula rítmica básica é responsável pela principal síncope do samba. Na teoria musical, em um compasso binário de 2/4, o primeiro tempo é o mais forte na hierarquia rítmica. O samba, pelo contrário, faz do segundo tempo o mais importante, conferindo-lhe um acento fixo e predominante. Dessa maneira, a função do surdo é, justamente, deslocar o ponto de apoio de lugar, quebrando com as convenções preestabelecidas pelo sistema musical, o que gera o tão genuíno "requebrado" desse ritmo brasileiro.

Hora do ensaio

Quanto à técnica de execução do instrumento, você deve utilizar a mão dominante para, com a baqueta, desferir os golpes, e, com a outra mão livre, somente controlar os abafamentos da pele. A baqueta deve ter a cabeça macia, dando ênfase à emissão de sonoridade grave e reverberante. Você pode escolher o centro da pele para executar os golpes abertos, e a borda para os toques fechados. No entanto, também é comum que o golpe fechado seja desferido no meio da membrana, dependendo do gosto do músico. Um exemplo de interpretação do surdo no samba se encontra na Partitura 4.39, a seguir.

Partitura 4.39 – Surdo: samba

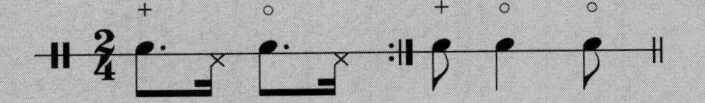

Nesse exemplo, o primeiro compasso apresenta a célula rítmica básica, e o segundo, uma virada tradicional do instrumento.
A nota de cima representa os toques com a baqueta, e as pequenas notas em "x", abaixo da linha, indicam os toques de abafamentos da membrana.

De maneira geral, espera-se que o surdo permaneça o máximo possível estável durante as canções, com poucas variações da célula, gerando uma base firme de apoio ao restante dos instrumentos. A variação sugerida na partitura pode ser efetuada principalmente em transições, entre grandes partes da música, ou no momento de entrada ou saída do surdo no arranjo.

▷▷ Resumo da ópera

Neste capítulo, elencamos algumas manifestações populares do Brasil, assim como células rítmicas básicas dos instrumentos de percussão que as compõem. Como forma de resumo, no Quadro 4.1 apresentamos os ritmos tratados no capítulo, seus andamentos mais comuns e os instrumentos utilizados (aqueles em parênteses não integram a família da percussão). É valido lembrar que a riqueza cultural do Brasil não se encerra apenas nesses ritmos, pois muitas outras festas e celebrações ocorrem, cada uma com sua característica cultural específica.

Quadro 4.1 – Ritmos brasileiros

Ritmo	Subdivisões dos ritmos	Andamento aproximado em bpm	Instrumentos
Ritmos de forró	Xote	70	Zabumba, triângulo, agogô e chocalho
	Baião	86	
	Forró	106	
	Arrasta-pé	154	
Maracatu nação	–	110	Tarol, caixa de guerra, gonguê de uma campana, ganzá, xequerê e alfaia
Ciranda	–	98	Caixa, alfaia e ganzá
Frevo	Frevo de rua	160	Caixa e surdo (metais)
	Frevo-canção		
	Frevo de bloco		
Caboclinho	Perré	80	Preacas, caracaxá e bombo (inúbia – flauta)
	Baião	120	
	Guerra	160	
Cavalo-marinho	–	140	Pandeiro, mineiro e bage (rabeca)
Maracatu rural	–	180	Mineiro, gonguê duplo, tarol, bombo e poica (metais)
Samba	–	–	Chocalho, tamborim, agogô, caixa e surdo

Teste de som

1. A síncope do baião, referida por estudiosos como a célula-mãe dos ritmos brasileiros, tem sua acentuação principal em qual nota do compasso 2/4?
   a) Na primeira nota do primeiro tempo.
   b) No contratempo do primeiro tempo.
   c) Na quarta semicolcheia do primeiro tempo.
   d) Na segunda nota do segundo tempo.
   e) Na ultima colcheia do compasso.

2. Considerando os dois tipos de maracatu presentes no Brasil, assinale a alternativa **incorreta**:
   a) O maracatu de baque virado contém instrumentos de sopro.
   b) O maracatu nação é executado em um andamento mais lento que o maracatu rural.
   c) O Caboclo de Lança é um personagem importante do maracatu de baque solto.
   d) O xequerê faz parte dos instrumentos do maracatu nação.
   e) O maracatu rural ocorre em Alagoas, e o maracatu nação, em Pernambuco.

3. Indique a seguir a alternativa que apresenta um instrumento que contém uma levada básica, com acentos no contratempo, utilizada nos ritmos de baião, forró, maracatu nação, ciranda e maracatu rural:
   a) Ganzá, ou mineiro.
   b) Alfaia.

c) Zabumba.

d) Caracaxá.

e) Honguê.

4. À qual família de instrumentos pertence a bage, utilizada pelo banco do cavalo-marinho?
   a) Membranofones.
   b) Raspadores.
   c) Teclados.
   d) Tambores.
   e) Chocalhos.

5. Marque a alternativa que contém um instrumento normalmente executado por percussionistas experientes, de sonoridade grave e que é utilizado tanto no frevo como no samba:
   a) Ganzá.
   b) Tarol.
   c) Poica.
   d) Surdo.
   e) Tamborim.

Treinando o repertório

Pensando na letra

1. Existe alguma manifestação popular na região onde você mora? Se sim, ela utiliza instrumentos de percussão?

Quais são eles? Como podem ser classificados? Como são executados – por baqueta ou com as mãos? Caso na sua região não exista uma manifestação dessa natureza, você poderá pesquisar alguma manifestação de seu interesse para fazer as verificações propostas.

2. Quando você estiver escutando música nacional ou internacional, procure observar se a canção faz uso da célula rítmica básica do baião. Provavelmente, você se surpreenderá com a quantidade de músicas que fazem uso do acento na quarta semicolcheia.

Som na caixa

1. Reescreva, com lápis e papel, as células rítmicas citadas neste capítulo. Essa atividade é uma das melhores maneiras de memorizar os ritmos.

Capítulo 5

PERCUSSÃO BRASILEIRA II: PANDEIRO ESTILO BRASILEIRO

Primeiras notas

No Brasil e no mundo, há uma infinita quantidade de instrumentos de percussão. Então, por qual razão, neste livro, o pandeiro é o único com um capítulo inteiro exclusivamente dedicado ao seu estudo? A resposta a essa pergunta se encontra especialmente no fato de o instrumento carregar uma característica singular: **possuir uma sonoridade completa**.

Pela sua técnica de execução e forma como é composto, o pandeiro é capaz de emitir sonoridades de frequências grave, média e aguda, além de vários tipos de toques, com funções e timbres bastante distintos. Se o compararmos com a bateria, que é talvez o instrumento mais completo de acompanhamento rítmico que conhecemos, as funções principais dadas por bumbo, caixa e chimbal (*hi-hat*) se fazem presentes também no pandeiro (em suas devidas proporções), respectivamente com o grave da borda da pele, o tapa no meio da membrana e as platinelas.

Membranofone e idiofone de altura indefinida, que entra em vibração por meio de golpe e agitação, o pandeiro pode ser composto por pele animal ou sintética, de tamanhos que normalmente variam entre 8 e 12 polegadas. Conta geralmente com uma única linha de platinelas, variando entre 5 a 7 exemplares acoplados em sua armação. É muito importante que o aluno, na medida do possível, adquira o instrumento para a prática diária. O tipo de pandeiro ideal indicado para o estudo é de 10 polegadas, com pele animal e contendo cinco platinelas na sua estrutura de madeira. A partir da regulagem das chaves, o aluno pode afinar a membrana em uma região média-grave, possibilitando a execução apropriada de todos os ritmos que serão estudados neste capítulo.

Figura 5.1 – Pandeiro

Stefan Rotter/Shutterstock

5.1 Técnica básica: toques da mão direita e o samba

Antes de iniciarmos propriamente o estudo da técnica do pandeiro, vamos tratar brevemente de certas características desse instrumento. Utilizado em ritmos por todo o território nacional, o pandeiro integra a capoeira, acompanha repentistas, é utilizado no forró, coco, cavalo-marinho, frevo, além de vários estilos de samba, como choro, partido alto, pagode e samba de roda.

Figura 5.2 - O pandeiro na cultura musical brasileira

Fred S. Pinheiro/Shutterstock

No Rio de Janeiro, o pandeiro alcançou um grande desenvolvimento a partir da profunda pesquisa do músico **Marcos Suzano**, que criou novas possibilidades no instrumento, expandindo-o para outras áreas e ritmos não tradicionais, como o *funk*. A partir do uso de uma amplificação específica, Suzano tornou o pandeiro capaz de obter extrema potência sonora, adaptando o microfone diretamente ao corpo do instrumento e aproximando-o principalmente da pele. Também criou e desenvolveu alternativas de tipos de toques, como a emissão do grave da membrana com os dedos médio e anelar, função antes dada particularmente ao dedão.
Ao lado do cantor pernambucano Lenine, lançou o álbum *Olho de peixe*, que rapidamente se transformou em uma referência de sonoridade para quem estuda o instrumento. Marcos Suzano foi inspiração para diversos pandeiristas que atuam profissionalmente no Brasil e no mundo, como é o caso de **Bernardo Aguiar**, membro do surpreendente Pandeiro Repique Duo, um grupo com formação instrumental peculiar, como o nome já evidencia.

Acompanhado no repique por Gabriel Policarpo, o duo explora as possibilidades tímbricas dos dois instrumentos de percussão, em composições próprias de muita virtuosidade, musicalidade e coesão de discurso.

Agora, sim, daremos início à técnica de execução do pandeiro de estilo brasileiro, começando com os detalhes de como sustentar o instrumento. É na parte da armação, que não contém platinela, que se deve segurar o pandeiro com a mão esquerda, uma região que normalmente contém um orifício na parte central. No estilo tocado pelos repentistas, é comum que o instrumento seja dependurado pelo dedo nesse orifício; porém, na escola moderna, isso não se aplica.

Sob essa ótica, três pontos de apoio devem ser observados: o primeiro é formado pelo dedão, que, dobrado fica em contato com o aro e a pele; o segundo se refere à palma da mão apoiando-o na base inferior da armação; e o terceiro diz respeito à ponta dos dedos na parte interna da estrutura. Nos primeiros dias, a posição de segurar o pandeiro pode parecer desconfortável, ocasionando dores brandas. Por isso, é importante fazer pausas no estudo, a fim de descansar a mão. Durante a execução do

Figura 5.3 - Pontos de apoio do pandeiro

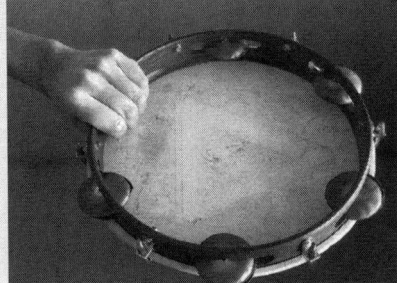

Leonardo Borosito

pandeiro, o maior esforço sem dúvida é feito pela mão que o sustenta, pois suporta todo o seu peso. É justamente nessa mão que se deve cuidar para não desenvolver qualquer tipo de lesão.

O percussionista deve segurar o pandeiro em uma posição logo abaixo do umbigo. A pele do instrumento não deve permanecer absolutamente plana, mas, sim, um pouco inclinada, com o pulso rotacionando ligeiramente para a direita. É muito comum que o iniciante eleve o instrumento à altura do peito, o que não deve ocorrer, pois tensiona ombros e braços. Assim, é preciso se vigiar para manter o pandeiro sempre a uma altura baixa, com os músculos relaxados.

A seguir, vamos nos familiarizar com os três tipos de toques principais do pandeiro, cada um com uma sonoridade distinta, que compõem uma levada de samba simples.

5.1.1 Golpe do dedão

O primeiro é o **golpe do dedão**, que deve ser desfeito na borda do pandeiro, em um ponto da pele entre o centro e o aro. Para extrair o som exato do grave, é preciso desferir um tipo de golpe diferenciado, chamado de *whip stroke*, ou seja, *golpe de chicote*.

Figura 5.4 - Toque "golpe do dedão"

Leonardo Gorosito

Hora do ensaio

Imagine que a ponta do seu dedão é a ponta de um chicote e procure imitar o movimento desse objeto com o braço e a mão. Como em uma onda, o movimento começa no cotovelo, passa para o antebraço, o pulso, a mão e, finalmente, o dedão. O golpe de chicote concentra toda a energia do movimento para ser dispensada no momento em que o dedão atinge a membrana. Obviamente, é impossível realizar essa grande movimentação todas as vezes em que o dedão executar uma nota, mas, especialmente no início, você deve ter esse princípio constantemente em mente. Trata-se de uma maneira de o dedão ter o menor tempo possível de contato com a pele do instrumento – exatamente ao contrário do *dead stroke*, um tipo do toque que abafa a pele. A parte principal do polegar que atinge a membrana é seu osso central, ou seja, a articulação logo após a unha.

5.1.2 Junção dos dedos

O próximo toque é realizado pela junção das pontas dos dedos indicador, médio, anelar e mínimo, a qual chamaremos de **dedos**. Nesse toque, o dedo mínimo, por vezes, não atinge a membrana, porém sempre constituirá a formação do golpe. Com a mão em forma de concha, a ponta dos dedos deve percutir na borda da pele, acima do lugar de toque do dedão, e após o golpe os dedos não devem permanecer em contato com a membrana.

5.1.3 Toque do punho

Por fim, o último é o **toque do punho**, que atinge o aro do pandeiro abaixo da região do dedão. É chamado de *punho* porque o local que entra em contato com o aro se refere à parte inferior da palma da mão. O formato de concha permanece, assim como no golpe com os dedos. Em termos de timbre, a sonoridade dos dedos é similar à do punho, mas a segunda é ligeiramente mais acentuada que a primeira, pois além de utilizar uma parte mais corpulenta da mão, também atinge diretamente a região da armação que está logo acima das platinelas.

Figura 5.5 - Toque do punho

Leonardo Gorosito

Observe, na Partitura 5.1, a seguir, um padrão básico de samba com o emprego dos três toques recém-descritos:

Partitura 5.1 – Pandeiro: samba I

dedos
dedão
punho

80 bpm (semicolcheia) -
50 bpm (semínima)

Em relação à notação da partitura, o dedão se encontra abaixo da linha, os dedos ficam acima, e o punho no centro, sendo que, com o objetivo de facilitar a leitura, as cabeças de nota dos toques de acompanhamento são menores – no caso, dedos e punho. O aluno deve praticar o padrão em um andamento bastante lento, começando a 80 bpm a semicolcheia, até decorar a movimentação da mão direita, para, então, acelerar o andamento paulatinamente, até alcançar por volta de 50 bpm em semínima.

Na Partitura 5.2, temos a introdução do toque conhecido como *tapa*. Repare como o tapa se encontra no exato local da acentuação do baião.

Partitura 5.2 – Pandeiro: samba II

O tapa representa o toque mais acentuado do pandeiro, pois tem a frequência mais aguda e penetrante. Ele é realizado com a mão aberta percutida no meio da membrana. A ponta dos dedos conduz o movimento, os quais, após atingirem a pele, permanecem em contato com ela, configurando um tipo de toque *dead stroke*. É difícil executá-lo em dinâmica fraca, já que o golpe requer velocidade para que o som extraído da membrana seja de característica estalada e extrema aguda.

Figura 5.6 - Tapa

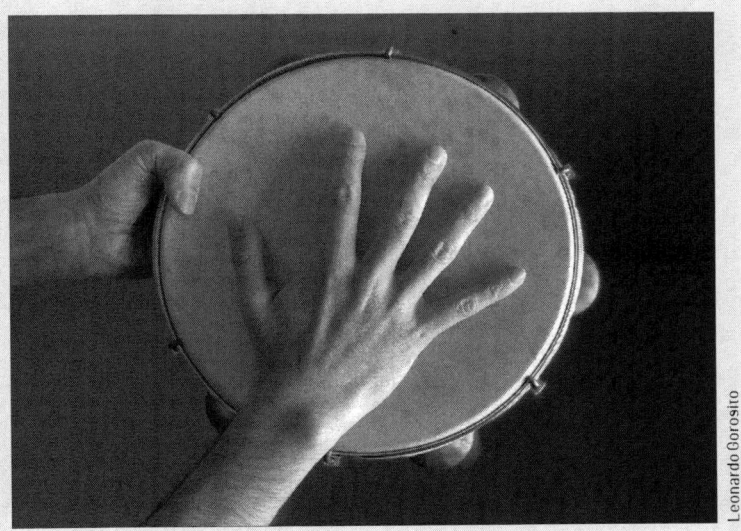

Leonardo Gorosito

Outra diferença dessa célula para a da partitura anterior é que a última nota do compasso também deve ser realizada pelo dedão. Isso significa que a levada terá dois toques de dedão repetidos. Para executá-los, é apropriado utilizar a rotação do pulso, e não o movimento vertical da mão. Essa rotação cria uma espécie de versão diminuta do toque de chicote, arremessando o dedão em direção à pele.

Se ligue no batuque!

A escola do pandeiro moderno não utiliza a repetição de toques com frequência; pelo contrário, procura evitá-la. Entretanto, existem estilos em que a repetição é parte da linguagem do instrumento, como no caso do samba de roda e do partido alto.

> Nesses estilos, normalmente um pandeiro de pele sintética é utilizado, com a afinação bastante aguda, e os pandeiristas tradicionalmente desferem não só dois, mas, por vezes, oito toques seguidos com o dedão, mesmo em andamentos bastante acelerados.

Um tipo de toque feito no pandeiro que costuma chamar muita atenção dos espectadores é o rulo. Assim como no pandeiro sinfônico, ele pode ser feito de duas maneiras: por **fricção** ou por **agitação**. No pandeiro brasileiro, no entanto, o rulo por fricção é mais frequentemente utilizado, sendo até mesmo inserido em levadas. Assim, pode ser um recurso valioso em variações das células, criando considerável interesse rítmico. Como aprender a rular com o dedo no pandeiro? Vamos indicar um passo a passo para desenvolver essa habilidade.

Hora do ensaio

1. Passe cera de abelha ou vela na membrana, aumentando assim o nível de atrito.

2. Em seguida, escolha o dedo médio para executar a fricção na pele e umedeça-o com um pouco de saliva.

3. Posicione-o formando um ângulo de 90° com a pele, deixando todos os dedos da mão esticados e bastante rígidos.

4. Para se alcançar o efeito do rulo, o segredo está no momento em que o dedo encosta na pele. No começo do aprendizado, é importante que a primeira nota seja percutida, e não iniciada com fricção. Para facilitar esse primeiro golpe, deixe a mão

direita imóvel e, com a mão esquerda, direcione o instrumento rapidamente contra o dedo médio.

5. Após o contato da membrana com a mão, finalmente execute a fricção do dedo sobre a pele. Comece com rulos de duração curta, de uma colcheia, traçando um linha reta, e procure alongar o tempo até conseguir executar uma volta completa pela pele, com um movimento circular.

6. Experimente outros dedos, como o polegar e o anelar. Pandeiristas profissionais são capazes de realizar um rulo contínuo, sem interrupções, a partir do desenho de um oito (ou infinito) do dedo sobre a membrana. Enfim, o rulo no pandeiro é uma habilidade que exige muito treino, porém, uma vez assimilada, torna-se uma ferramenta de frequente uso.

5.2 Técnica básica: mão esquerda e estilos de samba e capoeira

Além de sustentar o instrumento, a mão esquerda do pandeirista desempenha funções muito importantes. Essas funções são essenciais ao estilo do pandeiro brasileiro e devem ser observadas com muita atenção pelo aluno. Para o próximo exercício (Partitura 5.3), vamos inserir um desses elementos, importantíssimo na levada de samba. Trata-se do **abafamento da membrana**, efetuado pelo dedo médio da mão esquerda pressionando a pele. O abafamento permite que o grave do pandeiro funcione como o surdo, tornando o segundo tempo mais acentuado e reverberante que o primeiro. Existem técnicas que efetuam o abafamento da pele com a pressão do polegar da mão que sustenta o instrumento. Essa maneira, porém, traz uma sonoridade diferenciada, trabalhando mais em função da elevação da altura da nota, e não exatamente abafando a pele. Tal diferenciação das técnicas é positiva, pois ambas podem ser incorporadas pelo pandeirista, que deve utilizá-las de acordo com o objetivo musical pretendido.

Figura 5.7 - Abafamento da membrana

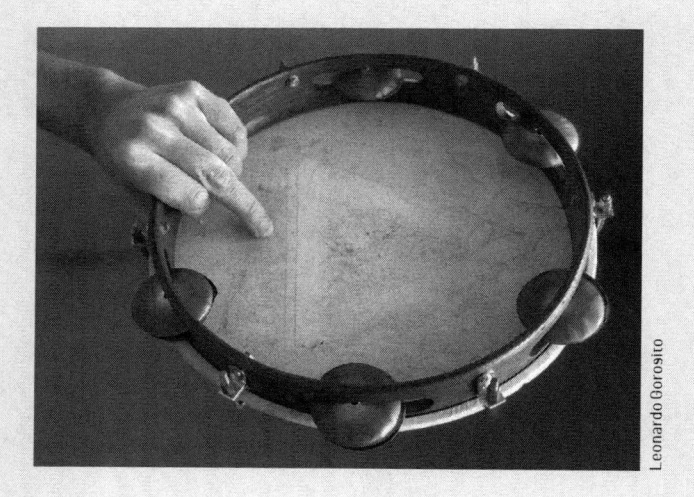

Leonardo Gorosito

Partitura 5.3 - Pandeiro: samba III

Hora do ensaio

Apesar de os sinais de abafado (+) e solto (o) estarem sobre a nota do dedão, no caso do samba, a pele deve permanecer abafada durante todas as quatro primeiras notas e ser solta para o grupo do segundo tempo. Não é preciso aplicar força; logo, um leve toque é o suficiente para que apenas interrompa a vibração da membrana. Nas situações em que o abafamento não é utilizado, o dedo médio deve se manter junto com os outros dedos, apoiado na armação. Aplique o abafamento também na segunda levada básica de samba proposta anteriormente.

A próxima função da mão esquerda contribui principalmente no suingue e balanço da levada de samba. Nela, em vez de o pandeiro permanecer estático, uma combinação do movimento de rotação do pulso com a elevação do braço deve ser empreendida. Dessa maneira, além de facilitar a execução dos toques da mão direita, as platinelas se deslocam para cima e para baixo, adicionando sua sonoridade também por meio da agitação.

Hora do ensaio

Seguindo a indicação da Partitura 5.4, a seguir, mova o pandeiro na direção dos dedos na segunda nota e, depois, na direção do punho na terceira nota. No momento em que o punho percute o aro, o instrumento já se reposiciona em seu ponto inicial.

Partitura 5.4 – Pandeiro: samba IV

Por enquanto, a movimentação do pandeiro está relacionada somente com as notas do meio de cada grupo de semicolcheias. Principalmente na quarta nota, procure deixar o instrumento imóvel. No entanto, há uma outra abordagem em que você pode direcionar a pele ao encontro dos dedos também na quarta nota de cada grupo. Isso acarretará um balançar contínuo ascendente e descendente do instrumento durante a levada. Assim, você pode praticar as duas maneiras, expandido seu repertório de possibilidades.

Com o objetivo de auxiliar o desenvolvimento do conceito de movimentação da mão esquerda, há um exercício interessante que indicamos a seguir.

Hora do ensaio

Execute uma nota com os dedos e outra com o punho repetidamente, porém, sem movimentar a mão direita; em vez disso, desfira os golpes a partir da rotação do pandeiro para cima e para baixo. Isso ajudará a despertar a percepção de que a sonoridade ideal do instrumento é alcançada pela combinação do uso das duas mãos. Muitas vezes, é o pandeiro que caminha na direção da mão direita, e não o contrário. Tal exercício está representado na Partitura 5.5, a seguir:

Partitura 5.5 – Pandeiro: exercício de dedos e punho

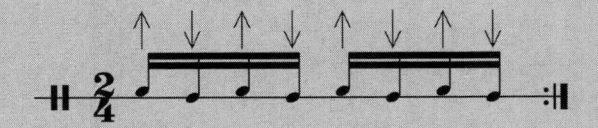

Para que as diferenças de sonoridades sejam claramente percebidas, aconselhamos que você execute esse exercício de três modos distinto:

1. Desferindo os golpes somente com a movimentação da mão direita, sem qualquer deslocamento do instrumento.

2. De forma oposta, somente balançando o instrumento, com a mão direita firme, mas estática.

3. A terceira, com a combinação do movimento das duas mãos.

Desse modo, perceba que cada versão cria um um tipo de efeito sonoro. Quando os golpes da mão direita são desferidos isoladamente, o som das platinelas se mantém bem articulado, mas sem muita intensidade. Quando o exercício é feito unicamente por meio da movimentação do pandeiro, a sonoridade foca no chacoalhar das platinelas. Por último, a combinação das duas ações intensifica consideravelmente o volume do instrumento, pois tanto o chacoalhar quanto o som articulado estão presentes. A junção dos dois movimentos, portanto, é um elemento fundamental para se alcançar maior volume sonoro, pois a energia da movimentação está dividida entre as duas mãos.

Uma vez que esse conceito foi assimilado, você pode executar as levadas de samba propostas até aqui administrando três elementos simultaneamente: **os toques da mão direita**, os **abafamentos do dedo médio** e a **movimentação do pandeiro com a mão esquerda**.

É interessante ressaltar que, principalmente no estilo partido alto, por uma série de razões, a movimentação da mão esquerda do pandeiro é quase ausente. Em primeiro lugar, porque o pandeiro geralmente utilizado é mais pesado, sendo maior em diâmetro e contendo mais chaves de afinação. Logo, movimentar o instrumento pode se tornar rapidamente cansativo. Outra razão se dá pelo fato de o estilo não ser constituído por preenchimento de semicolcheias, sendo caracterizado pelo uso quase exclusivo de toques do dedão e tapa. A esse respeito, vamos observar, na Partitura 5.6, uma levada de partido alto simples que pode ser executada somente com o esforço da mão direita.

Partitura 5.6 – Pandeiro: partido alto

Se ligue no batuque!

Uma maneira muito adequada de estudo do pandeiro brasileiro se dá por meio do uso de gravações. Com o **partido alto**, por exemplo, você pode buscar canções em diferentes andamentos e praticar a levada executando o pandeiro simultaneamente com a gravação. Além de tornar o treino do instrumento mais prazeroso, trata-se de uma maneira de conhecer músicas e artistas brasileiros, ampliando o repertório musical.

Outro ritmo que tem o pandeiro como instrumento importante em sua base rítmica é a **capoeira**. Uma das manifestações artísticas populares mais importantes do Brasil, a capoeira reúne dança, luta, poesia, história e música. As melodias puxadas pelo mestre, repetidas em coro por seus discípulos, também são acompanhadas por berimbau, atabaque, agogô e palmas.

Figura 5.8 - O berimbau

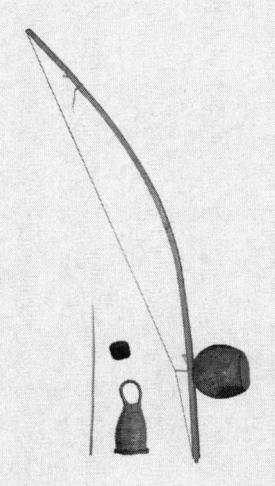

charnsitr/Shutterstock

A levada do pandeiro da capoeira muito nos interessa nesse ponto do aprendizado, pois contém uma espécie de mistura dos elementos do partido alto com a movimentação da mão esquerda da levada de samba. Observe a escrita da célula a seguir, na Partitura 5.7:

Partitura 5.7 – Pandeiro: capoeira

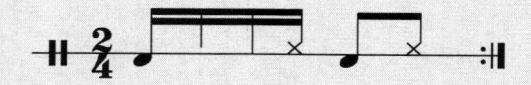

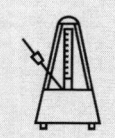

No ritmo da capoeira, o chacoalhar das platinelas ganha destaque executando isoladamente a segunda e a terceira semicolcheias do compasso, representadas na partitura pelas notas sem cabeça. As outras notas são desferidas pelo dedão e pelo tapa. Dentro da roda de capoeira, a música se adequa conforme o ritmo dos dançarinos ou lutadores. Portanto, os andamentos das canções podem variar de 60 a 130 bpm. Logo, o pandeirista precisa estar preparado para executar o padrão lentamente, mas, também, em velocidade rápida. O movimento da segunda e terceira notas pode ser executado tanto pela rotação do pulso esquerdo quanto pelo movimento de arremesso do pandeiro para cima. Ainda, uma terceira variação substitui os dois sons isolados das platinelas pelos toques dos dedos e do punho.

60 bpm-130 bpm

Seguindo com outros ritmos que podem ser executados no pandeiro, temos a **bossa nova**. Criada a partir da mistura principalmente do samba com o *jazz* norte-americano, trata-se de um gênero musical em que o pandeiro realiza raras aparições. No entanto, quando requisitado, uma levada de samba com articulações bastante claras, quase desprovida de movimentos da mão esquerda, pode ser a mais adequada. Dessa maneira, o acompanhamento rítmico limpo, seco e definido refletirá a sofisticação harmônica do *jazz*.

> ### Só as melhores
>
> Ouça uma bela *performance* do pandeiro no estilo bossa nova:
>
> CHEGA de saudade: Julio Lemos e Marcos Suzano. Disponível em: <https://www.youtube.com/watch?v=gaCoqEqWs1k>. Acesso em: 28 ago. 2020.

Apesar de ser um instrumento muito representado no carnaval das escolas de samba, o pandeiro atualmente não é utilizado na música do estilo de samba conhecido como *samba-enredo*. Por muito tempo, naipes de pandeiro integraram as baterias das escolas de samba, mas, com o passar dos anos, provavelmente pelo aumento da velocidade das canções, o instrumento foi caindo em desuso, já que manter a levada tão rápida por muito tempo é uma tarefa quase impossível. Atualmente, a utilização desse instrumento se tornou um atrativo visual na festa. Assim, por meio das acrobacias feitas pelos passistas, rodando-o sobre o dedo e arremessando-o para o alto, o instrumento participa do carnaval como objeto de malabarismo. No entanto, fora do contexto das escolas de samba, o pandeiro pode perfeitamente acompanhar canções de samba-enredo, pois seu timbre e suingue se adaptam perfeitamente ao estilo, bastando acelerar a célula do samba ao andamento da música. Nesse sentido, a dificuldade está em não atrasar o tempo. Para isso, o pandeirista precisa estar relaxado, executando a levada com a maior economia de movimento e energia possível.

5.3 Choro e seus subgêneros

O choro, ou chorinho, é um dos gêneros mais tradicionais da música popular brasileira. Seu estilo é fruto da fusão da rítmica afrodescendente com o requinte melódico-harmônico europeu. Para aqueles que desejam beber diretamente da fonte do choro, as gravações de **Jacob do Bandolim** são referências fidedignas desse tradicional estilo musical brasileiro. Bandolinista e compositor de diversos choros clássicos, Jacob foi fundador do conjunto Época de Ouro, o qual segue em atividade desde o período de sua fundação, na década de 1960.

Figura 5.9 - Conjunto de chorinho

Oriundo das festas de batuque, o pandeiro no início não era bem visto pelos músicos de sopros e cordas. Contudo, uma vez aceito como instrumento de acompanhamento rítmico, tornou-se rapidamente imprescindível na formação instrumental. Existem alguns subgêneros do choro, como a polca, a valsa, o maxixe e o conhecido *samba-choro*. A célula desse subgênero é similar à do samba, contendo variações de acordo com o estilo e o andamento da melodia. Em uma canção lenta, como "Carinhoso", de autoria de **Pixinguinha**, um dos maiores compositores de choro de todos os tempos, duas levadas podem ser utilizadas. Na primeira, há o conceito da repetição do dedão, e, na segunda, a utilização do recurso do rulo. Verifique as células demonstradas nos padrões a seguir, expostos na Partitura 5.8.

Partitura 5.8 – Pandeiro: choro I

Só as melhores

Ouça a música "Carinhoso", obra célebre de Pixinguinha:

CHORINHO (AULA GRATUITA): Carinhoso – Pixinguinha – cordas e música. Disponível em: <https://www.youtube.com/watch?v=o8REuaYP0GI>. Acesso em: 28 ago. 2020.

Na formação tradicional do choro, o pandeiro é o único instrumento de percussão. Por essa razão, a levada exposta na partitura recém-apresentada é apropriada, pois é conduzida pelo toque do dedão do pandeirista, valorizando as frequências baixas da pele. Além disso, pelo andamento lento da canção, a repetição do dedão se torna natural, sendo realizada com facilidade pelo percussionista, sem gerar tensão. A substituição da quarta nota do primeiro grupo de semicolcheias pelo toque dos dedos pode gerar uma diferença de timbre entre o primeiro e o segundo tempos, conferindo maior interesse ao padrão rítmico.

Observe como na Partitura 5.9, apresentada na sequência, o símbolo (+) fechado aparece na primeira, mas não na quarta nota. Isso significa que um símbolo permanece em efeito até que outro sinal se apresente. Trata-se de uma forma de manter a partitura mais limpa, isto é, sem excesso de informações.

Partitura 5.9 – Pandeiro: choro II

Nessa célula rítmica, o rulo de dedo é adicionado na segunda nota de cada grupo de semicolcheias. O uso do rulo é eficaz em andamentos lentos, pois preenche a levada, composta por sons curtos e espaçados, sendo esta uma das poucas maneiras de o pandeirista dilatar a duração do som do instrumento. O aluno também pode experimentar realizar rulos em momentos importantes da música, como em transições, com durações mais longas, por exemplo – com o tempo de uma colcheia ou maior.

120 bpm

Por seu turno, a **polca**, oriunda das danças europeias e um dos subgêneros do choro, é um ritmo de andamento moderado, por volta de 120 bpm, e com levada simples, conforme descrito na Partitura 5.10, a seguir:

Partitura 5.10 – Pandeiro: polca

Com base essa levada básica, o pandeirista, em momentos mais sonoros da música, pode variar alterando a nota dos dedos por tapas. Além disso, é possível repetir algumas vezes somente o primeiro compasso, em um trecho mais leve da polca. É importante ressaltar que polca, marcha e frevo são ritmos similares, todos de carácter celebrativo.

O primeiro ritmo com fórmula de compasso diferente de 2/4 sobre o qual discorreremos aqui é a **valsa**, demonstrando a predileção nacional pela característica binária simples da música. O choro-valsa pode ser executado no pandeiro conforme a escrita a seguir (Partitura 5.11):

Partitura 5.11 – Pandeiro: valsa I

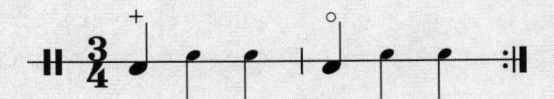

Observe como, apesar de apresentar um compasso 3/4 no choro, a valsa ainda prevalece com uma característica binária. O segundo compasso é valorizado pelo grave da pele do pandeiro, adicionando balanço à levada, assim como no samba. Conforme o temperamento da valsa, o pandeirista pode realizar variações de subdivisões, como mostra a Partitura 5.12:

Partitura 5.12 – Pandeiro: valsa II

> **Só as melhores**
>
> Veja um vídeo que demonstra o ritmo apresentado:
>
> COMO SERIA uma valsa no pandeiro? Disponível em: <https://www.youtube.com/watch?v=Kl6nrstGKBs>. Acesso em: 28 ago. 2020.

As subdivisões apresentadas podem ser utilizadas como floreios em diferentes lugares da música. Rulos também são muito bem-vindos, como no segundo tempo, com duração de mínima.

Para finalizar, o último subgênero de choro aqui descrito será o **maxixe** (Partitura 5.13), que contém parte da levada similar ao samba, mas uma diferença no segundo tempo do compasso que transforma o balanço do ritmo.

Partitura 5.13 – Pandeiro maxixe

Só as melhores

Ouça uma execução do pandeiro no maxixe:

MAXIXE. Disponível em: <https://www.youtube.com/watch?v=amn7p9pduYM>. Acesso em: 28 ago. 2020.

Pode parecer insignificante a alteração do segundo tempo do maxixe em relação ao samba. Entretanto, essa leve distinção confere ao ritmo uma característica mais vertical – na linguagem informal, diz-se "**puladinho**". Isso porque o ritmo é conduzido por acentos no contratempo do pulso, embora permaneça com todas as subdivisões em semicolcheias – resultado da mistura do samba com a polca.

Para o aluno que busca se desenvolver no pandeiro brasileiro, a **convivência com o choro é fundamental**. Além do aprendizado das células rítmicas, o choro oferece ao pandeirista a oportunidade de aprimorar a linguagem não só do próprio gênero, mas do universo musical popular brasileiro como um todo. Estudar o instrumento acompanhando gravações tradicionais e, principalmente, participar de rodas de choro são práticas que devem envolver o dia a dia do pandeirista em formação.

Dentro da roda de choro, um evento, acima de tudo, social, existem alguns aspectos importantes que devem ser observados.

Trata-se de um ambiente em que normalmente estão presentes músicos de idades diferentes, desde jovens a mais velhos, nos quais os mais experientes precisam ser respeitados em todos os sentidos. O músico novato deve gradativamente conquistar seu espaço, estreitando os laços de amizade e demonstrando seu respeito tanto pela tradição musical quanto pelo próximo, e para isso é preciso ter paciência.

Em alto e bom som

No choro, o pandeiro é um instrumento que cria uma teia rítmica, na qual a harmonia e, especialmente, a melodia vão elaborar seus movimentos de contorno. Não há, em qualquer circunstância, um momento em que o pandeiro tenha papel de destaque, atuando como solista, no qual lhe seja solicitado um maior volume sonoro ou virtuosismo por meio da complexidade de execução de floreios e variações. A ornamentação das células está restrita ao discurso musical e não pode perturbar a base fixa do ritmo. O pandeirista que distorce a teia de acompanhamento rítmico demonstra desconhecimento da tradição e da função do instrumento no choro.

Entretanto, o percussionista que pretende transcender esse universo, mas ainda sim conservar elementos da tradição, pode separadamente fazê-lo em um grupo distinto, de criação própria. Nessa nova formação, de proposta mais moderna e desconstruída da roda de choro, o pandeirista pode explorar novas possibilidades e as mais complexas permutações rítmicas, assumindo até o papel de solista principal do grupo, se for o caso. A roda de choro, no entanto, é um local de conservação coletiva do patrimônio imaterial centenário da cultura brasileira.

5.4 Outros ritmos

A seguir, conheceremos ritmos que são executados com bastante frequência no pandeiro dentro dos mais diferentes contextos: coco, ritmos de forró, marcha e frevo.

5.4.1 Coco

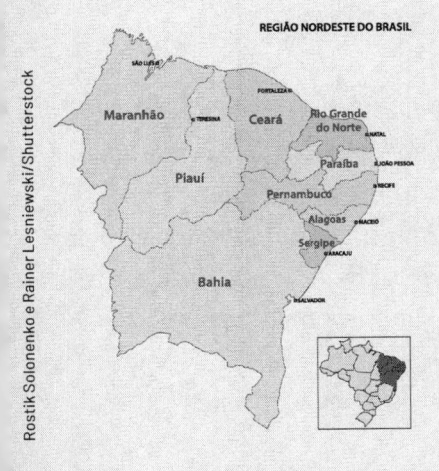

O coco é um folguedo que ocorre em todo o território nordestino, ganhando variações de estilo conforme a região. Essas diferentes manifestações do ritmo encontram pontos de convergência, representados na música, por meio de sua célula rítmica básica e, também, na dança, através do passo de umbigada. A acentuação principal do coco contém a célula rítmica básica do baião, com a valorização da síncope da quarta semicolcheia. O movimento da umbigada se dá quando dois bailarinos, em momentos pontuais da coreografia, encostam umbigo com umbigo, em uma brincadeira simbólica de conexão. No Rio Grande do Norte, é conhecido por *coco de zambê*, sendo tocado por tambores de mão e dançado freneticamente por passos acrobáticos e improvisados. Nas versões conhecidas como *coco de umbigada*, *coco de roda* e *coco de embolada*, em estados como Pernambuco, Paraíba e Alagoas, o pandeiro está sempre presente, normalmente acompanhado por ganzá, triângulo e um tambor grave, que pode ser uma alfaia, uma zabumba ou um surdo.

A seguir, vamos apresentar algumas levadas no pandeiro utilizadas por ritmistas de coco pelo Brasil.

Partitura 5.14 – Pandeiro: coco I

Observe como essa primeira célula básica de coco (Partitura 5.14) é bastante distinta do samba, pois contém dois ciclos iguais de três toques – dedão, dedos e punho –, sendo concluída com um tapa e uma nota de punho. A levada sem abafamentos da pele é bem característica ao estilo, principalmente no coco de embolada, em que o cantador improvisa rimas e simultaneamente executa o instrumento.

Frequentemente o coco contém uma frase complementar que pode tanto ser entendida como uma variação quanto como parte da levada fixa. Sua notação está representada na Partitura 5.15:

Partitura 5.15 – Pandeiro: coco II

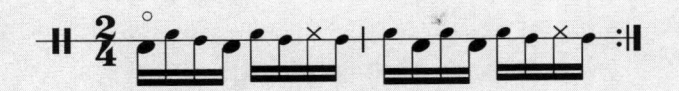

No segundo compasso dessa levada, a valorização da segunda semicolcheia, com uma nota do dedão, funciona como uma espécie de elemento surpresa. Em padrões de acompanhamento rítmico, as cabeças de compassos normalmente são ocupadas com uma nota de bastante presença sonora, mas nessa frase complementar do coco, pelo contrário, essa nota ganha um som de pouca intensidade, com o acento ocorrendo imediatamente na nota seguinte. Esse tipo de deslocamento do tempo forte do compasso cria um balanço ao ritmo tipicamente brasileiro. Tal levada também é comumente reproduzida pelo tambor grave – a alfaia, por exemplo.

Só as melhores

Ouça uma demonstração das variações apresentadas até aqui:

COCO. Disponível em: <https://www.youtube.com/watch?v=QuBLBASVFEc>. Acesso em: 28 ago. 2020.

Existe uma levada de coco de mesma sonoridade que utiliza uma sequência de golpes modificada, fazendo uso de um toque até então não trabalhado aqui. A escola moderna do pandeiro, que teve contribuição essencial do músico carioca Marcos Suzano, inventou uma alternativa de execução do som grave da pele. A necessidade da criação dessa segunda opção surgiu pelo fato de o pandeiro apresentar, por vezes, uma denominada sucessão de toques que, além de quebrarem com a fluidez do ritmo, são desconfortáveis para as mãos. Assim, executar, por exemplo, um tapa e, em seguida, o golpe dos dedos é antinatural, pois são duas notas desferidas com a mesma região da mão.

Outra sequência incômoda é dada pelo dedão seguido de punho, justamente a que levou à criação de outro caminho para emitir o som da pele. Em vez de utilizar o dedão, foi criada a opção de usar parte do toque dos dedos, mais especificamente os dedos médio e anelar, para executar o som grave da membrana. Dessa maneira, o osso do dedão da mão direita é substituído pela ponta macia dos dedos logo abaixo da unha. No início, essa é uma sonoridade difícil de extrair, pois a tendência é de que os dedos emitam um som agudo, ao contrário do pretendido. No entanto, depois de muito treino, os pandeiristas praticamente atingem a perfeita igualdade dos dois sons. Nessa perspectiva, é aconselhável que o aluno pratique o toque de grave com os dedos separadamente e, posteriormente, realize um toque do dedão e imediatamente busque o mesmo o som com os dedos. Existem pandeiristas que utilizam somente o dedo médio nesse tipo de toque.

Só as melhores

Assista a um vídeo que materializa o conteúdo tratado nesta seção até aqui:

GRAVE do bloco de dedos. Disponível em: <https://www.youtube.com/watch?v=QQAGTKPFjDE>. Acesso em: 28 ago. 2020.

Partitura 5.16 – Pandeiro: coco III

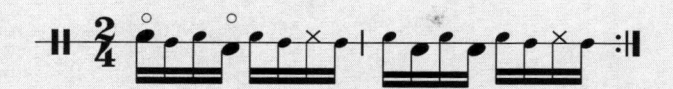

> **Se ligue no batuque!**
>
> Além de criar novas alternativas de movimentação da mão, o uso do grave com os dedos também possibilita que a mão esquerda se desloque regularmente para frente e para trás durante a levada. Quase todas as levadas de samba e choro começam com a primeira nota no dedão, mas na célula acima (Partitura 5.16) a levada se inicia com o toque dos dedos, representando uma quebra de um padrão estabelecido por muito tempo. É como executar o pandeiro com a levada transposta de lugar, já que o tempo forte está nos dedos. A utilização dessa configuração de sequências de golpes é interessante porque o dedão está sempre preparado, na fluidez do movimento, para tocar no contratempo das colcheias, ou seja, nas semicolcheias dois e quatro.

Para finalizar o ritmo de coco, apresentamos na Partitura 5.17 uma última opção de levada para ser usada como variação de padrão rítmico, fazendo uso do rulo de dedos. O som grave na última nota do compasso é executado pelos dedos, mas deve atuar como uma simples anacruse (figura que precede o primeiro tempo do compasso) para o primeiro tempo, sem muito protagonismo.

Partitura 5.17 – Pandeiro: coco IV

5.4.2 Ritmos de forró

Apesar de não participar da formação clássica do trio de forró, composto por triângulo, zabumba e sanfona, o pandeiro faz parte do grupo de principais instrumentos de percussão utilizados na dança do forró. Todos os ritmos, dos lentos aos rápidos, são extremamente idiomáticos ao pandeiro, com acentuações e características que se misturam à própria linguagem do instrumento. A seguir, vamos introduzir as células básicas de cada um, em ordem de andamento, do mais lento ao mais rápido, a começar pelo xote (Partitura 5.18).

Partitura 5.18 – Pandeiro: xote

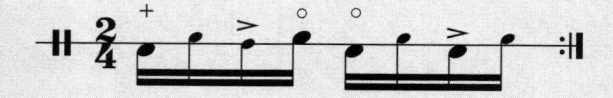

Muito similar ao toque do maxixe do choro, o xote no pandeiro concentra suas acentuações no contratempo do pulso, onde o bacalhau da zabumba vai efetuar suas notas principais. É importante salientar que, em versões modernas do xote, influenciadas pelo *jazz* e principalmente pelo *reggae*, a semicolcheia é conduzida com suingue. Isso significa que seus valores terão proporções distintas, em subdivisão de tercina, algo fácil e natural de aplicar no pandeiro.

Só as melhores

Ouça uma *performance* de xote no pandeiro:

XOTE. Disponível em: <https://www.youtube.com/watch?v=jE-E3jxUvAU>. Acesso em: 28 ago. 2020.

Partitura 5.19 – Pandeiro: baião

A diferença primordial entre o baião (Partitura 5.19) e o coco é dada pelo som abafado da primeira nota da célula rítmica, tanto no pandeiro quanto na zabumba. Apesar de essa distinção ser um mero detalhe, ela é capaz de gerar diferentes sensações ao ouvinte e, consequentemente, no corpo de quem dança o ritmo. Por isso, durante a execução do baião no pandeiro, o som abafado e solto da pele deve ser alcançado com a maior clareza possível.

Partitura 5.20 – Pandeiro: xaxado

O xaxado (Partitura 5.20) é um ritmo da família do baião, do coco e do forró, pois compartilha a mesma célula rítmica básica. Sua execução no pandeiro é conduzida pelo dedão, que deve desferir uma enérgica sequência de dois graves abafados e de um solto. Os acentos do punho, que antecedem os sons do dedão, são fundamentais para o balanço do ritmo.

Só as melhores

Ouça uma *performance* do pandeiro no xaxado:

XAXADO. Disponível em: <https://www.youtube.com/watch?v=C7ZkVjnJyHc>. Acesso em: 28 ago. 2020.

Partitura 5.21 – Pandeiro: forró

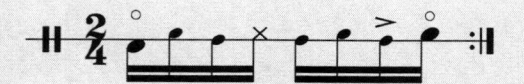

Comumente, o ritmo mais acelerado entre aqueles que contêm a célula rítmica do baião, o forró (Partitura 5.21) permite ao pandeirista adicionar o som da agitação das platinelas ao suingue da levada. O tapa na quarta semicolcheia é o maior diferencial da célula, harmonizando-se com o timbre do som da pele abafada da zabumba.

> ### Só as melhores
>
> Ouça uma *performance* do pandeiro no forró:
>
> APRENDA a tocar forró no pandeiro. Disponível em: <https://www.youtube.com/watch?v=Lo9oLGV0mgc>. Acesso em: 28 ago. 2020.

Por ser utilizado com mais frequência durante as Festas de São João, o arrasta-pé é pouco executado no pandeiro. Sua célula rítmica, como você pode constatar, tem grandes semelhanças com o frevo e a marcha. A exemplo do samba-enredo, ritmos muito velozes por vezes se tornam desafios para os pandeiristas, pois rapidamente fadigam os músculos. Duas opções de levadas, a primeira mais simples e a segunda mais complexa, adaptam-se perfeitamente ao instrumento, podendo ser utilizadas em conjunto, alternadamente.

Partitura 5.22 – Pandeiro: arrasta-pé I

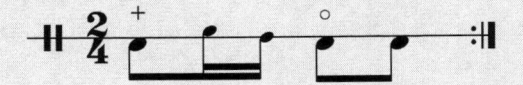

Esse simples padrão (Partitura 5.22) acompanha as articulações do grave da zabumba, com uma pequena passagem de dedos e punho. Por isso, é sempre importante que o aluno se lembre de economizar movimentos em andamentos rápidos, conceito fundamental no arrasta-pé.

A próxima levada (Partitura 5.23) é bem dinâmica, utilizando uma sequência de golpes inovadora, pertencente à escola moderna de pandeiro.

Partitura 5.23 – Pandeiro: arrasta-pé II

Nesse padrão rítmico, é interessante abafar a pele no primeiro tempo do primeiro compasso, mesmo sem a presença do som grave da pele, adicionando mais suingue à levada. Geralmente, nos mais diversos ritmos, realizar o tapa com a pele abafada é mais apropriado, concedendo-lhe um som seco e curto.

> **Só as melhores**
>
> Ouça uma *performance* do pandeiro no arrasta-pé:
>
> ARRASTA-PÉ no pandeiro. Disponível em: <https://www.youtube.com/watch?v=PP0q6IzKcbw>. Acesso em: 28 ago. 2020.

5.4.3 Marcha

O ritmo da marcha pode ser utilizado no pandeiro para acompanhar as marchinhas de carnaval, ao lado de instrumentos como caixa, surdo e chocalho. Sua rítmica simples se adéqua perfeitamente aos golpes do pandeiro, em uma combinação de frases do samba com a capoeira. É preciso que o aluno esteja atento ao primeiro som da célula rítmica (Partitura 5.24), composto por uma nota abafada do dedão, pois o padrão pode criar a ilusão de que o início se encontra no segundo tempo do segundo compasso. Saber exatamente a forma inicial de um ritmo é uma habilidade importante.

Figura 5.10 - Marcha

Leo Correa / AP Photo / Glow Images

Partitura 5.24 - Pandeiro: marcha

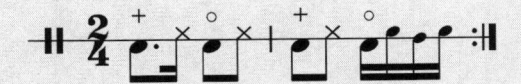

> **Só as melhores**
>
> Ouça uma *performance* do pandeiro na marcha:
>
> MARCHINHA. Disponível em: <https://www.youtube.com/watch?v=Sm3mg2XYn5I>. Acesso em: 28 ago. 2020.

5.4.4 Frevo

Apesar do seu andamento extremamente rápido, o frevo no pandeiro (Partitura 5.25) tem uma movimentação muito natural de ambas as mãos. Por isso, o esforço físico empregado não compromete a execução do ritmo. Existem dois tipos de sequência de golpes utilizadas por pandeiristas, sendo a mais comum quando o contratempo está presente nos dedos. As duas formas são eficazes e apresentam sonoramente um padrão bastante similar.

Partitura 5.25 – Pandeiro: frevo

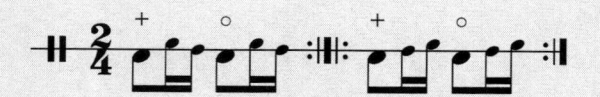

> **Só as melhores**
>
> Ouça uma *performance* do pandeiro no frevo:
>
> FREVO. Disponível em: <https://www.youtube.com/watch?v=owgr3_qRCGg>. Acesso em: 28 ago. 2020.

5.5 Ritmos adaptados ao pandeiro

Nesta última seção do capítulo, vamos trabalhar com técnicas consideradas avançadas no universo do pandeiro, as quais vão ainda mais adiante da escola moderna do instrumento. Além de apresentarmos células que adéquam ritmos em que o pandeiro originalmente não faz parte da instrumentação, discorreremos sobre novos toques e conceitos inovadores que ainda se encontram em desenvolvimento.

5.5.1 Maracatu nação

O pandeiro não compõe a formação instrumental da manifestação popular do maracatu nação. No entanto, na música popular brasileira, diversos artistas realizam um trabalho de resgate da cultura nacional e utilizam o ritmo em seu repertório. Como o pandeiro se adéqua perfeitamente ao sotaque dos baques do maracatu, a levada é frequentemente usada por pandeiristas das mais diversas formas. Uma delas, que se enquadra na escola moderna, é descrita na Partitura 5.26:

Partitura 5.26 – Pandeiro: maracatu nação I

> ### ♡ Só as melhores
>
> Ouça uma *performance* do pandeiro no maracatu:
>
> COMO TOCAR o maracatu no pandeiro. Disponível em: <https://www.youtube.com/watch?v=KAks9mSEPf4>. Acesso em: 28 ago. 2020.

Conduzida com os dedos sempre no primeiro tempo, essa levada confere ao dedão total liberdade para realizar os acentos extremamente sincopados da segunda semicolcheia, tão característico do maracatu nação.

Partitura 5.27 – Pandeiro: maracatu nação II

> ### ♡ Só as melhores
>
> Ouça um trecho próximo ao maracatu nação no seguinte vídeo:
>
> SILVA, W. **Maracatu no pandeiro**. Disponível em: <https://www.youtube.com/watch?v=4YVUFCfJZFM>. Acesso em: 28 ago. 2020.

Um trecho do padrão de caixa de guerra é adicionado a essa levada (Partitura 5.27), por meio do rulo de dedos no primeiro compasso. O maracatu no pandeiro não faz uso do abafamento da pele, porque analogamente as alfaias não realizam toque do tipo *dead stroke*, pressionando a pele com a baqueta.

Quando é adequado ao pandeiro um ritmo que não lhe pertence originalmente, não existem regras e levadas fixas. Basicamente, o pandeirista deve realizar a adaptação a partir da pesquisa das células, encontrando a melhor maneira de encaixá-las dentro da linguagem do pandeiro. No caso do maracatu, ritmos do gonguê, ganzá, xequerê, caixa e alfaia podem ser inseridos na levada de muitas maneiras, conforme a criatividade do músico. Nesse sentido, os baques executados pelas alfaias representam um material valioso para serem explorados no pandeiro. Utilizando o grave com o dedão e os dedos, o baque do martelo poderia ser adequado conforme a Partitura 5.28, a seguir:

Partitura 5.28 – Pandeiro: maracatu nação III

Só as melhores

Assista a seguir um vídeo que apresenta o ritmo citado:

ARAÚJO, T. **Aprendendo pandeiro com Túlio Araújo**: Maracatu Martelo. Disponível em: <https://www.youtube.com/watch?v=ZFck4wBPdFs&t=272s>. Acesso em: 28 ago. 2020.

5.5.2 Afoxé

Uma das possíveis adaptações do ritmo de afoxé no pandeiro utiliza um tipo de toque diferenciado que pode substituir o golpe do tapa. Com o dedão da mão direita, o pandeirista vai atingir exatamente o centro da pele, e não mais a borda. Outra diferença é que, em vez do osso da mão, toda a extensão do dedão entrará em contato com a membrana. O mesmo estilo de toque *dead stroke* do tapa será empregado. Como pode ser observado na Partitura 5.29, sua notação ocorre através de um "x" abaixo da linha, onde se encontra o posicionamento regular do dedão na partitura.

Figura 5.11 - Afoxé

Mauro Akiin Nassor/ Fotoarena

Partitura 5.29 – Pandeiro: afoxé I

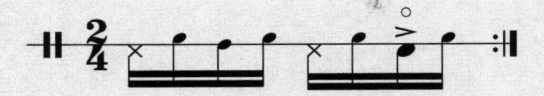

O *tapa com o dedão*, como o golpe costuma ser chamado, tem uma sonoridade menos estalada que o tapa comum. Assim, o pandeirista poderá optar por abafar a pele quando as notas do tapa ocorrerem, ajudando na diferenciação dos sons e no suingue da levada.

Uma segunda opção de sequência de golpes também pode ser aplicada ao ritmo do afoxé, como mostra a Partitura 5.30:

Partitura 5.30 – Pandeiro: afoxé II

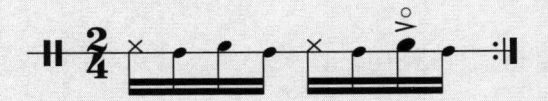

Essa segunda levada utiliza a região superior da mão para desferir as notas principais da célula. Sendo assim, o afoxé é um interessante objeto de estudo para o pandeirista compreender como a sonoridade de um ritmo pode ser alcançada com o uso de diferentes golpes e sequências de toques. Mas é preciso trabalhar continuamente para expandir esse repertório de possibilidades.

> **Só as melhores**
>
> Ouça uma *performance* do pandeiro no afoxé:
>
> AFOXÉ. Disponível em: <https://www.youtube.com/watch?v=Kg1uJelQtK8>. Acesso em: 28 ago. 2020.

5.5.3 Ciranda

A transposição do ritmo de ciranda pode ser realizada pela exploração de mais uma nova possibilidade de toque no pandeiro. Trata-se do toque direto na platinela, realizado com os dedos médio e anelar percutindo sobre o disco mais próximo à região dos dedos. Para representar essa sonoridade, é usada uma cabeça de nota contendo um traço diagonal (Partitura 5.31).

Partitura 5.31 – Pandeiro: ciranda

O pandeirista pode procurar desenvolver diferentes maneiras de executar as notas acentuadas, com o uso os dedos ou com uma combinação de tapas normais e com o dedão.

5.5.4 Barravento

Muito comum em manifestações religiosas de ascendência africana, o ritmo do barravento, por ter uma característica binária composta, pode acrescentar muito ao estudo do pandeiro. A subdivisão do pulso em três notas oferece uma dinâmica de movimentação inédita ao pandeiro, um instrumento que se desenvolveu no universo do compasso 2/4, com subdivisões pares.

Partitura 5.32 – Pandeiro: barravento

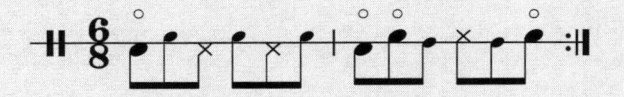

Aplicado dessa maneira descrita (Partitura 5.32), o barravento combina, em um único padrão, o uso dos toques da técnica moderna de pandeiro, como o grave com os dedos e o tapa com o dedão.

> **Só as melhores**
>
> Ouça uma *performance* do pandeiro no barravento:
>
> MATTHIAS HAFFNER. **Barravento on pandeiro**. Disponível em: <https://www.youtube.com/watch?v=F0salz5Vvf4>. Acesso em: 28 ago. 2020.

5.5.5 *Funk*

O *funk* certamente foi o ritmo internacional que serviu como carro-chefe para o desenvolvimento da escola moderna do pandeiro. Graças a ele, os percussionistas perceberam a incrível capacidade sonora do instrumento e sua tamanha flexibilidade em se adaptar aos mais variados estilos de música.

> ### Em alto e bom som
>
> É importante deixar claro que o *funk* aqui estudado não se refere ao chamado "*funk* carioca", mas, principalmente, ao estilo popular norte-americano.

Não existe limite para aplicar padrões de *funk* ao pandeiro, chegando ao ponto de que provavelmente cada pandeirista tem uma sequência de toques individual para executar o ritmo. As batidas de *funk*, sejam elas eletrônicas, sejam executadas acusticamente na bateria, têm um elemento em comum, refletido pelo acento de timbre marcante no segundo e quarto tempos do compasso 4/4. Excedendo esse ponto de convergência, o restante é uma questão de escolha de posicionamento na teia rítmica, principalmente dos graves da pele. Diante do exposto, apresentamos na Partitura 5.33 uma possibilidade simples de levada em andamentos moderados a aproximadamente 90 bpm.

90 bpm

Partitura 5.33 – Pandeiro: *funk* I

Só as melhores

Ouça uma *performance* desse gênero no pandeiro no vídeo a seguir:

BATIDA de pop no pandeiro. Disponível em: <https://www.youtube.com/watch?v=CVESe2fhcRE>. Acesso em: 28 ago. 2020.

126 bpm

Em andamentos acelerados, por volta de 126 bpm, uma levada com predominância de subdivisões em colcheia pode ser mais apropriada (Partitura 5.34).

Partitura 5.34 – Pandeiro: *funk* II

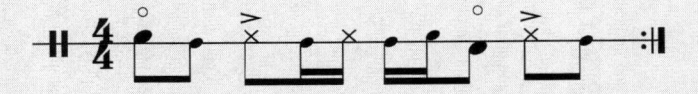

Só as melhores

Ouça uma *performance* desse gênero no pandeiro no vídeo a seguir:

POP/rock/balada. Disponível em: <https://www.youtube.com/watch?v=GX_bhJpAWpA>. Acesso em: 28 ago. 2020.

5.5.6 Possibilidades avançadas

Existe uma ideia, em desenvolvimento no Brasil, que consiste em um dispositivo que torna possível a execução do pandeiro sem o som das platinelas. O conceito desse sistema de abafamento dos discos tem o objetivo de fornecer ao pandeirista a possibilidade de escolher em quais momentos a membrana soaria isoladamente, sem a presença da sonoridade metálica das platinelas. Dessa forma, o instrumento se transformaria em um membranofone de pele simples ao gosto do pandeirista. Já existem vários tipos de dispositivos sendo utilizados, os quais, em sua maioria, são ativados pela mão que sustenta o pandeiro. Em sua forma mais simples, as platinelas são perfuradas, e através desses pequenos orifícios passam linhas, de náilon ou outro tipo resistente, que se encontram em um anel central abaixo da pele. Assim, o dedo médio, que normalmente é usado para abafar a membrana, ganha a função de puxar o anel, retraindo os fios a ele conectados e que, por consequência, prendem as platinelas, cortando sua possibilidade de vibração. Portanto, em uma rapidez considerável, tranquilamente em um tempo de semicolcheia, o pandeirista tem acesso ao som do couro do instrumento isoladamente.

Se ligue no batuque!

Outra possibilidade que vem sendo explorada, não só por pandeiristas, como também por professores e artistas em geral, é a movimentação corporal em sincronia com a execução do instrumento. Por ser totalmente portátil e conter uma extensa possibilidade de timbres, o pandeiro pode gerar um campo fértil para uma combinação de música com a movimentação de pernas, tronco e braços de quem o executa. Essa mistura pode ser usada como valiosa ferramenta para o ensino da música, mais especificamente do ritmo, por meio de exercícios que utilizam o andar e a movimentação corporal associados a variados padrões de subdivisões executados no pandeiro. Ainda, grupos que trabalham com aspectos lúdicos podem elaborar coreografias em que o instrumento é percutido em diferentes lugares do corpo, como joelho, braço, pé e cabeça, explorando a rica gama de sons do pandeiro, como rulo por agitação, rulo por fricção, tapa, grave, giro das platinelas, além das possibilidades de interação entre os artistas.

Sob essa ótica, no próximo capítulo, estudaremos em mais detalhes a movimentação corporal atrelada a outros instrumentos, abrindo a perspectiva do aluno para a capacidade interdisciplinar da percussão.

▷▷ Resumo da ópera

Neste capítulo, tivemos o pandeiro brasileiro como foco central. Primeiramente, demonstramos a maneira como ele deve ser segurado pela mão e, em seguida, apresentamos seus principais toques, listados no Quadro 5.1. Em seguida, elencamos uma grande variedade de ritmos que podem ser executados pelo pandeiro, aqueles nos quais ele é tradicionalmente integrado na formação instrumental (Quadro 5.2) e aqueles que foram transferidos da melhor forma para o instrumento (Quadro 5.3).

Quadro 5.1 – Tipos de toques do pandeiro

Dedos
Punho
Dedão – grave solto/abafado
Grave com dedos anelar ou médio – grave solto/abafado
Som da platinela com a mão esquerda
Rulo de dedos (polegar, indicador, médio ou anelar)
Toque dos dedos diretamente na platinela
Tapa
Tapa com o dedão

Quadro 5.2 – Ritmos em que o pandeiro é utilizado

Samba
Partido alto
Capoeira
Samba-choro, valsa e polca
Coco
Xote, baião, xaxado, forró e arrasta-pé
Marcha
Frevo

Quadro 5.3 – Ritmos adaptados ao pandeiro

Maracatu nação
Afoxé
Ciranda
Barravento
Funk

Teste de som

1. Por qual razão o pandeiro brasileiro é um instrumento tão importante, principalmente no nosso país?
   a) Porque tem sua história ligada ao surgimento do samba.
   b) Porque tem a mesma sonoridade de um pandeiro sinfônico.
   c) Porque está presente em diversas culturas do mundo.
   d) Porque emite notas de altura definida, sendo utilizado em orquestras sinfônicas.
   e) Porque, além de ser um instrumento sonoramente completo, é peculiar à cultura nacional.

2. Indique a seguir a alternativa que apresenta ritmos em que o pandeiro tem presença marcante:
   a) Caboclinho, afoxé e maracatu nação.
   b) Frevo, samba e maracatu rural.
   c) Samba, choro e coco.
   d) *Funk*, choro e maracatu de baque virado.
   e) Cavalo-marinho, caboclinho e maracatu de baque solto.

3. Além do dedão, qual é outra opção de toque para rextrai o som grave da pele do pandeiro?
   a) Dedos médio e anelar.
   b) Movimentos da mão esquerda.
   c) Tapa.
   d) Toque direto na platinela com os dedos.
   e) Punho acentuado.

4. Uma técnica avançada, que se encontra em estágio de desenvolvimento no Brasil, oferece ao pandeiro qual possibilidade?
   a) Conectar-se à internet.
   b) Abafar o som das platinelas, permitindo à pele soar isoladamente.
   c) Ser amplificado por um microfone.
   d) Ser capaz de emitir alturas definidas.
   e) Ser percutido por baquetas.

5. O arrasta-pé, por seu andamento acelerado e célula rítmica, é um ritmo semelhante a quais outros?
   a) Frevo e marcha.
   b) Maracatu nação e maracatu rural.
   c) Xote e caboclinho.
   d) Cavalo-marinho e forró.
   e) Samba e xote.

Treinando o repertório

Pensando na letra

1. Quais outros ritmos, não citados neste capítulo, também fazem uso do pandeiro?

2. É possível aplicar os toques do pandeiro brasileiro em outros instrumentos de percussão? Justifique sua resposta.

Som na caixa

1. Procure uma célula rítmica de algum ritmo não citado neste capítulo e a aplique ao pandeiro. Escreva a partitura dela e, em seguida, compartilhe-a com seus pares, para verificar as diferentes nuances referentes a cada célula.

Capítulo 6

PERCUSSÃO CORPORAL E OBJETOS DO COTIDIANO

Primeiras notas

Neste último capítulo teremos como objeto de estudo práticas que relembram as primeiras manifestações musicais do ser humano. Em primeiro lugar, abordaremos o uso do corpo como instrumento percussivo e, em seguida, a exploração sonora de instrumentos não convencionais. Tais princípios ajudaram a desenvolver a sensibilidade musical do homem no tempo das cavernas. Além disso, trataremos de aspectos que estiveram presentes durante a Pré-História e que, após milhares de anos, voltaram à tona com uma roupagem completamente diferente. Atualmente, enquanto muitos artistas dão prosseguimento à evolução intelectual e tecnológica da música, há um grupo de pessoas que trabalha pelo resgate do nosso passado mais remoto, através da simplicidade do ato de percutir o próprio corpo ou servindo-se de utensílios do dia a dia para o fazer musical.

Portanto, discorreremos sobre as maneiras pelas quais nosso próprio corpo pode servir como ferramenta tanto no aprendizado musical como para executar células rítmicas diversas, principalmente os ritmos brasileiros. Por fim, trataremos da adaptação de objetos do cotidiano e materiais reciclados como instrumentos de percussão, especialmente considerando que, em muitos casos, o acesso a instrumentos comercializados se mostra financeiramente inviável.

6.1 Corpo e consciência musical

Como já mencionamos no primeiro capítulo, refletindo sobre o mundo à nossa volta, podemos verificar que existem padrões rítmicos cíclicos presentes em cada ser humano. Alguns deles são vitais ao nosso organismo, como a respiração e a batida do coração, ao passo que outros são essenciais ao cotidiano, como dormir e caminhar. Tais padrões são tão naturais que, no decorrer de nossas vidas, ocasionalmente esquecemos a importância de sua existência. Os alicerces da música, no entanto, foram construídos exatamente com base nesses princípios, e não poderia ser diferente. A arte reflete a periodicidade presente na realidade, em uma manifestação do constante ciclo de começo, meio e fim. Porém, sempre há algo novo florescendo, novas versões do que já existe. Essa é a pura expressão da vida em sua constante transformação.

Se ligue no batuque!

Antes mesmo de iniciarmos a análise dos ciclos naturais do homem, precisamos estar conscientes de que todo som acontece a partir da vibração de um corpo, que consequentemente entra em vibração graças a uma força externa. Essa força externa concede oscilação ao objeto inanimado por meio de movimento. Sendo assim, todo som é gerado a partir de um **movimento**. Sob essa ótica, é muito comum que os músicos produzam uma grande movimentação corporal ao interpretarem seus instrumentos, até porque, do contrário, a completa inexistência de movimento ocasionaria na ausência absoluta de qualquer som. Por isso, o aprendizado musical através da movimentação corporal é uma ferramenta não só extremamente natural, como, também, bastante eficaz.

Quando o ser humano interage com o universo musical, também interage, das maneiras mais complexas, com todos os tipos de movimentação que o envolvem. Por exemplo: o pulsar do coração é involuntário, mas atua constantemente na interpretação musical, mesmo que de forma subjetiva. Não é à toa que o ritmo contínuo, por sobre o qual as melodias se desdobram, é chamado de *pulso*, mesmo nome dado à medida da pulsação arterial do corpo humano. Portanto, quando o pulso do coração é alterado, é natural que o músico modifique também o pulso da música. Em uma situação em que o músico sobe ao palco, a pressão ocasionada pelo fato de outras pessoas o observarem faz com que seu coração acelere o ritmo das batidas. Com efeito, em uma reação em cadeia, o instrumentista também acelerará o movimento dos seus outros músculos, resultando no aumento da velocidade da música. **Por essa razão a consciência corporal se faz tão importante**. Uma vez que o músico entende esse processo, ao subir ao palco, buscará controlar seu nervosismo, pois saberá que seu corpo terá a tendência de acelerar o andamento.

O caminhar do ser humano é um dos ciclos mais objetivamente conectados com a música. A periodicidade do movimento de andar oferece naturalmente um pulso fixo determinado, de forma clara e precisa. Assim, para compreender exatamente o que o pulso significa em música, observe o andar de uma pessoa e você terá a resposta: eventos que ocorrem regularmente, equidistantes entre si. Conforme o ânimo da pessoa que anda, seu estado de espírito, o caminhar poderá variar entre um andar mais lento ou mais rápido.

Diante do exposto, observemos alguns nomes de andamentos musicais, que, por tradição, são mencionados em italiano, como *allegro* (em português, *alegre*) ou *grave* (pode ser traduzido como *sério*). A velocidade da música quase sempre está relacionada ao sentimento que ela traz. Um pessoa feliz caminha com leveza e agilidade; já alguém triste anda pesado e lentamente.

Nossos pés são a base estrutural do nosso corpo, assim como o pulso da música é a base temporal sobre a qual os elementos musicais se desenvolvem. Um ciclo completo do caminhar é composto por um deslocamento do pé direito e um do esquerdo – ou seja, um movimento binário. Em música, uma das fórmulas de compasso mais comuns é o binário simples, que completa um ciclo após dois tempos. Nessa perspectiva, podemos perceber que as relações do andar do ser humano com o andamento musical são inúmeras. Portanto, para compreender o conceito musical do pulso, basta relacioná-lo ao processo de andar – um aprendizado prazeroso através de uma constatação simples e prática.

Se ligue no batuque!

Depois de um sólido trabalho de desenvolvimento da relação dos andamentos com o caminhar, o aluno deve dar início a um tipo de consciência distinta do pulso. Trata-se do **pulso interno**, que se refere à medida de tempo que flui dentro do músico durante a execução musical. Um bom pulso interno é aquele cuja velocidade o músico não altera, a não ser quando é exigido na música. Por vezes, em virtude de uma dificuldade técnica ou levado por uma emoção, o estudante pode acelerar o andamento inadequadamente. Mudanças de velocidade da música, quando não intencionais, demonstram que o estudioso não tem um pulso interno estável. O uso do metrônomo pode auxiliar, mas não resolve o problema em sua fonte. Assim, a forma mais eficaz para trabalhar essa temática é por meio do processo de relacionar o pulso da música com o caminhar, para que, então, o aluno tenha a memória muscular do andamento e, a partir dessa memória, desenvolva o pulso interno.

Frequentemente, vemos músicos percutirem o pé enquanto tocam. Essa é uma forma natural de sentir o pulso da música. Porém, a percussão do pé pode vir a emitir um som indesejado, não sendo bem-vinda principalmente na música de concerto. Existe, portanto, outra maneira de fazê-lo, em situações mais silenciosas. Em pé, a cada pulso, os joelhos são levemente flexionados, lançando todo o corpo para baixo. Esse método é bastante utilizado por percussionistas, pois, em geral, é possível efetuá-lo durante a execução do instrumento. Em situações de música de câmara, isso pode ser útil quando os músicos precisam visualizar o pulso, manifestado no corpo do colega que, a cada movimento descendente do corpo, demonstra o tempo da música.

Sendo assim, as batidas do coração e o caminhar são dois ciclos naturais do homem entrelaçados com a música. O pulso arterial, desde o nascimento até a velhice, varia por volta de 40 bpm a 150 bpm, região na qual os andamentos musicais mais atuam. O tempo de marcha, quando a velocidade da música gira em torno de 120 bpm, é precisamente o andamento em que os membros de um batalhão do exército caminham

40 bpm - 150 bpm -
120 bpm

em manobras militares. Logo, é de extrema importância que o músico tenha consciência da conexão dos movimentos cíclicos naturais do ser humano com a música, bem como que sempre trabalhe no seu dia a dia para desenvolvê-la.

Hora do ensaio

O primeiro passo para expandir essa consciência é através da simples observação desses ciclos naturais. Quando estiver caminhando, observe seu caminhar, perceba como você é capaz de manter um ritmo perfeitamente regular, sem precisar do auxílio de um aparato mecânico ou eletrônico qualquer. Uma pessoa que acelera e desacelera seu andar causará estranhamento para qualquer um que a observe. Questione-se: a velocidade do meu caminhar diz respeito a qual andamento musical? *Adagio*? *Andante*? *Moderato*? Se possível, agora com a ajuda do metrônomo, verifique quantas vezes seus pés atingem o chão por minuto: 72 bpm? 86 bpm? 112 bpm?

Em alto e bom som

Os metrônomos modernos, de aplicativos para smartphones, contêm um recurso chamado *tap*. Trata-se de um pequeno campo da plataforma em que o usuário percute com o dedo um determinado ritmo regular, para que, então, o aplicativo mostre no visor qual é a velocidade de tal andamento. É um recurso muito útil para conhecer com precisão qualquer tempo imaginado pelo usuário.

Vamos, agora, observar o órgão muscular responsável pela circulação sanguínea no corpo humano. Há várias maneiras de perceber o ritmo do coração. Podemos ouvi-lo através de um estetoscópio ou senti-lo por meio do pulso arterial, pressionando os dedos ao lado do pescoço ou na região do pulso. Perceba, assim, como a simples ação de andar, em sua regularidade, revela a capacidade do corpo humano, mesmo em um movimento involuntário, realizar um pulso constante. Esse pulso se modifica quando fazemos exercício, mas também quando sentimos uma forte emoção. Nesse sentido, a música, especialmente a clássica, comporta-se de maneira muito similar ao coração, acelerando ou retardando o tempo conforme a emoção que as notas desenham. Essas oscilações de andamento algumas vezes podem ser sutis, quase imperceptíveis, ao passo que outras podem ser bem exageradas, como em obras do período romântico. Compare os dois ciclos: qual andamento é o mais rápido? Do caminhar ou do pulso cardíaco?

Em alto e bom som

Estetoscópio: dispositivo médico que amplifica os sons internos do corpo humano.

Há um terceiro ciclo corporal, certamente mais lento que os dois anteriores, também interessante de se observar: a **respiração**. Pare por alguns instantes e, de olhos fechados, realize três ciclos de respiração. Também binário, constituído por inspiração e expiração, esse ciclo ocorre de maneira mais calma e vagarosa. Ele é refletido musicalmente em andamentos lentos, também em pausas e respirações que demarcam momentos importantes ou de transição da música. É recorrente que estudantes de música não respeitem o tempo das pausas, isso porque não percebem que a música também é feita de respirações.

> ### Se ligue no batuque!
>
> A forma para trabalhar pausas é executar o ciclo de respiração quando solicitado na partitura. O ato de puxar o ar com o nariz pode, e deve, ser utilizado pelo músico nas mais diversas situações. Por exemplo: em uma grande transição de seções de uma obra orquestral, de câmara ou solo, o aluno pode ter dúvidas de quanto tempo deve esperar antes de recomeçar a próxima parte. Dessa maneira, a melhor solução é utilizar o tempo de uma respiração completa, mas não imaginá-la, e sim executá-la verdadeiramente, tanto em ensaios como em apresentações. A respiração torna a música mais viva, assim como torna a vida possível ao ser humano.

Cada um desses três ciclos corporais contêm uma característica que age na música de forma diferente. Além disso, eles também interagem entre si. Para exemplificar, pense que, quando uma pessoa corre, tanto o coração quanto a respiração aceleram; igualmente, respirações longas e profundas são capazes de desacelerar as batidas do coração. São justamente essas interações que fazem a música ganhar mais dinamismo: **o andamento movimenta o sentimento dado pela melodia**, o qual pode, em seguida, ser acalmado por uma pausa, onde o ritmo respira. Cada vez que realizamos associações de elementos musicais com o funcionamento do nosso corpo, tornamo-nos mais próximos da música. A arte musical pode parecer distante para algumas pessoas, mas, quando elas constatam que, sob diversos aspectos, a música já existe dentro delas, a aproximação ocorre imediatamente.

Os ciclos apresentados podem estar presentes nas camadas mais profundas da música, mas não menos importantes. A esse respeito, o compositor John Cage, em uma experiência dentro de uma câmara anecoica, percebeu que o silêncio não existe, pois, no completo silêncio da sala, escutava os sons gerados por seu próprio corpo, isto é, provenientes dos ciclos inerentes a qualquer ser humano. Os sons não se findaram na câmara porque o corpo do compositor não parou de se movimentar, e, onde há movimento, há vibração, há som. Assim, relacionar a música aos nossos ciclos naturais é relacionar arte à vida.

Em alto e bom som

Câmara anecoica: sala acusticamente projetada para isolar a entrada de ruídos externos e minimizar projeções de eco.

6.2 Consciência rítmica

Nesta seção, daremos início a alguns exercícios práticos que trabalham a consciência rítmica por meio do uso do corpo. Eles podem ser feitos individualmente, em uma aula particular ou com um grupo maior de pessoas. São atividades essencialmente simples, acessíveis para alunos novatos, mas também muito úteis para os avançados. Agora, além do pulso, que estará sempre presente nos pés, discorreremos sobre um conceito fundamental, a **subdivisão rítmica**. Nesse primeiro momento de utilização da percussão corporal, vamos nos ater a três sons básicos, respectivamente com alturas grave, aguda e média:

1. as batidas do pé no chão;
2. as palmas;
3. os golpes nas coxas.

Se ligue no batuque!

As outras possibilidades sonoras corporais serão estudadas com mais detalhamento nas seções seguintes deste capítulo.

60 bpm

Os exercícios terão um pulso fixo, de andamento ideal a 60 bpm. Esse tempo *adagio* é adequado, uma vez que permite de forma confortável a execução de todas as subdivisões rítmicas contempladas pela atividade.

É muito comum, no decorrer do exercício, acelerar involuntariamente o andamento. Isso ocorre por diversas causas, sendo que duas delas, provavelmente, são as principais responsáveis e devem ser comentadas, a fim de que os participantes criem consciência sobre o assunto. A primeira delas é que, em um adulto, **tanto o pulso cardíaco como o caminhar normalmente ocorrem em uma faixa de velocidade maior, entre 70 e 130 bpm**. Portanto, é natural que, inconscientemente, o aluno queira alcançar os padrões de andamentos com que está mais acostumado a atuar.

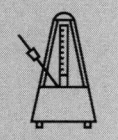

70 bpm – 130 bpm

O outro motivo está relacionado à percepção de **espaço entre os pulsos rítmicos**. O ser humano compreende a música através de vários pontos que, separados, não têm função, mas quando estão unidos formam um sentido. A busca por entender o sentido da música faz com que o homem organize mentalmente os sons em uma única linha, construindo, assim, um discurso inteligível. **Quanto mais distantes estiverem as notas, mais demorado será o processo de absorção da informação.** Essa distância entre as notas também contém um padrão de espaçamento mais confortável para que o ser humano compreenda o seu sentido. E esse padrão novamente é maior que a velocidade de 60 bpm. Dessa maneira, quando o andamento subir, é apropriado fazer uma pausa, realizar algumas respirações, acalmando a frequência cardíaca e, em seguida, retomar a atividade. Com essa conscientização sobre os motivos que fazem acelerar e após algumas pausas de respiração, é possível que o tempo passe a ser estável.

60 bpm

Logo, nos exercícios a seguir, os pés executarão movimentos que lembram o caminhar (quando é possível ter acesso a uma sala maior, os exercícios também podem ser feitos caminhando – ou, ao menos, parte deles) e serão responsáveis por manter o pulso da atividade. Nesse sentido, há duas maneiras possíveis de os pés percutirem o chão: a primeira é que você esteja de pé, desferindo um golpe com a direita e outro com a esquerda, com um leve deslocamento do corpo para a direita e esquerda, porém, mantendo-se no mesmo lugar. A segunda opção é que você esteja sentado, desferindo o primeiro golpe com os calcanhares e o segundo com a ponta dos pés. As duas maneiras são eficazes e podem ser utilizadas alternadamente. O tipo de golpe no chão deve ser diferente daquele desferido pelo pé no caminhar. Agora, ele deve ser percussivo, e a qualidade de seu som é fundamental, pois obedece às características musicais de timbre, intensidade, frequência e duração. Portanto, busque produzir um som com timbre consistente (que não se modifica), de volume equilibrado, altura grave (pois são as notas de base do ritmo) e duração precisa (sem alteração de distância).

Finalmente, vamos ao primeiro exercício (Partitura 6.1), em que o tempo será subdividido em **dois**. Para isso, o aluno executará uma palma no contratempo.

Partitura 6.1 – Subdivisão em dois I

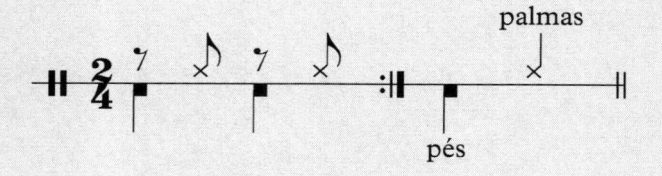

Hora do ensaio

Nessa célula rítmica, o pulso está dividido em duas notas: a primeira, tocada pelo pé, e a segunda, pelas mãos. O pé exerce duas funções ao mesmo tempo, marcando o pulso e executando notas nas cabeças do tempo. Repita a atividade em um ciclo contínuo da seguinte forma: execute dois compassos apenas marcando o pulso; na sequência, adicione as palmas também por dois compassos. Duas variações podem ser aplicadas ao padrão rítmico:

1. A primeira consiste em executar a palma no tempo, junto com o pé. Esse deslocamento da palma de lugar deixará o tempo sem qualquer subdivisão rítmica.
2. A segunda consiste em executar a palma isoladamente, sem a presença dos pés. Dessa maneira, será preciso aplicar o contratempo utilizando o pulso interior. Experimente realizar dois compassos (ou mais) com cada forma de execução citada, na seguinte ordem:
   i) somente o pulso;
   ii) o exercício em si;
   iii) palmas no tempo junto com os pés;
   iv) somente palmas.

Na próxima célula rítmica (Partitura 6.2), os pés serão responsáveis somente pela marcação do pulso. Todas as notas da subdivisão deverão ser desferidas pelas palmas.

Partitura 6.2 – Subdivisão em dois II

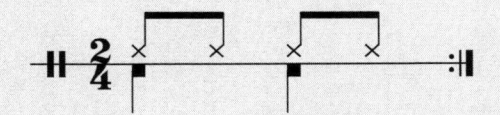

Hora do ensaio

Observe quantas permutações rítmicas são possíveis apenas utilizando dois sons, que acontecem no tempo ou no contratempo. Ainda, se adicionarmos variações de dinâmica, como crescendos e decrescendos, ou modificarmos o andamento, infinitas outras alternativas surgirão. Uma peça para percussão corporal poderia tranquilamente conter uma introdução completa, de aproximadamente um minuto, somente com o material trabalhado até este momento.

A próxima célula (Partitura 6.3) subdividirá o tempo em **três partes**, sem modificar o andamento do pulso. Para que fique claro como o pulso não deve sofrer modificação, será utilizada a notação com quiáltera (célula rítmica que contém proporções diferentes daquelas estabelecidas pela fórmula de compasso) de tercina, em vez da grafia empregando a fórmula de compasso em 6/8.

Partitura 6.3 – Subdivisão em três I

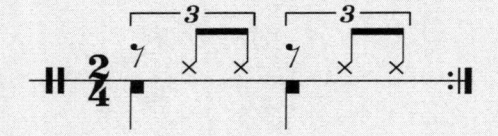

Hora do ensaio

É impossível executar essa célula rítmica sem nos lembrarmos da valsa, pois essa dança se estabeleceu firmemente no imaginário cultural ocidental. Porém, nesse momento, vamos nos ater a outras questões. A subdivisão em três provê outra percepção ao tempo. Logo, em vez da resposta angular e vertical do contratempo, temos agora uma sensação mais circular, concedida pelo número ímpar. As reações corporais respondem de maneira

> completamente diferente em relação ao primeiro exercício. Por isso, execute diversas vezes, de forma conectada, os dois exercícios repetindo dois compassos de cada, lembrando novamente de não alterar o andamento do pulso.

No começo, pode ser difícil fazer a transição entre um e outro, o que pode levar algum tempo até que o aluno sinta no corpo a característica de cada subdivisão. Quando você estiver pronto para seguir à próxima etapa, significa que seu corpo está apto a se adaptar imediatamente à passagem entre as células.

Agora, acompanhe na Partitura 6.4 a subdivisão em três partes do tempo, com os pés marcando o pulso e as mãos percutindo nas coxas.

Partitura 6.4 – Subdivisão em três II

Hora do ensaio

> As notas desferidas nas coxas são representadas por notas de cabeça redonda e pequena posicionadas acima da linha. Execute-as com uma mão para cada nota, alternadamente, começando com a direita. Isso significa que, na cabeça do primeiro tempo, sua mão direita tocará junto com o pé direito (ou com o calcanhar) e, na cabeça do segundo tempo, sua mão

> esquerda tocará junto com o pé esquerdo (ou com a ponta dos pés). É preciso uma pequena curvatura das costas para que a mão acesse as coxas com mais facilidade.

A questão de dois sons em uníssono – quando golpes são executados simultaneamente – deve ser observada com atenção. Nesse sentido, é muito comum, pela simples falta de consciência do aluno, que notas juntas sejam executadas com o efeito de *flam*, ou seja, não exatamente justapostas, mas, sim, a primeira ligeiramente adiantada. Isso ocorre porque, por vezes, os tipos de golpes são distintos, como no caso de uma nota executada pelo pé e outra pela coxa. Para ser interpretado, o som do pé necessita de músculos grandes e pesados, em um deslocamento descendente da perna, enquanto o som da coxa vem do movimento de um grupo de músculos menores das mãos e do braço. Mesmo com origens tão diferentes, você deve buscar regular os golpes, a fim de que o som seja um só, exatamente o conjunto do timbre do pé com a coxa.

Agora, partiremos para a subdivisão do tempo em **quatro** notas (Partitura 6.5). Será muito importante que o tempo permaneça estável (em 60 bpm, por exemplo), uma vez que as notas são mais curtas e rápidas. Se o andamento estiver muito acelerado, a execução das palmas poderá ser prejudicada.

60 bpm

Partitura 6.5 – Subdivisão em quatro I

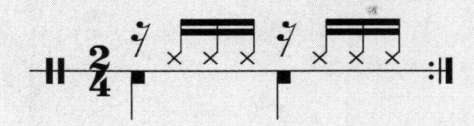

Hora do ensaio

Ao contrário do primeiro exercício, no qual um movimento amplo dos braços era não só apropriado, como confortável, aqui as mãos precisam estar bem próximas. Verifique se as notas das palmas estão todas com a mesma dinâmica e se o pulso dos pés não alterou a velocidade.

Na sequência, observe a subdivisão em quatro com as mãos executando o grupo completo de notas na coxa (Partitura 6.6):

Partitura 6.6 – Subdivisão em quatro II

Perceba como, nesse caso, por se tratar de um número par, a cabeça do segundo tempo reincidirá sobre a mão direita. Portanto, a primeira nota do segundo tempo será executada pelo pé esquerdo (ou ponta dos pés) em conjunto com a mão direita.

Até este ponto do texto, nosso estudo abarcou o tempo subdividido em dois, três e quatro, em duas formas distintas: com os pés exercendo a função de pulso, sendo também responsável pela primeira nota de cada tempo, bem como simplesmente marcando o pulso do exercício. Apesar de outras subdivisões serem possíveis, essas são as mais utilizadas na música. Por meio de suas permutações, elas fornecem um vasto material rítmico para as melodias e harmonias atuarem. Sob essa ótica, os exercícios apresentados devem ser praticados isoladamente, depois com a combinação de duas células em ciclo repetitivo, até chegarmos ao objetivo final das atividades como um todo – você sozinho ou seu grupo deverá elaborar uma partitura curta em que os seis padrões rítmicos sejam organizados da maneira mais criativa possível. Com a extensão de 16 a 24 compassos, você também poderá inserir na peça variações de dinâmica e andamento, porém, ainda utilizando somente os sons de pés, coxas e palmas.

Um exemplo desse tipo de composição é a obra intitulada "*Scherzo without Instruments*" ("**Scherzo** sem instrumentos"), do compositor **William J. Schinstine**, que utiliza elementos similares ao material sonoro contido nos exercícios desta seção. Composta em 1978, ela é notada em compasso 6/8 e escrita para um grupo de percussão. A peça contém quatro vozes e se desenvolve sobre um rico material de frases e timbres extraídos de diferentes regiões do corpo.

Só as melhores

Ouça uma *performance* da obra de Schinstine:

MESCHEDER WIND BAND. **Scherzo Without Instruments**: Mescheder Wind Band.

Disponível em: <https://www.youtube.com/watch?v=clyz3Tv-wGk>. Acesso em: 26 ago. 2020.

6.3 Explorando os sons do próprio corpo

Nesta seção, apresentaremos diversas formas de se fazer música com o corpo. Iniciaremos propondo exercícios em conjunto que ajudam a explorar a sonoridade do corpo, bem como desenvolvem a musicalidade por meio da criatividade. Na sequência, demonstraremos maneiras de aplicar os ritmos brasileiros à percussão corporal.

6.3.1 Exercícios de improvisação

Nesta seção, exploraremos em profundidade as possibilidades sonoras do nosso corpo. Para isso, tomaremos como princípio fundamental que cada ser humano é único, com suas particularidades e maneiras diferentes de pensar e agir. Portanto, em um primeiro momento, é muito importante que você explore os sons do corpo livremente, respeitando sua própria vontade, em um processo de autoconhecimento sonoro.

Em um exercício muito eficaz envolvendo grupos entre 10 e 25 pessoas, os integrantes são convidados a integrar uma grande improvisação musical. Nela, o professor, ou líder do grupo, pode predeterminar o tempo da duração do exercício e mais alguns tópicos a seu critério. A improvisação pode ser curta, em torno de 15 minutos ou mais – dependendo da disposição dos integrantes, até 3 horas. Quanto maior for o tempo, maior será a imersão dos participantes no exercício. Ao ser realizada em uma sala que pode permanecer em absoluta escuridão, com a ausência completa de luz, a atividade normalmente se mostra mais eficaz. Assim, sem luz, os integrantes não podem discernir com clareza de onde vem e, principalmente, quem está emitindo determinado som, adicionando um atrativo de curiosidade à improvisação. Além disso, na escuridão, a concentração será intensificada, permitindo aos participantes voltarem a atenção especificamente ao sentido da escuta.

Hora do ensaio

Nessa improvisação livre, o foco deve estar voltado para a qualidade dos sons e a forma como eles se relacionam com o todo musical. Além da exploração da própria voz e da percussão corporal, os integrantes devem simultaneamente ouvir o seu entorno, buscando combinações de timbre, interagindo com os colegas da maneira mais musical possível. A repetição de padrões rítmicos deve ser utilizada sutilmente e por curta duração de tempo, pois o ritmo nesse exercício de improvisação é secundário. O objetivo principal é criar variadas atmosferas sonoras, paisagens musicais que façam combinações harmoniosas de diferentes ruídos, cantos, sussurros, estrondos, assobios, estalos etc. Nessa perspectiva, buscar uma paisagem específica – por exemplo, o interior de uma floresta – não é indicado. Quando é executada com crianças, a improvisação pode conter uma narrativa preestabelecida, para que o imaginário da história cative mais a atenção dos alunos. No entanto, em um grupo de jovens e adultos, a essência da improvisação é buscar a beleza da música na simples pureza do som.

Um segundo exercício de improvisação é bastante eficaz para motivar estudantes a descobrirem os sons que o corpo humano pode emitir. Ao

55 bpm

contrário do exercício anterior, este é fundamentado em repetições de células rítmicas e contém um pulso fixo, executado coletivamente pelos integrantes. Em um andamento *adagio*, a aproximadamente 55 bpm, os participantes da atividade devem marcar o pulso com os pés direito e esquerdo alternadamente. Dentro de um espaço de quatro tempos, que serão repetidos ciclicamente, os integrantes devem criar individualmente uma célula rítmica simples ou meramente emitir um som a seu critério. Eles podem participar ocupando tanto curtos períodos de espaço – um som de meio-tempo (colcheia) – como longos espaços – como uma célula rítmica que ocupa três tempos.

Hora do ensaio

Essa improvisação deve ser construída aos poucos, sendo que cada elemento sonoro, criado por cada pariticipante, é adicionado paulatinamente. Tudo começa com os integrantes posicionados em roda ou semicírculo, indicando o pulso suavemente com a percussão dos pés. Um a um, em ordem livre ou predeterminada, os estudantes inserem o som ou ritmo que escolheram para integrar a música. Essa escolha deve ser feita no momento da atividade, respondendo sonoramente aos eventos anteriores. Por exemplo: se um integrante executou uma melodia longa descendente, de três tempos e meio de duração, o próximo som adicionado deve colaborar para que musicalmente a improvisação se torne interessante. Sendo assim, o som seguinte deve ter características distintas, como um estalo curto no quarto tempo, por exemplo.

Uma vez que o participante executou sua escolha sonora, dentro do padrão de quatro tempos, deverá então repeti-la, sem alterações, até a improvisação terminar. Quando a composição estiver completa, contando com a participação de todos os integrantes, uma pessoa poderá criar dinâmicas com o grupo. Ela pode solicitar que o volume baixe drasticamente, até quase ficar inaudível, ou indicar uma pausa ou um silêncio a alguns membros do grupo, para que combinações menores de sons sejam escutados.

Essa atividade é muito rica porque, por meio dela, o participante pode explorar sons do corpo e da voz, praticar a execução de ritmos da percussão corporal e, principalmente, desenvolver a escuta musical. Ela também é interessante porque, a cada improvisação, surgirá um novo resultado sonoro final. Mesmo se o exercício for repetido 20 vezes, em cada uma delas a composição terá um desenvolvimento diferente.

Ainda com relação à percussão corporal, a palma é um de seus principais elementos. Assim como andar e respirar, percutir uma mão contra a outra é extremamente natural. Além disso, trata-se de um dos tipos de toques que mais fornecem diferenças de timbre.

Figura 6.1 - O uso do corpo como instrumento de percussão por meio das palmas

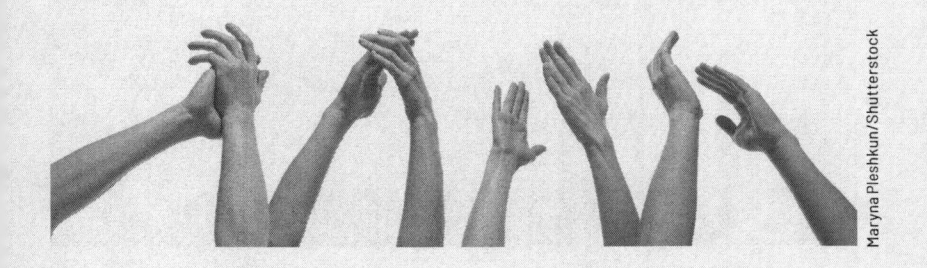

Maryna Pleshkun/Shutterstock

Hora do ensaio

Existe um exercício, a ser conduzido por um líder, que consiste em explorar as diferenças de altura e timbre que a palma pode proporcionar. O mais interessante desse exercício é que o resultado sonoro imitará o ruído de diferentes tipos de chuva ou, ainda, lembrará o barulho de um rio. Em roda, vários participantes devem seguir exatamente a maneira como o líder executa as palmas, sem qualquer ritmo fixo, como a sonoridade de aplausos ao fim de uma apresentação. Sem o uso da voz, o líder deve procurar diversificar ao máximo o som das mãos, efetuando várias dinâmicas e modificando a velocidade do toque, variando entre seções com notas bem próximas e outras com notas bastante espaçadas. A sonoridade de "chuva" será imediatamente remetida pelos integrantes. O líder pode conduzir o exercício imaginando diferentes tipos de chuvas: garoa, chuva leve, temporal, tempestade, chuva com gotas pesadas mas espaçadas, entre outras.

A respeito dos toques de palmas, algumas de suas possibilidades estão listadas a seguir:

- **Palma grave**: com os dedos da mão direita abraçando a lateral da mão esquerda (região entre o dedão e o indicador) – como no gesto das mãos de um vencedor –, as palmas percutem, uma contra a outra, em forma côncava.

Leonardo Gorosito

- **Palma comum**: os dedos da mão direita percutem a palma da mão esquerda.

- **Palma de reza**: as mãos se entrechocam em posição de reza.

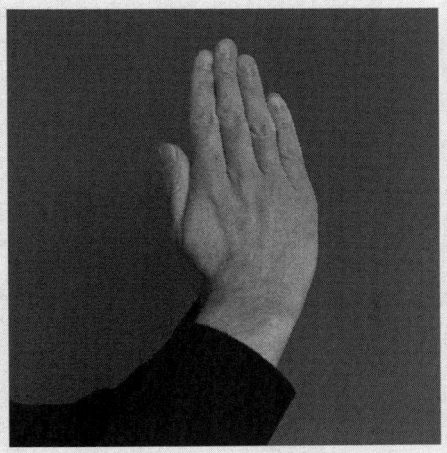

- **Palma estrela**: esse é um dos sons mais desafiadores executados pela palma. Com os dedos abertos, as mãos entram em contato por completo, dedos com dedos e palma com palma, produzindo um som estalado e penetrante.

- **Dedos**: sons pianos e suaves são emitidos através do uso de um, dois, três ou quatro dedos da mão direita sobre a palma da esquerda.

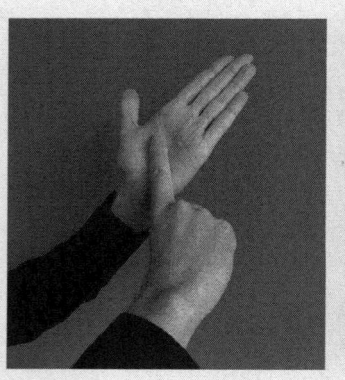

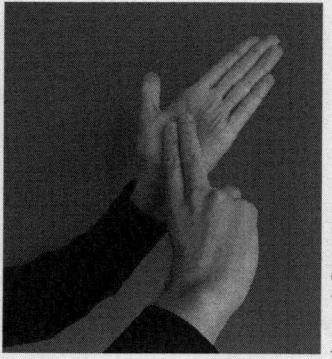

6.3.2 Possibilidades sonoras e células rítmicas

A seguir, trataremos de alguns padrões rítmicos que exploram as possibilidades sonoras do corpo humano. Até aqui, verificamos as sonoridades mais básicas, como pé, palma e coxa. A partir deste ponto do capítulo, percorreremos pela percussão de outras regiões do corpo e de uso rítmico da voz.

> **Se ligue no batuque!**
>
> Um som grave muito utilizado na percussão corporal é o **golpe com a palma da mão no peito**. Para esse movimento, é aconselhável que colares e adereços sejam retirados, para que a pele não seja arranhada ou lesionada. Outro tipo de toque, de frequência aguda, é o **estalo de dedos**. No início, estalar os dedos com ambas as mãos, em um volume satisfatório, pode ser desafiador. No entanto, trata-se meramente de uma questão de prática. Após um certo tempo de estudo, os dedos desenvolvem naturalmente a força necessária para um estalo bastante sonoro.

Na célula a seguir (Partitura 6.7), verifique uma adaptação do ritmo de samba que utiliza esses dois tipos de toques:

Partitura 6.7 – Percussão corporal: samba I

Na partitura dessa célula, encontramos os sons do peito representados pelas notas de cabeça normal posicionadas no centro da linha e os estalos de dedos pela cabeça pequena em "x". O ritmo é executado alternadamente pelas mãos, começando pela direita no peito; a seguir, um estalo de dedo com a mão esquerda, e assim por diante. Ao realizar esse execício, você deve começar a praticar o ritmo lentamente, articulando claramente cada nota, e acelerar aos poucos. Essa levada reflete principalmente a voz grave do samba, interpretada pelo surdo ou pelo grave da pele do pandeiro.

Só as melhores

Assista a um vídeo que materializa os procedimentos descritos até aqui:

PERCUSSÃO corporal: samba. Disponível em: <https://www.youtube.com/watch?v=MRaaVfpXvBA>. Acesso em: 28 ago. 2020.

A percussão corporal é muito eficaz quando executada por um coletivo de pessoas. O efeito de vários sujeitos tocando o mesmo ritmo é fascinante, assim como quando estão divididos em grupo, em que cada um é responsável por uma frase distinta. Assim, observe a Partitura 6.8, a seguir, com o ritmo do samba dividido em quatro vozes.

Partitura 6.8 – Percussão corporal: samba II

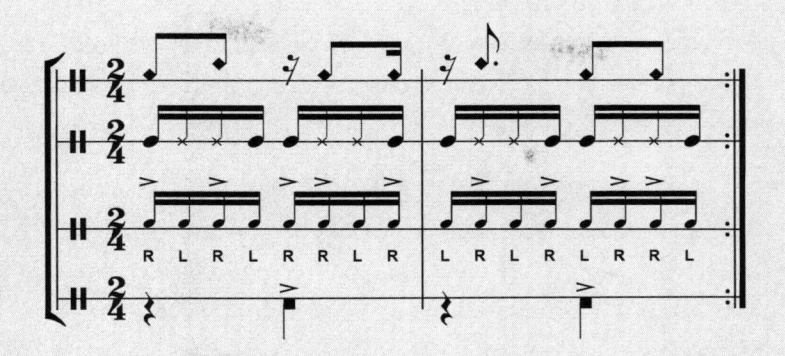

A partitura contém quatro pautas, cada qual com uma célula rítmica específica. A primeira voz, na pauta superior, pode ser executada por diversos timbres e tem duas alturas distintas. Ela reproduz a levada básica da cuíca ou do agogô ou, até mesmo, de um pandeiro de partido alto. Algumas opções de timbres que podem ser utilizados na execução dessa linha rítmica são:

- Imitar o som da cuíca com a voz.
- Produzir estalos de língua.
- Executar dois sons distintos de palmas, um grave e um agudo.
- **Percutir os lábios**: esse som pode ser alcançado por meio do golpe com os dedos fechados na boca. Os lábios devem estar entreabertos na posição da vogal "o", formando com a cavidade bucal uma câmara de ressonância. Diferentes alturas podem ser obtidas com a mudança de tamanho da cavidade buccal.
- **Palmas de boca**: sonoridade alcançada por meio de palmas percutidas exatamente à frente da boca. As mãos, em forma

de concha, impulsionam uma pequena massa de ar para dentro da cavidade buccal.

- **Percutir as bochechas**: percutir as bochechas com os dedos da mão, alterando as alturas das notas em virtude da mudança de tamanho da cavidade bucal.

A segunda voz (segunda pauta de cima para baixo) contém a levada de samba com o uso do peito e estalos de dedos, célula já apresentada no primeiro exemplo desta seção. A terceira voz reproduz, por golpes na coxa, a acentuação do tamborim. E, finalmente, a quarta voz simboliza o surdo. É preciso ter cuidado, pois, por vezes, o som do pé pode ter um volume muito maior que as demais vozes, sobretudo quando o chão é feito de madeira.

Agora, partiremos para o estudo da adaptação do ritmo de maracatu nação na percussão corporal (Partitura 6.9).

Partitura 6.9 – Percussão corporal: maracatu

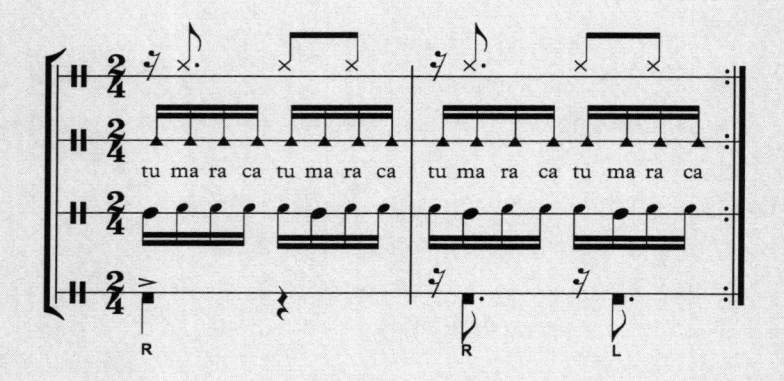

Nessa partitura, a primeira voz representa o gonguê, tocado pelas palmas. A segunda voz é executada pela voz que pronuncia a palavra *tumaraca* repetidas vezes. Observe que essa palavra diz respeito ao nome do ritmo, porém, começando com a última sílaba. A disposição das sílabas dessa maneira posiciona a sílaba aberta e acentuada "ma" na segunda semicolcheia, nota em que na levada do tarol efetua-se um rulo. A terceira pauta contém uma frase, percutida no peito e nas coxas, que representa uma mistura da caixa de guerra com o baque da alfaia. Em vez da coxa, essa frase também pode utilizar a região da barriga ou, até mesmo, estalos de dedos. E, por fim, os pés representam o tambor mais grave das alfaias, o marcante, mas executando somente os acentos principais.

A próxima adaptação (Partitura 6.10) contém duas vozes, mas pode ser interpretada por uma única pessoa. Executar duas linhas distintas simultaneamente pode ser um desafio, porém, é um ótimo exercício de independência motora para o percussionista.

Partitura 6.10 – Percussão corporal: baião

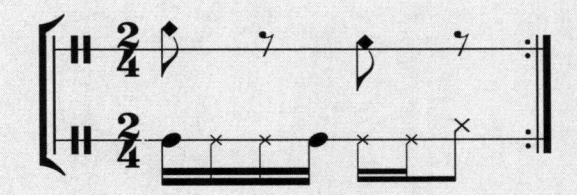

Essa partitura oferece uma adaptação do ritmo de baião em duas vozes que combinam o som do agogô, do triângulo e da zabumba. A voz superior deve ser executada pelo estalo de língua, e a voz inferior, pelos golpes de peito, estalos de dedos e palma.

Observe como a segunda nota do estalo de língua é executada junto com o estalo de dedo da mão direita.

Uma segunda alternativa de prática de independência motora se refere à adaptação do ritmo do forró. Muito similar ao ritmo do baião, nesta célula (Partitura 6.10) o estalo será executado no contratempo, enquanto o peito representa as notas do grave da zabumba.

Partitura 6.11 – Percussão corporal: forró

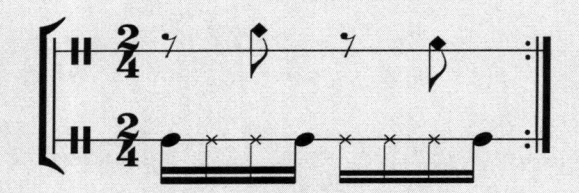

Diversas levadas do estilo *pop* podem ser adaptadas à percussão corporal. Uma levada eletrônica de *hip-hop* (Partitura 6.12) pode ser executada, em uma versão simplificada, somente com o uso do peito e de palmas. Com o acréscimo de estalos de dedos, a levada pode ser efetuada de maneira mais elaborada (Partitura 6.13).

Partitura 6.12 – Percussão corporal: *hip-hop* I

Partitura 6.13 – Percussão corporal: *hip-hop* II

Em termos de percussão corporal, o grupo chamado **Barbatuques** é referência principal. Criado em 1995 sob a liderança de **Fernanda Barba**, já gravou uma série de álbuns e teve participações em trilhas sonoras de filmes e jogos, assim como em eventos importantes no Brasil e no mundo, incluindo o encerramento das Olimpíadas do Rio de Janeiro de 2016.

6.4 Objetos do cotidiano

A seguir, elencaremos alguns instrumentos da percussão que são bastante surpreendentes. São objetos de sala de estar e cozinha, utilizados em obras, ou que iriam diretamente para o lixo, mas que podem ser reutilizados, a exemplo de canos, latas, baldes, pedaços de ferro ou de madeira. Trata-se de uma área da percussão sem limites, pois só depende da criatividade de quem usufrui de todas as suas possibilidades.

6.4.1 Utensílios domésticos

Indícios da história musical revelam que o ser humano, depois de utilizar o próprio corpo como forma de expressão sonora, experimentou o ritmo do uso de utensílios domésticos, como a sonoridade de golpear um pedaço de madeira contra o outro ou agitar um pote de argila com sementes. Essa interação com os objetos provavelmente provocou o desenvolvimento dos primeiros instrumentos musicais que seriam empregados principalmente em cerimônias religiosas.

Se ligue no batuque!

Durante o século XX, buscando quebrar com as tradições musicais predominantes, John Cage resgatou o princípio da utilização dos objetos do cotidiano em suas composições. Assim, *"Living Room Music"*, de 1940, utiliza esse conceito ancestral, porém revestido e transformado em uma ideia nova, que desafiou os fundamentos musicais vigentes na época. Escrita para quatro integrantes, a instrumentação da peça é baseada em objetos presentes na sala de uma casa comum. Cage solicita que os músicos utilizem os dedos ou o punho para percutir revistas, livros, a mesa, o chão, a parede ou a moldura de uma janela. Dividida em quatro movimentos, a fala é utilizada na segunda parte da obra, em uma declamação poética rítmica.

> ### ♡ Só as melhores
>
> Ouça uma *performance* da música de John Cage:
>
> "LIVING Room Music" by John Cage (Zeitgeist lead by Julian Loida). Disponível em: <https://www.youtube.com/watch?v=Z4Fl60rwa64>. Acesso em: 29 ago. 2020.

Outros objetos foram amplamente utilizados por compositores da música ocidental, como a bigorna, que primeiramente era solicitada simplesmente para citar o trabalho dos ferreiros, mas que, no decorrer do tempo ganhou destaque na música moderna, pelo seu timbre forte e impactante. Com presença marcante na importantíssima obra de **Edgars Varère** "*Ionization*", o som da bigorna ganhou predileção pelo compositor norte-americano **David Lang**. Buscando o resgate do ritmo dos trabalhadores golpeando objetos, Lang compôs, em 1991, "*The Anvil Chorus*" ("O coral de bigornas"), peça dedicada ao percussionista Steven Schick. A obra conta com uma instrumentação baseada em pedaços de metais ressonantes e não ressonantes, preferencialmente velhos ou encontrados no lixo. Seguindo a tendência do uso de ferramentas de trabalho como instrumentos musicais, recentemente, na Argentina, **Gabriel Amadeo Videla** compôs a peça "*El Conde Espátula*". Nessa obra, dois percussionistas executam quatro espátulas de metal. Valendo-se de sua ressonância, eles percutem os objetos um contra o outro ou sobre a perna e o joelho.

> **♡ Só as melhores**
>
> Ouça *performances* das obras de Lang e Videla:
>
> El CONDE Espátula (Gabriel Amadeo Videla). Disponível em: <https://www.youtube.com/watch?v=_u8KpWXpzfQ>. Acesso em: 28 ago. 2020.
>
> VIC FIRTH. **The Anvil Chorus, by David Lang**. Disponível em: <https://www.youtube.com/watch?v=_DUFzprscPk>. Acesso em: 28 ago. 2020.

6.4.2 Materiais simples ou reciclados

Os primeiros instrumentos de percussão produzidos pelo ser humano eram feitos com materiais simples, como plantas, madeiras, pedras ou ossos. Atualmente, no entanto, temos à nossa disposição uma gama muito maior de possibilidades de materiais de fácil acesso, baixíssimo custo ou que seriam até descartados. Esses instrumentos de fabricação caseira podem ter características simples, mas são usados amplamente, desde a musicalização infantil até a música de concerto escrita por renomados compositores. Sob essa ótica, cada vez mais se expande a consciência de que não é preciso sofisticação e complexidade para que arte de boa qualidade seja feita.

Nessa perspectiva, começaremos discorrendo sobre a fabricação de instrumentos idiofônicos que soam por meio de agitação, integrantes da família dos chocalhos. Invariavelmente compostos por diversas pequenas peças que se entrechocam, eles podem ser divididos em duas categorias: **com recipiente**

fechado e **presos a uma determinada estrutura**. A variedade sonora dos chocalhos por timbre, altura ou intensidade é imensa. Sua qualidade de som é dada pelo formato e pelo material tanto das pequenas peças quanto do recipiente ou da estrutura à qual as peças estão presas.

Hora do ensaio

Construir um chocalho pode realmente ser muito fácil e rápido. Qualquer pessoa que disponha de materiais facilmente encontrados em uma residência comum consegue, em questão de minutos, produzir um instrumento de qualidade satisfatória.

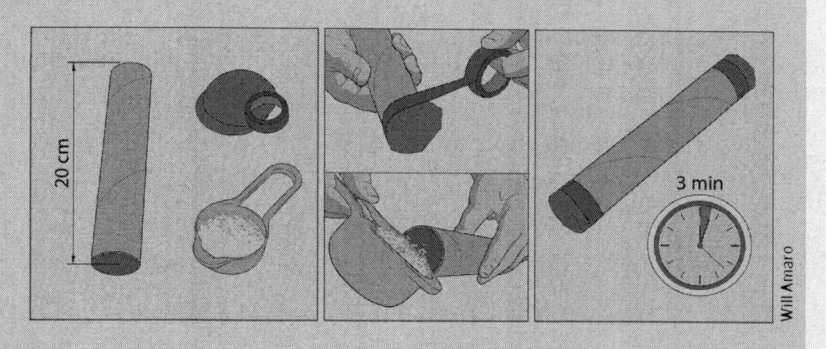

Pegue um rolo de papelão de 20 cm – desses que contêm papel-toalha, por exemplo. Além disso, colete um punhado de arroz branco. Com fita adesiva, tampe uma das aberturas do rolo e despeje o arroz dentro do recipiente. Para finalizar, vede a outra abertura com fita. Nessa tarefa, você levará, provavelmente – entre encontrar os materiais e fabricar o instrumento –, 3 minutos para produzir o chocalho. Esse tipo de chocalho, feito

> de arroz e papelão, normalmente apresenta um volume *mezzo-piano*, com um timbre suave e agudo, ideal para acompanhar alguém ao violão e voz, em um ambiente intimista.

Uma vez que está claro como é simples produzir um chocalho, vamos nos aprofundar sobre o assunto e discorrer sobre diferentes materiais e formatos. Quanto ao recipiente, materiais de papelão, plástico e metal podem ser facilmente encontrados. Rolos de papelão (o qual utilizamos na construção do chocalho) são os recipientes mais fáceis de serem encontrados e que fornecem um dos melhores resultados.

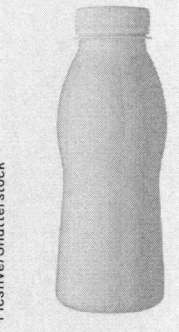

Outro recipiente eficaz para a construção de um chocalho pode ser uma garrafa de iogurte líquido, de 750 ml. Depois de ser lavado, é muito importante que a parte interna permaneça extremamente seca. Para isso, é preciso deixá-lo aberto por um ou dois dias, para que seque completamente. A vantagem do pote de iogurte é que ele contém somente uma abertura, fechada por uma tampa de rosca. Dessa maneira, é fácil despejar as sementes ou grãos para seu interior, vedando em seguida sua abertura através da tampa. É interessante experimentar quantidades diferentes de conteúdo, já que o som se modifica com o uso de pouco ou muito recheio.

Ainda existem outros recipientes de plástico eficazes, como potes de xampu, condicionador, leite fermentado, maionese e achocolatados. Além disso, potes menores podem ser conectados por sua abertura e colados um ao outro com fita adesiva. Quando um frasco for muito estreito, vários frascos poderão ser agrupados utilizando elásticos ou fita, para que alcancem um volume sonoro maior.

> ### Se ligue no batuque!
>
> Garrafas PET, de um litro e meio ou mais, não são indicadas, pois contêm diâmetro muito largo, fazendo com que o conteúdo não se mova adequadamente dentro do receptáculo.

Por último, os recipientes de metal mais indicados são latinhas de refrigerante, de molho de tomate, bem como de ervilha e milho. Nos três casos – rolo de papelão, plástico ou metal –, o recipiente é cilíndrico, formato mais apropriado para um chocalho. Caso o instrumento seja enfeitado, é importante que o excesso de ornamentação não acabe abafando o som do recipiente, diminuindo seu volume.

Agora, vamos indicar algumas opções de conteúdos que podem ser inseridos nos recipientes. O recheio do chocalho é, justamente, o maior responsável por seu timbre e altura. Em geral, quanto mais pesado ele for, mais grave será o som. Bolinhas de chumbo, por exemplo, emitem frequências média-graves e deixam o chocalho com um timbre escuro. Para alturas médias, grãos maiores, como feijão, milho, café não moído e ração animal podem ser utilizados. Timbres

agudos estridentes podem ser alcançados com o uso de recipientes de metal e conteúdos bastante duros, como é o caso da semente de coloração vermelha conhecida popularmente como "olho de dragão" ou "olho de pavão", da árvore tento-carolina.
O arroz deixa o instrumento com sonoridade aguda e suave, assim como miçangas pequenas. A quantidade de permutações possíveis combinando tipos de recipientes e de conteúdos é vasta e muito interessante de ser explorada.

Para fabricar chocalhos de conteúdos externos, encontrar material é ainda uma tarefa fácil, porém, prender todas as peças em uma linha ou estrutura requer paciência e tempo. No entanto, uma vez terminado, o instrumento pode ser bastante útil e durar por um longo período. Tampinhas de plástico, de todos os tipos e tamanhos, quando suspensas, entrechocam-se livremente e produzem um som fascinante, similar ao ruído de um rio, do mar ou de folhas ao vento. Além disso, as tampinhas também podem ser de metal. Outro chocalho externo pode ser feito com chaves comuns de porta. Penduradas por fios que se prendem a algum tipo de armação, o som reverberante das chaves causa um efeito sonoro cativante.

Figura 6.2 - Chocalhos de garrafas plásticas

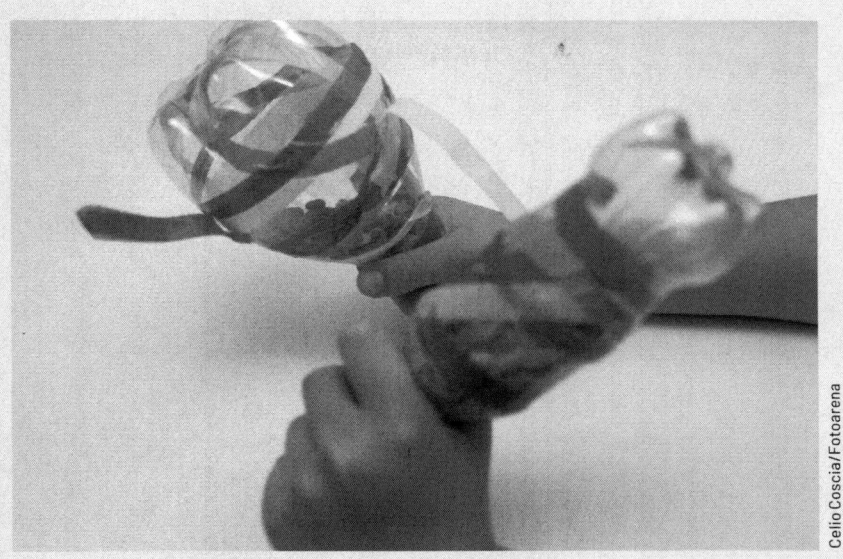

Celio Coscia/Fotoarena

Um segundo tipo de instrumento que pode ser feito com materiais descartados é o reco-reco. Vários tipos de eletrodutos corrugados, também chamados de *conduítes*, podem ser encontrados em lixos de construções. Depois de serem limpos, podem ser utilizados como instrumentos da família dos raspadores. Grandes tubos necessitam de baquetas maiores e mais espessas, enquanto conduítes finos devem ser executados por baquetas curtas e finas.

A família dos membranofones pode ser muito bem representada por objetos do cotidiano ou materiais reciclados. As superfícies inferiores de inúmeros recipientes cumprem bem a função da pele do tambor. Começando pelas opções de uso de tambores maiores, temos os barris, ou tonéis, feitos de plástico ou metal, os quais podem ser dispostos tanto com a superfície de toque para cima quanto lateralmente. O formato da baqueta influencia enormemente na sonoridade do tambor. Para um som com frequências mais graves, cheias e arredondadas, a baqueta precisa ser de cabo espesso com a cabeça macia, similar a uma baqueta de surdo grande. De maneira oposta, uma baqueta fina, como a de caixa, emitirá um timbre penetrante e agudo. O músico pode também executar esses tambores com as mãos, à maneira do *cajón*, sentando sobre o corpo do recipiente.

Figura 6.3 - Produtos do cotidiano que podem ser convertidos em instrumentos de percussão

Leonardo Borosito

Para tambores médios e pequenos, há três maneiras distintas de execução:

1. A primeira é quando o próprio recipiente contém uma alça pela qual o músico pode suspendê-lo com uma mão e percuti-lo com a outra, como é o caso de diversos potes de lava roupas líquido.
2. A segunda maneira é acoplando o tambor ao corpo do músico através de uma correia ou talabarte, deixando as duas mãos livres para a execução. Esse modo de suspensão é bastante apropriado para latas de tinta grande e retangulares.
3. A terceira e última maneira é posicionar os recipientes sobre uma mesa, utilizando toalha ou espuma para isolar os objetos do contato direto com a superfície dura. Dessa maneira, vários potes pequenos (cinco, por exemplo) podem ser posicionados de forma a compor uma escala com diferentes notas.

Tubos de PVC percutidos no chão emitem um som muito próximo de notas de altura definida, causando um efeito bastante interessante quando são executados por um grupo de pessoas. Se ao tubo for fixado um tampão, vedando uma de suas extremidades, sua sonoridade se tornará ainda melhor. O músico, então, deve percutir a parte que contém o tampão sobre uma superfície dura, como o chão de concreto, levemente abafado por um pano ou tapete. Com sonoridade similar, a obra "Entrando pelos canos", do multi-instrumentista Hermeto Pascoal, utiliza canos de metal como instrumento principal. Escrita em 1989, a peça contém cinco vozes, cada uma composta por duas alturas, em que os ritmos e as melodias são formados pela combinação de pequenas frases executadas por cada integrante.

> ### Só as melhores
>
> Ouça uma *performance* da obra de Hermeto Pascoal:
>
> INSTRUMENTAL SEC BRASIL. **Hermeto Pascoal**: entrando pelos canos – Hermeto Pascoal – Instrumental Sesc Brasil. Disponível em: <https://www.youtube.com/watch?v=XWfbl3dcxnM>. Acesso em: 28 ago. 2020.

O uso de objetos do cotidiano ou materiais reciclados pode ser aplicado tanto na educação musical quanto em *performances* da música popular ou erudita. Com crianças, esses instrumentos adaptados ajudam na sensibilização musical, por meio de exercícios de distinção sonora entre sons graves e agudos, fortes e fracos, longos e curtos. Além disso, eles auxiliam no desenvolvimento da leitura musical, em exercícios de subdivisão rítmica que podem até mesmo incluir células dos ritmos brasileiros. Os instrumentos podem ser usados pelas crianças para acompanhar canções em arranjos elaborados, nos quais grupos de chocalhos, raspadores e membranofones atuam em diferentes seções. Por fim, de forma lúdica, esses instrumentos permitem que as crianças brinquem de desfile de bandas de fanfarra, realizando evoluções em grupo enquanto executam seus tambores de brinquedo.

Para um percussionista estudante ou profissional, o uso desses instrumentos pode ocorrer com frequência. Na música erudita, diversos compositores utilizam objetos do cotidiano na instrumentação de suas obras, já que por vezes elas envolvem conceitos arraigados aos seus estilos composicionais. Na música popular, instrumentos feitos com material reciclado cada vez mais vêm fazendo parte das montagens de percussão. Além de baratos, eles podem trazer timbres novos e surpreendentes aos arranjos musicais.

6.5 Criação de uma peça para percussão

Direcionaremos a última seção do livro para os aspectos que envolvem a criação coletiva de uma obra para grupo de percussão, com o uso dos sons do corpo e de instrumentos comercializados ou artesanais, de objetos do cotidiano ou feitos de materiais reciclados. Nada impede que alguns princípios possam ser utilizados também na composição de uma peça para formações menores, como duo, trio e quarteto ou, até mesmo, solo.

O exercício de compor uma peça é importantíssimo por diversas razões. Em primeiro lugar, pelo fato de que, durante o processo de composição, colocamos em prática tudo aquilo que aprendemos no decorrer de nosso estudo. O conhecimento passa a servir como ferramenta para a produção da arte. Além disso, é fortemente aconselhável que, ao término da peça, o grupo realize uma apresentação ao público. Assim como traz amadurecimento e é parte essencial na vida de um artista, uma apresentação tem o mesmo valor que muitos ensaios. Isso porque, a partir do momento em que o músico entende que está sendo observado, sua concentração aumenta ao máximo, na busca de tentar fazer com que a execução ocorra da melhor forma possível, sem erros. Além disso, usar a criatividade ajuda no nosso desenvolvimento como seres humanos. Assim como crescemos após passar por uma crise amorosa, profissional, financeira ou pessoal, também progredimos quando criamos algo. Sob essa ótica, *crise*, *criar* e *crescer* não são palavras similares por acaso; elas remetem a períodos de transição e transformação que movem nossa vida da estagnação. Além disso, é igualmente importante o sentimento de orgulho e responsabilidade que o artista constrói em relação à obra recém-criada. Do mesmo modo que mães e pais desenvolvem uma relação especial com seus filhos, o artista, por meio da experiência do processo de germinação e convivência, cria uma relação íntima e diferenciada com sua peça. Esses são só alguns benefícios do uso da criatividade na vida do indivíduo. Assim, compor não necessita ser algo reservado a compositores, algo que deve ser feito somente por especialistas. Logo, por meio da simplicidade da percussão, o ser humano pode, e deve, exercitar sua criatividade.

Se ligue no batuque!

Na criação de uma peça, é importante contar com a figura de um líder – normalmente, o professor ou diretor do grupo. Propondo métodos e formas de trabalho, ele tem a função de conduzir a composição coletiva e organizar as sugestões dos membros da equipe. O líder pode sugerir a estrutura geral da composição, delimitando começo, meio e fim. Por exemplo: a forma pode apresentar um início em que somente o corpo humano será utilizado como instrumento. Então, na seção central, todos os tipos de percussão devem ser empregados. Por fim, a obra precisa finalizar com o som dos chocalhos de conteúdos externos, em um grande diminuendo até o completo silêncio.

Talvez o maior desafio de um líder é agir de maneira equilibrada ao aceitar sugestões de todos os integrantes, combinando-as com seus próprios objetivos. Se a condição proposta é de um peça de criação coletiva, quanto maior for a participação de todos os integrantes, maior será o sucesso do trabalho. Normalmente, os participantes não agem de maneira igual. Alguns oferecem inúmeras sugestões, várias úteis e passivas de serem aplicadas na peça. Outros membros pouco colaboram com ideias e ainda, quando o fazem, a sugestão é difícil de ser utilizada. Essas diferenças de rendimento dos integrantes em um grupo são naturais, pois cada pessoa tem uma maneira de se comportar em equipe. O líder, portanto, deve ter inteligência e maleabilidade, tanto para conseguir não desanimar aquele que muito colabora como para motivar aquele que pouco soma na criação, procurando encaixar sua provável única sugestão, mesmo que de certa forma ela prejudique a qualidade da obra. Além disso, o líder precisa organizar a maneira como o tempo será gasto durante o trabalho, dependendo do período total de horas disponíveis para que o processo seja desenvolvido. Assim, se o grupo dispõe de seis meses para a preparação de uma peça em encontros semanais, o líder pode planejar toda a parte de criação para acontecer ao longo de quatro meses, e o restante do tempo, de dois meses, pode servir para o trabalho de polimento dos detalhes e de ensaios da obra do início ao fim. No entanto, em uma circunstância em que o tempo estabelecido seja de apenas três horas, o planejamento precisa ser bastante objetivo, e as decisões do líder devem ser tomadas com agilidade.

Se ligue no batuque!

Para a criação da peça, o grupo pode se utilizar de técnicas de composição simples, além de explorar células rítmicas da cultura brasileira e as características do som. Para tanto, a seguir, apresentamos uma lista de possibilidades de material musical que podem ser aproveitadas pelo líder e pelos integrantes do grupo no desenvolvimento da obra:

- **Instrumentação**: as seções da peça podem ser delimitadas de acordo com o instrumental utilizado. Os agrupamentos de instrumentos podem ocorrer tanto em relação à frequência – graves, médios e agudos – quanto à classificação ou família à qual pertencem – membranofones e idiofones, chocalhos e raspadores, percutidos com baquetas ou chacoalhados. A percussão corporal, em geral, não tem grande volume sonoro. Isso significa que, quando for usada, a seção da peça permanecerá com uma dinâmica média ou fraca. Quando ocorrer simultaneamente com outros instrumentos, é preciso ter atenção ao equilíbrio de volume, pois certos sons do corpo podem se tornar inaudíveis. Diante disso, uma sugestão interessante é compor a instrumentação a partir de participações isoladas das famílias de instrumentos interagindo separadamente em um curto período de tempo. Para exemplificar, um grupo de idiofônicos ressonantes de metal, como triângulos, panelas e potes de metal, pode executar uma frase de quatro compassos; logo em seguida, outro grupo de integrantes pode reproduzir a mesma frase, porém com palmas.

- **Ritmos brasileiros**: toda a variedade dos ritmos nacionais pode ser utilizada na peça, servindo como acompanhamento ou padrão rítmico principal. Exemplificando as duas opções: um membro da equipe pode executar uma levada de baião no triângulo, enquanto o restante do grupo produz diferentes baques de maracatu com os pés e, depois, em tambores de lata. No segundo caso, o padrão da ciranda pode acontecer cada vez com uma configuração diferente de timbre: primeiro, apenas com palmas e, depois, percutido nas coxas, passando para o pandeiro e, em seguida, tocado em vários tambores de plástico.

- **Características do som**: dinâmica, timbre, altura e duração servem como ricos materiais para dar colorido e movimento às células rítmicas ou frases musicais. A percussão tem como atributo a capacidade de explorar as dinâmicas dentro de uma enorme extensão de possibilidades. Logo, trechos da peça podem ocorrer com baixíssimo volume, criando uma atmosfera de mistério, sendo supreendentemente interrompidos por fortíssimos ataques em uníssono de todo o grupo. Outra característica da percussão é sua capacidade de colorir a música. Nesse contexto, uma sugestão é explorar os diferentes timbres de chocalhos, trabalhando com a textura do som, seja isoladamente ou em sincronia com outras informações musicais. O elemento da altura do som pode ser explorado por meio de diversos tambores e canos que contêm notas em regiões distintas. Por fim, uma maneira de utilizar o elemento da duração do som, além da execução de padrões rítmicos, é pelo uso do rulo. Assim, o líder pode escolher pontos específicos na obra em que rulos de diferentes durações ocorram, demonstrando a capacidade da percussão de efetuar notas longas.

Todas essas possibilidades devem funcionar para despertar a criatividade de todos os envolvidos na composição da peça. São sugestões simples que servem como ponto de partida, já que, durante o processo de criação, normalmente surgem diversas outras ideias. Os integrantes do grupo também não devem se limitar ao uso dos instrumentos que foram citados neste capítulo. A percussão é muito vasta e envolve incontáveis possibilidades sonoras que variam de acordo com a história e a cultura de cada região do país.

▷▷ Resumo da ópera

Neste capítulo, voltamos o olhar ao nosso próprio corpo, identificando seus ciclos rítmicos e como eles conversam com o nosso fazer musical (Figura 6.4). Continuando, exploramos diversas possibilidades sonoras recorrendo ao uso das mãos, dos pés, do peito, dos dedos, das coxas e da boca, utilizando os toques da percussão corporal listados no Quadro 6.1. Após uma longa exposição sobre os objetos do cotidiano e suas aplicações musicais, colocamos todo nosso conhecimento à prova por meio da criação de uma peça musical, uma valiosa ferramenta que pode ser usada para o desenvolvimento do aluno, tanto musicalmente como enquanto ser humano.

Figura 6.4 – Os ritmos do corpo humano

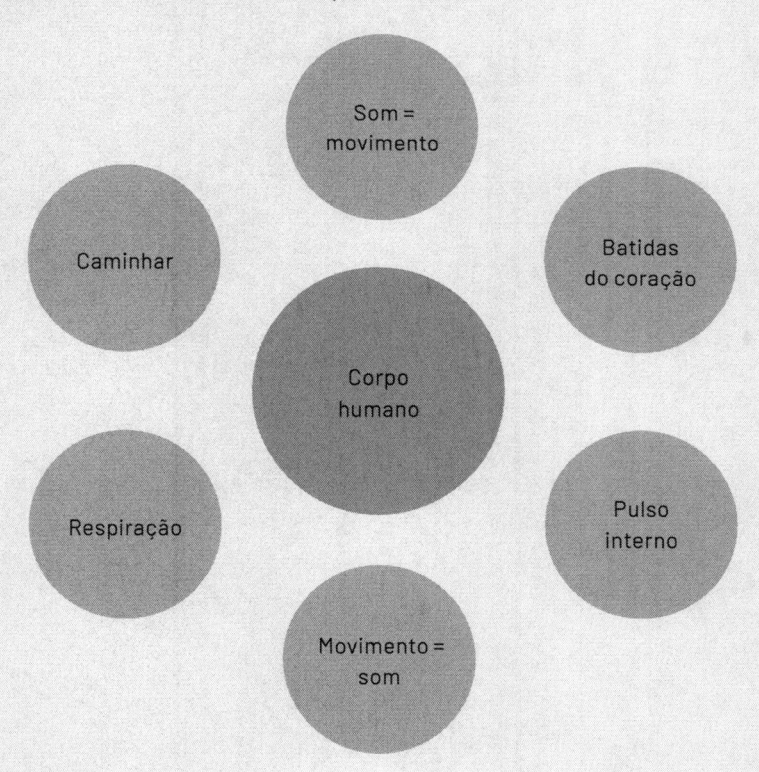

- Som = movimento
- Batidas do coração
- Pulso interno
- Movimento = som
- Respiração
- Caminhar
- Corpo humano

Quadro 6.1 – Tipos de toques da percussão corporal

Pés no chão
Palma normal
Palma grave
Palma de reza

(continua)

(Quadro 6.1 – conclusão)

Palma estrela
Palma usando um, dois, três ou quatro dedos
Coxa
Barriga
Estalos de dedos
Peito
Estalo de língua
Palma na boca
Dedos da bochecha
Voz: palavras rítmicas, onomatopeias e melodias

Teste de som

1. A que remontam a percussão corporal e o uso de objetos do cotidiano como instrumento musicais?
    a) Ao período romântico, por estarem extremamente ligados às emoções.
    b) À Grécia Antiga.
    c) À China, país em que a música passou por um grande desenvolvimento há aproximadamente 5 mil anos.
    d) Às primeiras manifestações musicais do homem, no período pré-histórico.
    e) À música brasileira no período colonial.

2. Assinale a alternativa que completa corretamente a seguinte sentença: todo som é gerado a partir: _____.

a) de um golpe.
b) de uma nota.
c) da movimentação dos fenômenos da natureza, como o vento e as ondas do mar.
d) do pulsar do coração.
e) de um movimento.

3. Em que são fundamentos os andamentos musicais?
   a) No movimento da Terra ao redor do Sol.
   b) Na respiração humana.
   c) No caminhar do ser humano.
   d) Nas fases da Lua.
   e) No valor da nota musical da semibreve.

4. Assinale a seguir a alternativa que contém uma peça de múltipla percussão com a instrumentação baseada em metais velhos ou encontrados no lixo, os quais podem ser ressoantes e não ressoantes:
   a) "El Conde Espátula", de Gabriel Amadeo Videla.
   b) "The Anvil Chorus", de David Lang.
   c) "Living Room Music", de John Cage.
   d) "Psappha", de Iánnis Xenákis.
   e) "Ionization", de Edgard Varèse.

5. Assinale a alternativa **incorreta** sobre o processo de composição e da apresentação de uma obra:
   a) Deve ser algo somente reservado a profissionais da percussão.
   b) Criar faz o músico crescer como ser humano.

c) O aluno põe em prática tudo aquilo que aprendeu.

d) No momento da apresentação, a concentração do artista é muito maior que no estudo diário, pois ele está sob observação de outras pessoas.

e) Desperta um sentimento de orgulho e responsabilidade do artista sobre a obra.

Treinando o repertório

Pensando na letra

1. Observe no mundo a sua volta outros elementos capazes de realizar uma série de sons regulares.

2. Reflita sobre quais ações no seu dia a dia necessitam do emprego do ritmo.

Som na caixa

1. Encontre objetos na sua casa com sonoridade interessante e que podem servir como instrumentos de percussão. Junte todos, como em um *setup* de percussão múltipla, e componha uma pequena obra musical de um minuto. Se puder, faça um vídeo e supreenda seus amigos, passando a mensagem de como o fazer musical pode ser divertido e criativo.

FECHAM-SE AS CORTINAS

No decorrer deste livro, procuramos apresentar os conteúdos trabalhados de maneira eficaz. Certamente, além de possibilitar o conhecimento de muitas noções exploradas, procuramos auxiliar você a vislumbrar as inúmeras possibilidades do uso da percussão em diversas áreas artísticas. Logo, a principal utilidade deste material residiu em demonstrar caminhos a serem seguidos tanto na área erudita como na popular, bem como considerando a congruência dessas duas esferas musicais.

Assim, procuramos demonstrar como estudantes de diferentes níveis de instrução musical podem desfrutar dos inúmeros benefícios que o instrumento de percussão pode oferecer. Além disso, trabalhamos a conscientização de que, embora a percussão seja um instrumento em que um simples movimento, ela promove a emissão de sua sonoridade, um triângulo, para ser bem executado dentro da orquestra, necessita que o percussionista possua uma série de conceitos, além de passar por um longo processo prático de estudo e treino técnico.

Para finalizar, é bem possível que você tenha sentido maior identificação com um ou mais temas específicos do livro, talvez por uma simples questão de gosto. Porém, muito além da questão de afinidade, a vida profissional acaba direcionando as pessoas para algumas áreas, pela necessidade apresentada pelo mercado de trabalho. Dessa maneira, assumimos que o objetivo principal desta obra foi cumprido se você tiver encontrado informações que poderão ser úteis para o desenvolvimento da percussão ou da música em geral em seu campo específico de atuação. Contudo, ao mesmo tempo que tenha identificado um caminho a seguir, esperamos que, em segundo plano, tenha também ampliado sua visão sobre esse instrumento tão complexo e único.

REPERTÓRIO

ANNA TOSI CRAFTS. **Slit Drum**: The Full View. Disponível em: <http://www.annatosicrafts.com/slitdrum>. Acesso em: 28 ago. 2020.

BATTERIE FANFARE LONS LE SAUNIER. **Percussions**: Grosse caisse. Disponível em: <https://bflons.pagesperso-orange.fr/tambour.html>. Acesso em: 28 ago. 2020.

BECK, J. H. **Encyclopedia of Percussion**. New York/London: Garland, 1995.

BÉHAGUE, G. Afro-Brazilian Traditions. In: **The Garland Encyclopedia of World Music**. New York/London: Garland, 1998. v. 2: South America, Mexico, Central America, and the Caribbean.

BENNETT, R. **Uma breve história da música**. Rio de Janeiro: J. Zahar, 1986. (Cadernos de Música da Universidade de Cambridge).

BLADES, J. **Percussion Instruments and their History**. Wesport: The Bold Strummer, 2005.

BOLÃO, O. **Batuque é um privilégio**: a percussão na música do Rio de Janeiro. Para músicos, arranjadores e compositores. Rio de Janeiro: Lumiar, 2003.

BURROWS, J. et al. (Ed.). **Guia ilustrado Zahar da música clássica**. 2. ed. Rio de Janeiro: J. Zahar, 2007.

COLLINS, G. Bells of Bronze Age Show the Complexity Of Old China's Music. **The New York Times**, 18 jan. 1994. Disponível em: <https://www.nytimes.com/1994/01/18/arts/bells-of-bronze-age-show-the-complexity-of-old-china-s-music.html>. Acesso em: 28 ago. 2020.

CRUZ, C. **Brasil**: música na história. São Paulo: Irmãos Vitale, 1986.

D'ANUNCIAÇÃO, L. A. **A percussão dos ritmos brasileiros**. Rio de Janeiro: EBM/Europa, 1993.

DALCROZE, E.-J. **Le rythme, la musique et l'éducation**. Lausanne: Foetisch Frères, 1965.

FONTERRADA, M. T. O. **De tramas e fios**: um ensaio sobre música e educação. São Paulo: Ed. da Unesp, 2005.

FRUNGILLO, M. D. **Dicionário de percussão**. São Paulo: Ed. da Unesp, 2002.

GIFFONI, A. **Música brasileira para contrabaixo**. São Paulo: Irmãos Vitale, 1998.

GONÇALVES, N. de S. **Enciclopédia do estudante**: música – compositores, gêneros, instrumentos, do erudito ao popular. São Paulo: Moderna, 2008. (Enciclopédia do Estudante, 13).

GRAMANI, J. E. C. **Rítmica**. São Paulo: Perspectiva, 2004.

HINDEMITH, P. **Treinamento elementar para músicos**. São Paulo: Ricordi Brasileira, 2004.

JACOB, M. **Método básico de percussão**: universo rítmico. São Paulo: Irmãos Vitale, 2003.

MIA – Minneapolis Institute of Art. **Slit Drum (garamut), 20th century**. Disponível em: <https://collections.artsmia.org/art/4530/slit-drum-papua-new-guinea>. Acesso em: 12 dez. 2019.

OLIVEIRA, E. V. de. **Instrumentos musicais populares portugueses**. Lisboa: Fundação Calouste Gulbenkian, 1982.

PINTO, T. de O. Som e música: questões de uma antropologia sonora. **Revista de Antropologia**, São Paulo, v. 44, n. 1, 2001. Disponível em: <http://www.scielo.br/pdf/ra/v44n1/5345.pdf>. Acesso em: 28 ago. 2020.

REDMOND, L. **Bumba meu boi**: Frame Drum Festival in São Luis, Maranhão, Percussive Notes, June 1997a.

REDMOND, L. **When the Drummers were Women**: a Spiritual History of Rhythm. New York: Three Rivers Press, 1997b.

SACHS, C. **The History of Musical Instruments**. New York: W. W. Norton, 1940.

SHAEFFNER, A. **Origine des instruments de musique**. 2. ed. New York: Mouton, 1980.

TEIXEIRA, M. **Oscar Bolão**: ensino de percussão e bateria brasileira e seus pontos de contato com a vida acadêmica. Monografia (Licenciatura em Música) - Universidade Federal do Estado do Rio de Janeiro, Rio de Janeiro, 2006.

TESTONI, M. Qual o instrumento musical mais antigo já encontrado? **Superinteressante**, 4 jul. 2018. Cultura, Mundo Estranho. Disponível em: <https://super.abril.com.br/mundo-estranho/qual-o-instrumento-musical-mais-antigo-ja-encontrado/>. Acesso em: 28 ago. 2020.

WORLDS BEYOND. **The Shamanistic Mysticism of Catal Huyuk 5800 B.C**. 14 maio 2012. Disponível em: <https://worldsbeyondthesix.wordpress.com/2012/05/>. Acesso em: 28 ago. 2020.

ZIEGLER, R. **Música**: o guia visual definitivo da música – da pré-história ao século XXI. São Paulo: Publifolha, 2014.

ÁLBUNS COMENTADOS

CARTER, E. **Eight Pieces for Four Timpani (one player)**. New York: Associated Music Publishers, 1968.

Após uma intensa pesquisa dos sons do tímpano, o compositor americano Elliot Carter desenvolveu oito peças solo, em que cada uma homenageia um timpanista. Três sons básicos são explorados da pele do tímpano: região central, borda e extrema borda. Carter foi bastante específico quanto à notação das peças, inclusive sugerindo abafamentos. As peças levam o nome de: Saeta, Moto Perpetuo, Adagio, Recitative, Improvisation, Canto, Canaries e March.

FRIEDMAN, D. **Vibraphone Technique**: Dampening and Pedaling. Boston: Berklee Press Publications, 1973.

Nesse método de vibrafone, o exímio vibrafonista David Friedman elabora exercícios sobre abafamento e o uso do pedal do instrumento. São exercícios simples focados especificamente no desenvolvimento da difícil tarefa de abafar as teclas sem que a música seja prejudicada de alguma maneira, com ruídos ou dissonâncias indesejadas.

MAX, R. **Orchestral Excerpts for Timpani**. Pensilvânia: Theodore Presser Company. 2010.

> Trata-se de um dos livros mais completos sobre trechos orquestrais importantes para tímpano. Além da partitura de todos os trechos orquestrais dos mais variados compositores, acompanha um CD em que os excertos podem ser ouvidos separadamente do todo da obra. Outro diferencial desse livro é que ele oferece uma lista com os diferentes andamentos de gravações de orquestras de todo o mundo. Sendo assim, o autor demonstra qual foi o tempo médio entre todas as gravações, possibilitando ao aluno escolher o tempo conforme uma rica fonte de informação.

STONE, G. L. **Stick Control**. Boston: George B. Stone & Son, 1935.

> *Stick Control* pode ser considerado o principal livro de técnica para o percussionista. Contém exercícios em que o músico deve repetir 20 vezes cada célula rítmica e, então, seguir para o próximo padrão. O livro realiza um extenso trabalho de toque simples, diversos tipos de rulo e flam.

UDOW, M. W.; WATTS, C. **The Contemporary Percussionist**. Meredith Music Publications, 1986.

> O livro *The Contemporary Percussionist* (O percussionista contemporâneo), dos compositores Michael Udow e Chris Watts, oferece 20 solos para múltipla percussão com dificuldade progressiva. As primeiras peças são escritas para formações pequenas, como dois tons e dois pratos, até chegar ao uso de doze instrumentos ao final do livro. É muito importante o

estudante desenvolver gradualmente suas habilidades em múltipla percussão. Em um primeiro momento, deve realizar um trabalho sólido de experimentação com conjuntos reduzidos de instrumentos, como possibilitado pelo método de Udow e Watts. Uma vez que esse estudo de base esteja consolidado, o percussionista terá mais facilidade para montar grandes *setups*.

RESPOSTAS

Capítulo 1
1. c
2. d
3. b
4. c
5. a

Capítulo 2
1. e
2. e
3. d
4. a
5. b

Capítulo 3
1. d
2. a
3. d
4. c
5. b

Capítulo 4
1. c
2. e
3. a
4. b
5. d

Capítulo 5
1. e
2. c
3. a
4. b
5. a

Capítulo 6
1. d
2. e
3. c
4. b
5. a

SOBRE O AUTOR

Leonardo Gorosito, timpanista da Orquestra Sinfônica do Paraná, tem Bacharelado pela Universidade Estadual Paulista (Unesp), em 2008, como aluno de John Boudler, Carlos Stasi e Eduardo Gianesella, e mestrado em Percussão pela Yale University, em 2011, sob a orientação do professor Robert Van Sice, onde também concluiu seu Diploma de Artista, em 2012.

Fez parte da Yale Philharmonia Orchestra e do Grupo de Percussão da Yale Univesity, com os quais se apresentou no prestigiado palco do Carnegie Hall. Voltou ao Brasil convidado a dirigir musicalmente os espetáculos "Amado", "Húmus" e "Pai", todos produzidos pelo Instituto Brincante (SP), trabalhando ao lado do multiartista Antonio Nóbrega. Ao lado de Rafael Alberto, compôs "Desvio", duo de percussão que desenvolve a música de câmara brasileira através de concertos e composições autorais.

Do Festival Circuito de Música Acústica, realizado em Minas Gerais, o duo saiu vencedor e teve como prêmio a realização de um *show* ao lado do renomado músico Hamilton de Holanda. Em novembro de 2016, "Desvio" realizou um concerto com composições próprias ao lado da Orquestra Ouro Preto, no Teatro Sesc Palladium, em Belo Horizonte, ocasião na qual o Concerto para dois Pandeiros e Cordas teve sua estreia mundial.

Impressão:
Setembro/2020